洛陽流散唐代墓誌彙編續集

下

毛陽光　主编

國家圖書館出版社

洛陽流散唐代墓誌彙編續集

二九五　唐故蔚州刺史充横野軍使兼知當州鑄錢事河東薛公（緯）故夫人扶風馬氏合祔墓誌銘

長慶元年（八二一）二月二十三日葬。

誌文二十三行，滿行二十五字。正書。誌長、寬均五十二厘米。

唐故蔚州刺史充横野軍使兼知當州鑄錢事河東薛公故夫人扶風馬氏合祔墓誌銘并序

公諱緯，字修輔，其先河東汾陰人也。始祖爲湯左丞相，係仲虺之後得其姓。柯葉廣分，裔族無遠。爰自周秦已降，旌洪勳高行，復位軒車者，不可勝紀。曾祖彦舉，皇太子舍人、贈綿州刺史。祖泰，皇右衛大將軍、户部尚書、贈太子少師。父兼訓，皇河東節度使、太原尹、檢校工部尚書、韓國公、贈司徒，謚肅。公即韓公三子也。幼而好學，舉事有生知之禀。雖同齒等倫，莫我儔比。洎十有五歲，舉弘文生擢第。親友勉以常調，公含光内耀，樞機不發。頗輕雕蟲末伎，以立勳建業，固結誠素。貞元辛未歲，河東節度李公自良辟公爲爪牙之用，規矩公府，粲然可觀。自後累更擢任，暨軍中要重之職，公悉參領。皆克諧衆議，允叶時望。元和乙未，公領郡離石，曾未數月，以聞報政。丙申歲，屬　國步艱阻，塵飛趙郊。　相國張公弘靖復奏公充興唐郡守。以公沉静果斷，深而有略，俾緝邊事。時和歲豐，以秋令肅其奸回，以陽和煦其凋瘵。初未五年，其執法用律，諒終終可以存義也。何期天不輔德，喪公中年。時裕暫乖，寢而不起。以元和十五年十二月八日終於蔚州官舍，春秋五十七。二男二女，遺其後嗣。長曰居貞，次居儉，年在幼沖，俱未名宦。乍迫荒疚，殆不勝喪。哀慟里閭，孝感親戚。女聘彭城劉遜，亦衣冠盛族，得秦晉於斯矣。一女未及初笄。公故夫人扶風馬氏，即故侍中燧之從孫也。以長慶元年二月廿三日合祔歸於　先塋，禮也。詞曰：

洛水曲，邙山陽，龍劍雙没兮慘無晶光。哀哀曾參兮泣血沾裳，千秋萬古兮松柏蒼蒼。

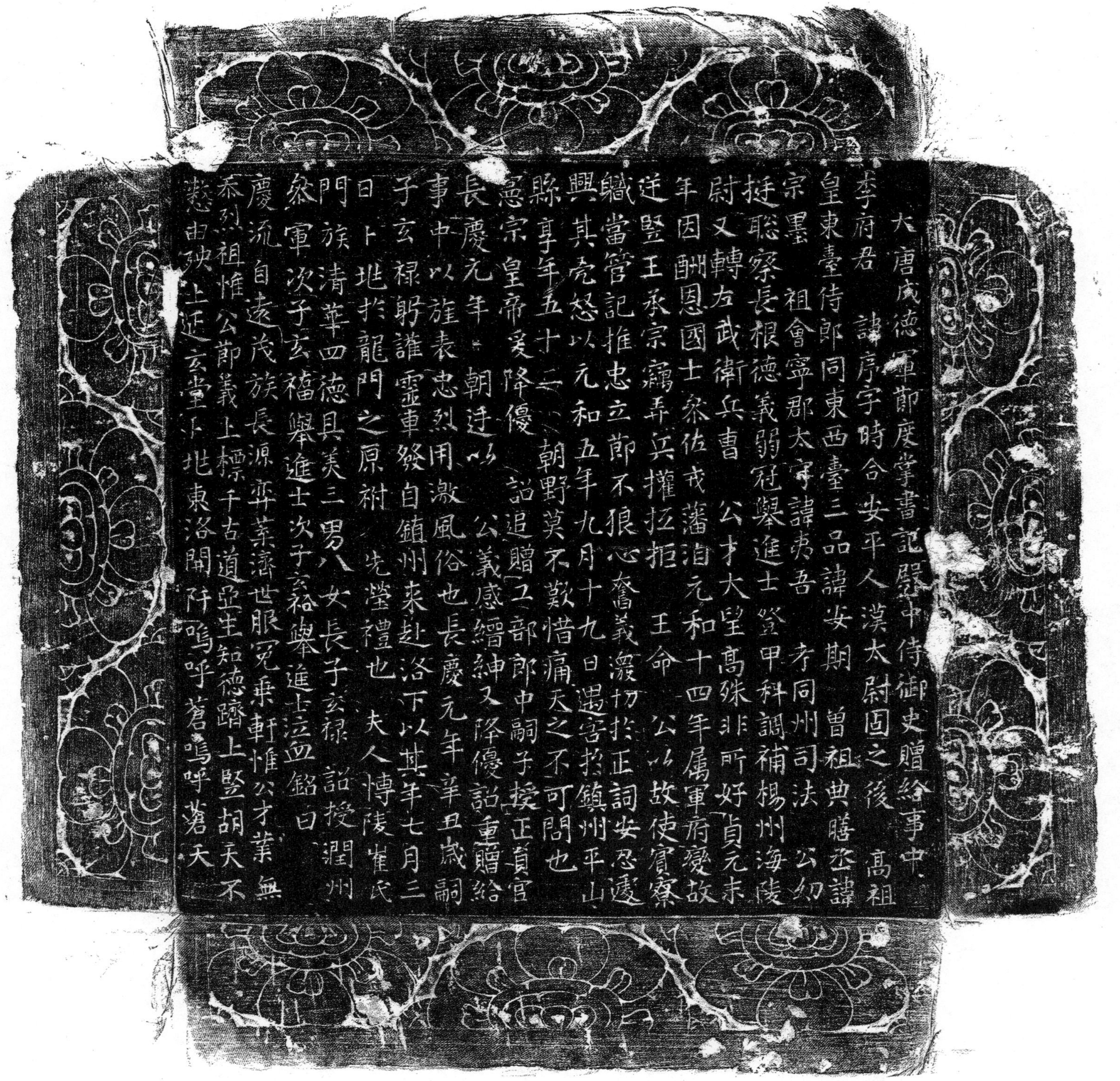

二九六 大唐成德軍節度掌書記殿中侍御史贈給事中李府君（序）墓誌

長慶元年（八二一）七月三日葬。
誌文二十一行，滿行二十一字。正書。誌長、寬均三十五厘米。
原石藏洛陽張存才唐誌精品館。
誌蓋篆書：大唐故李府君墓誌銘

大唐成德軍節度掌書記殿中侍御史贈給事中　李府君　諱序，字時合，安平人。漢太尉固之後。高祖皇東臺侍郎、同東西臺三品，諱安期。曾祖典膳丞，諱宗墨。祖會寧郡太守，諱夷吾。考同州司法〔一〕。公幼挺聰察，長根德義。弱冠舉進士，登甲科。調補揚州海陵尉，又轉左武衛兵曹。公才大望高，殊非所好。貞元末年，因酬恩國士，參佐戎藩。洎元和十四年〔二〕，屬軍府變故，逆豎王承宗竊弄兵權，抵拒　王命。公以故使賓寮，職當管記，推忠立節，不狼心〔三〕。奮義激切於正詞，安忍遽興其兇怒。以元和五年九月十九日遇害於鎮州平山縣，享年五十二。朝野莫不嘆惜，痛天之不可問也。　憲宗皇帝爰降優　詔，追贈工部郎中。嗣子授正員官。長慶元年，　朝廷以　公義感縉紳，又降優詔，重贈給事中。以旌表忠烈，用激風俗也。長慶元年辛丑歲，嗣子玄禄躬護靈車發自鎮州，來赴洛下，以其年七月三日卜兆於龍門之原，祔　先塋，禮也。夫人博陵崔氏，門族清華，四德具美。三男八女。長子玄禄，　詔授潤州參軍。次子玄福，舉進士。次子玄裕，舉進士。泣血銘曰：

慶流自遠，茂族長源。弈葉濟世，服冕乘軒。惟公才業，無忝烈祖。惟公節義，上標千古。道亞生知，德躋上賢。胡天不憖，由殃上延。玄堂卜兆，東洛開阡。嗚呼蒼〔四〕，嗚呼蒼天。

〔一〕即李澣，参本書二五五《李澣墓誌》。

〔二〕此處應爲「元和四年」，「十」當爲衍文。

〔三〕此處文字似有脱誤。

〔四〕此處疑闕「天」字。

二九七　唐故進士博陵崔君（諫）墓誌銘

長慶元年（八二一）八月二十一日葬。

誌文二十二行，滿行二十三字。正書。誌長四十六・五厘米、寬四十六厘米。

蘇荘撰。

誌蓋正書：唐故博陵崔君墓誌銘

唐故進士博陵崔君墓誌銘并序

武功蘇莊撰

君諱諫，字直臣，其先博陵人也。至若分姓受氏，其所從來，即崔之自博陵者，人能書之，此略而不書也。曾祖詵，隰州肥鄉令，贈鴻臚卿。大父昭，特進、行右散騎常侍、宣越二道廉察使、京兆河南二府尹，封鄴國公。烈考戭，河南府陸渾縣令。若履行勳烈異術，奇迹負繡，大揚光彩，故不可勝數。君即陸渾府君之次子也，生知孝敬，神假識敏。爲人子必盡其至性，於友愛皆誠於深衷。本其端慤，益喜儒術。將弄毫爲文，即俯邇作者。君於進士蘇莊即内弟也。嘗與莊於華陰雲臺峰下，綿聯几席，討論經史。春秋各三變，而志業如一日。反話吐平生，則大河東下，活活而遠，莫之能測。他日，庄謂法曹，因此君即吾之外宗千里駒也，他人亦奔走不暇及。業其鄉舉，將窺户而出之，忽至抱病。以長慶元年秋丙申月經於洛城之南龍門鄉孫村　　里之别墅，未娶而有一子。始君丁先府君之疚，泣血柴毁，根於斯疾爾。後萌牙日滋長，一旦至於是。及君之大漸也，即除先府君之禫十有四日矣。嗚呼！天意誠表其孝節也，然則與其孝，而害其生，天豈仁歟？翌月歸葬於陸渾縣伏流北原　　鄉之先塋。君之元兄諒，嗚呼乞銘於庄，其實書之。

峨然如玉，年二十六。麻衣未解，歸程何促。七月戊申，使人悲哭。八月甲申，永别華屋。慘慘陰風，蒼蒼雲木。是日此行，何時肯復。

二九八　前華州華陰縣尉夏侯君（敏）夫人博陵崔氏墓誌銘

長慶二年（八二二）五月二十四日葬。

誌文二十四行，滿行二十三字。正書。誌長、寬均三十九厘米。

夏侯孜撰。

前華州華陰縣尉夏侯君夫人博陵崔氏墓誌銘并序

夫人姓崔氏，其先博陵人也。尚書左丞倫之孫，萬年縣丞合之女。温縣令李豐之出。前華陰尉夏侯敏之妻也。夫人居室以女德聞，適人而婦道顯。孝慈温淑，冠於中外。年廿二歸夏侯氏。初華陰娶夫人之姊，既憑姻好，遂熟夫人之懿德。其姊已殁，華陰既釋其縗，謁夫人之黨，固以繼室爲請，由是始妻焉。其爲婦也，孝於 姑順於夫，宜於家而睦於族。後二年，既娠而疾興，既誕而疾急。時也， 姑往視焉。泣而言曰：「妾不才，幸爲 姑之冢婦。今形貌羸瘵，不類於人。所憾者，事 姑之節未彰，埋魂之禍將及。苟氣不絶息，命或更生，則願髡髮居家，没齒侍姑之左右。」由是聞者莫不出涕。春秋廿有五，以其年四月廿四日終於東都温柔里之私第。姑哭而慟，人知其事長孝也；夫哭而慟，人知其爲婦睦也。華陰奉 親之命，即以來月甲寅將夫人之柩葬於偃師縣亳邑鄉劉村之原。子男一人，三歲，小字高陽，又非夫人所出。夏侯氏之樹櫝也，席邙山南勢，舊矣。及夫人之櫬，則遷其地以窆焉。初夫人彌留之際，確請於 姑曰：「妾之亡姊已墳於兆域之内。妾瞑目之後，願得改卜他所。若丘墓並列，則鄰於争嫡矣。」言終而殁。今所以易其宅兆者，諸夫人之志。孜於夫人，叔也，故備詳其善。乃爲銘曰：

幽蘭之香，穠李之芳。霜何爲而毁折，風何爲以摧傷。洛水之曲，邙山之足。窅窅幽泉，滔滔逝川。華容已矣，孤墳巋然。反壤有時而既，佳城有時而圮。冀千載不磨，唯勒銘以識。

長慶二年五月廿四日鄉貢進士夏侯孜撰

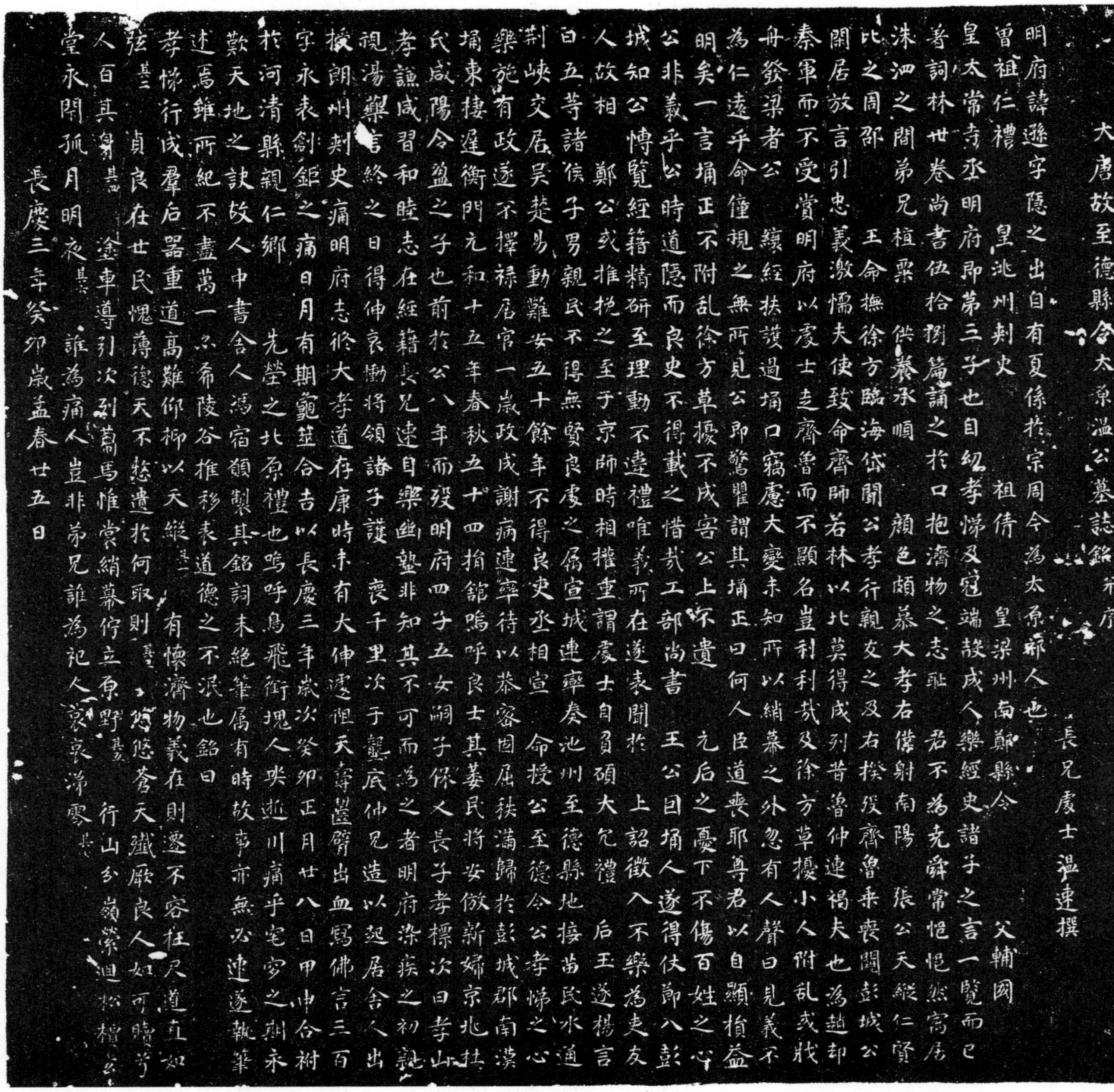

二九九　大唐故至德縣令太原温公（遜）墓誌銘

長慶三年（八二三）正月二十八日葬。

誌文三十三行，滿行三十三字。正書。誌長、寬均六十五厘米。

温速撰，馮宿撰銘。

大唐故至德縣令太原温公墓誌銘并序

長兄處士温速撰

明府諱遜，字隱之。出自有夏，係於宗周，今爲太原祁人也。　曾祖仁禮，　皇洮州刺史。　祖倩，　皇梁州南鄭縣令。　父輔國，　皇太常寺丞。明府即第三子也。自幼孝悌，及冠端愨成人。樂經史諸子之言，一覽而已。著《詞林》卅卷，《尚書》伍拾捌篇。誦之於口，抱濟物之志。恥　君不爲堯舜，常悒悒然。寓居洙泗之間，弟兄植粟　供養，承順　顔色，頗慕大孝。右僕射南陽　張公〔一〕，天縱仁賢，比之周邵。　王命撫徐方，臨海岱。聞公孝行，親友之。及右揆歿，齊魯乘喪鬬彭城。公閑居放言，引忠義，激懦夫，使致命齊師。若林以北，莫得成列。昔魯仲連褐夫也，爲趙却秦軍而不受賞，明府以處士走齊魯而不顯名，豈利利哉。及徐方草擾，小人附亂，或戕舟發梁者。公　縗絰扶護過埇口，竊慮大變，未知所以。綃幕之外，忽有人聲曰：「見義不爲，仁遠乎。」命僮視之，無所見。公即驚瞿，謂其埇正曰：「何人臣道喪耶？尊君以自顯，損益明矣。」一言埇正不附亂，徐方草擾不成害。公上不遺　元后之憂，下不傷百姓之心，公非義乎？公時道隱而良史不得載之，惜哉！工部尚書　王公〔二〕因埇人，遂得仗節入彭城。知公博覽經籍，精研至理。動不違禮，唯義所在。遂表聞於　上，詔徵入。不樂爲吏，友人故相　鄭公〔三〕，或推挽之。至於京師，時相權重，謂處士自負碩大，亢禮　后王，遂揚言曰：「五等諸侯，子男親民。不得無賢良處之。」屬宣城連率奏池州至德縣地接苗民，水通荆峽。交居吴楚，易動難安。五十餘年，不得良吏。丞相宣　命，授公至德令。公孝悌之心，樂施有政，遂不擇禄。居官一歲，政成謝病。連率待以恭密固屈。秩滿，歸於彭城郡南漢埇東，棲遲衡門。元和十五年，春秋五十四捐館。嗚呼！良士其萎，民將安倣。新婦京兆杜氏，咸陽令盈之子也，前於公八年而歿。明府四子五女。嗣子保乂、長子孝標、次曰孝山、孝謙，咸習和睦，志在經籍。長兄速，自樂幽蟄，非知其不可而爲之者。明府染疾之初，親視湯藥。言終之日，得伸哀慟。將領諸子護　喪千里，次於甕底。仲兄造，以起居舍人出授朗州刺史。痛明府志修大孝，道存康時。未有大伸，遽阻天壽。齧臂出血，寫佛言三百字，永表創鉅之痛。日月有期，龜筮合吉，以長慶三年歲次癸卯正月廿八日甲申合祔於河清縣親仁鄉　先塋之北原，禮也。嗚呼！烏飛銜塊，人哭逝川。痛乎窀穸之期，永嘆天地之訣。故人中書舍人馮宿，願製其銘，詞未絶筆，屬有時故，事亦無必。速遂執筆述焉。雖所紀不盡萬一，亦希陵谷推移，表道德之不泯也。銘曰：

孝悌行成，群后器重。道高難仰，抑以天縱。其一。有懷濟物，義在則遷。不容枉尺，道直如弦。其二。貞良在世，民愧薄德。天不憖遺，於何取則。其三。　悠悠蒼天，殲厥良人。如可贖兮，人百其身。其四。塗車導引，次列蒭馬。帷裳綃幕，佇立原野。其五。行山分嶺，縈迴松櫝。玄堂永閉，孤月明夜。其六。誰爲痛人，豈非弟兄。誰爲祀人，哀哀涕零。其七。

長慶三年癸卯歲孟春廿五日

〔一〕「張公」即徐州節度使張建封。

〔二〕「王公」即武寧軍節度使王紹。

〔三〕「鄭公」即鄭餘慶。

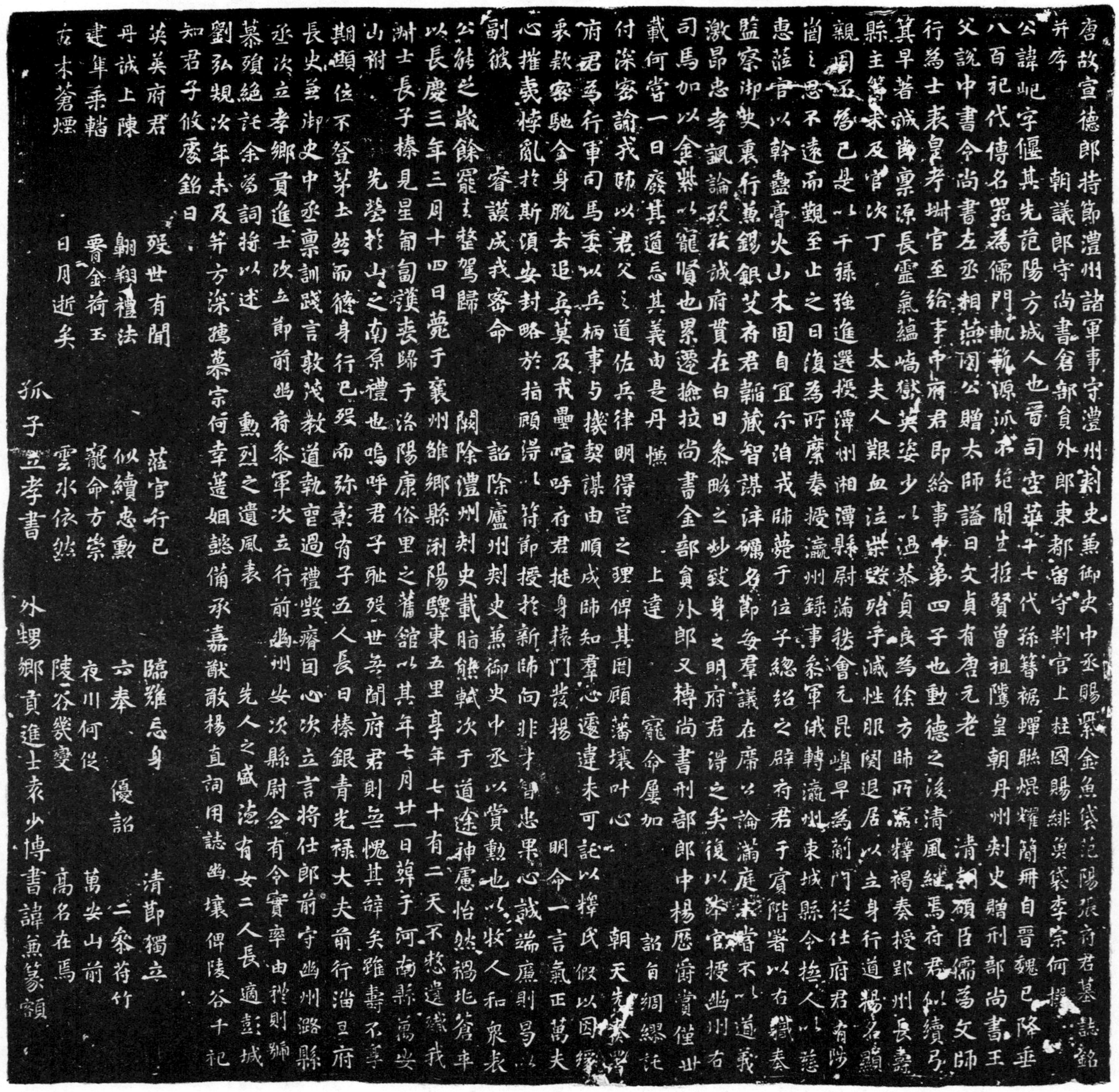

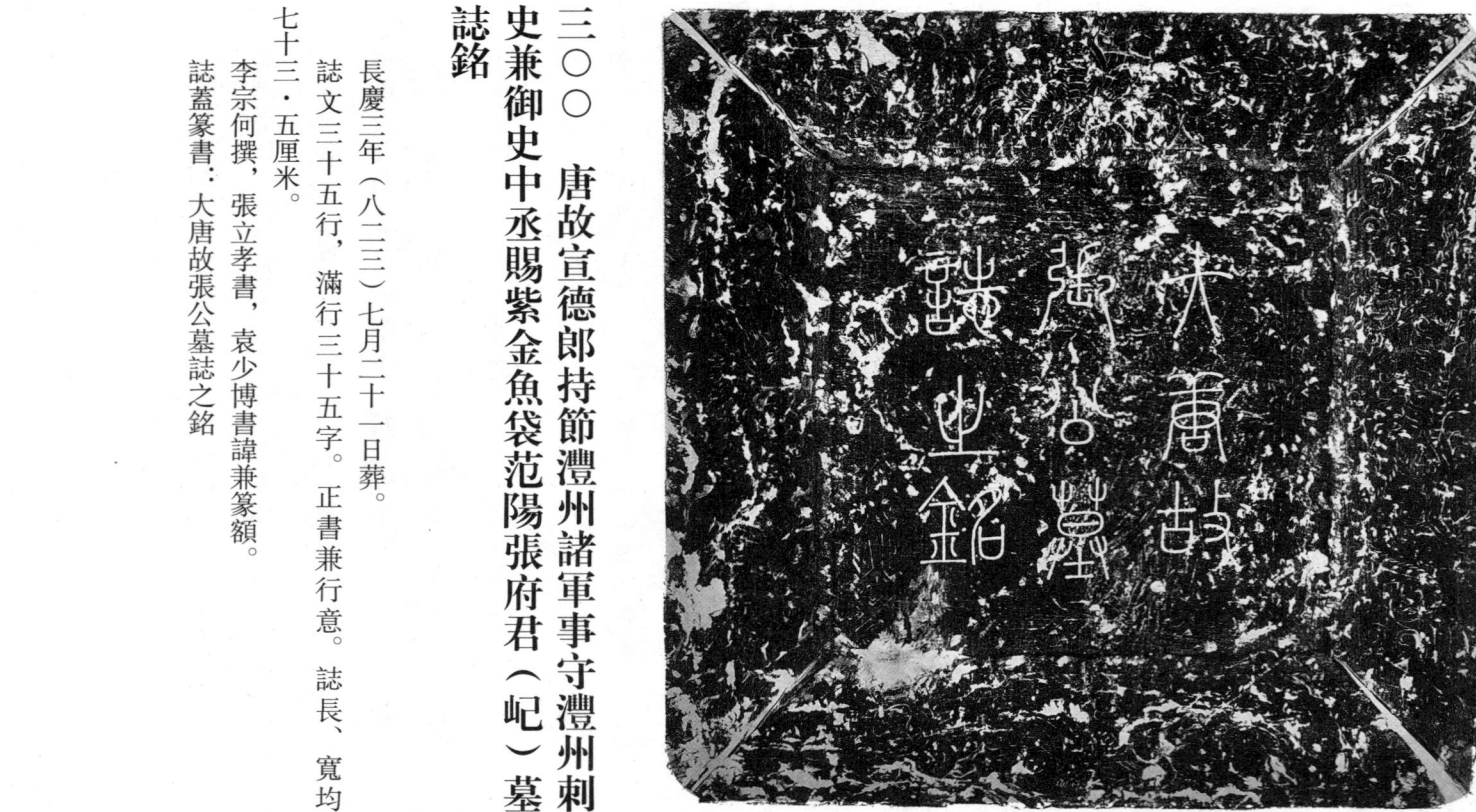

三〇〇　唐故宣德郎持節澧州諸軍事守澧州刺史兼御史中丞賜紫金魚袋范陽張府君（屺）墓誌銘

長慶三年（八二三）七月二十一日葬。

誌文三十五行，滿行三十五字。正書兼行意。誌長、寬均七十三·五厘米。

李宗何撰，張立孝書，袁少博書諱兼篆額。

誌蓋篆書：大唐故張公墓誌之銘

唐故宣德郎持節澧州諸軍事守澧州刺史兼御史中丞賜紫金魚袋范陽張府君墓誌銘并序

朝議郎守尚書倉部員外郎東都留守判官上柱國賜緋魚袋李宗何撰

公諱屺，字偃，其先范陽方城人也。晉司空華十七代孫。簪裾蟬聯，焜耀簡册。自晉魏已降，垂八百祀。代傳名器，爲儒門軌範。源派不絶，閒生哲賢。曾祖鷟，
皇朝丹州刺史，贈刑部尚書。王父説，中書令、尚書左丞相、燕國公，贈太師，謚曰文貞。有唐元老，　清朝碩臣。儒爲文師，行爲士表。皇考埱，官至給事中。
府君即給事中第四子也。勳德之後，清風繼焉。府君似續弓箕，早著誠節。禀源長靈氣，藴嶠嶽英姿。少以温恭貞良，爲徐方帥所器。釋褐奏授鄆州長壽縣主簿。
未及官次，丁　太夫人艱，血泣柴毁，殆乎滅性。服闋退居，以立身行道，揚名顯親。固不爲己，是以干禄强進。選授潭州湘潭縣尉。滿秩，會元昆峰早爲薊
門從仕。府君有陟崗之思，不遠而覲，至止之日，復爲所縻。奏授瀛州録事參軍，俄轉瀛州束城縣令。撫人以慈惠，莅官以幹蠱。膏火山木，固自宜爾。洎戎帥〔一〕
薨於位，子總紹之，辟府君於賓階，署以右職，奏監察御史裏行，兼錫銀艾。府君韜藏智謀，淬礪名節。每群議在席，公論滿庭。未嘗不以道義激昂，忠孝諷諭。
孜孜誠府，貫在白日。參略之妙，致身之明，府君得之矣。復以本官授幽州右司馬，加以金紫，以寵賢也。累遷檢校尚書金部員外郎，又轉尚書刑部郎中。揚歷
爵賞，僅卅載，何嘗一日廢其道，忘其義。由是丹慊　　上達，　　寵命屢加，　　詔旨綢繆，託付深密。諭戎帥以君父之道，佐兵律明得喪之理。俾其罔顧藩
壤，叶心　　朝天。先奏署府君爲行軍司馬，委以兵柄，事與機契，謀由順成。帥知群心，遽違未可。託以釋氏，假以因緣。衷款密馳，全身脱去。追兵莫及，
戎壘喧呼。府君挺身轅門，發揚　　明命。一言氣正，萬夫心摧。夷悖亂於斯須，安封略於指顧。得以符節，授於新帥。向非才智忠果，心誠端廉。則曷以副彼
　　睿謨，成我密命。　　詔除廬州刺史兼御史中丞，以賞勳也。以牧人和衆，表公能之。歲餘罷去，整駕歸　　闕，除澧州刺史。載脂熊軾，次於道途。神慮
怡然，禍兆蒼卒。以長慶三年三月十四日薨於襄州雒鄉縣淛陽驛東五里，享年七十有二。天不憖遺，殲我淑士。長子榛，見星匍匐，護喪歸於洛陽康俗里之舊館。
以其年七月廿一日葬於河南縣萬安山，祔　　先塋於山之南原，禮也。嗚呼！君子恥殁世無聞，府君則無愧其辭矣。雖壽不享期頤，位不登茅土。然而修身行己，
殁而彌彰。有子五人：長曰榛，銀青光禄大夫、前行淄王府長史，兼御史中丞，禀訓踐言，敦茂教道。執喪過禮，毁瘠因心。次立言，將仕郎、前守幽州潞縣丞；
次立孝，鄉貢進士；次立節，前幽府參軍；次立行，前幽州安次縣尉。僉有令實，率由禮則。號慕殞絶，託余爲詞。將以述　　勳烈之遺風，表　　先人之盛德。
有女二人：長適彭城劉弘規。次年未及笄，方深孺慕。宗何幸篷姻懿，備承嘉猷。敢揚直詞，用誌幽壤。俾陵谷千祀，知君子攸處。銘曰：
　　英英府君，殁世有聞。莅官行己，臨難忘身。清節獨立，丹誠上陳。翱翔禮法，似續忠勳。六奉　　優詔，二參符竹。建隼乘轎，腰金荷玉。寵命方崇，夜
川何促。萬安山前，古木蒼煙。日月逝矣，雲水依然。陵谷幾變，高名在焉。

孤子立孝書

外甥鄉貢進士袁少博書諱兼篆額

〔一〕「戎帥」即幽州節度使劉濟。

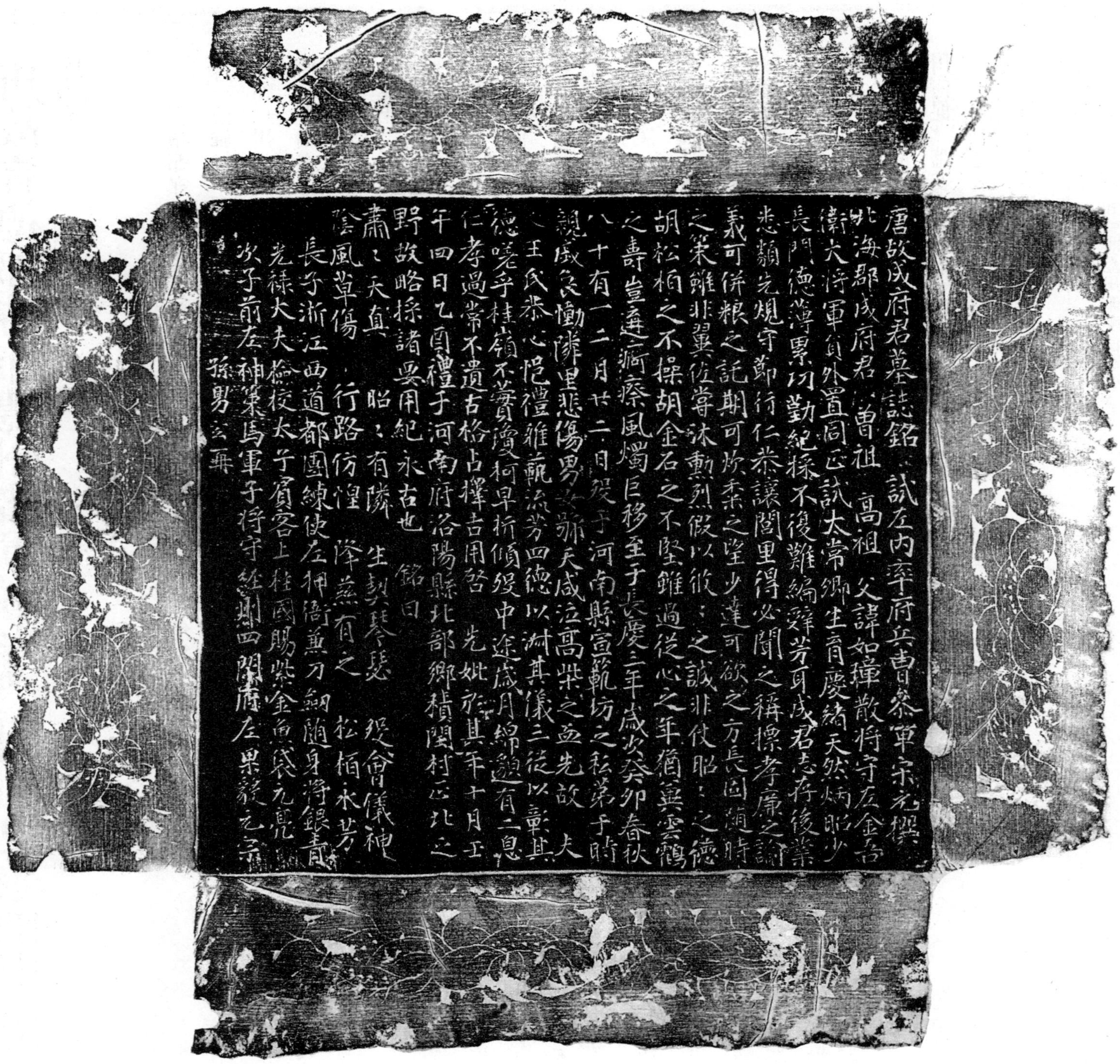

三〇一　唐故成府君墓誌銘

長慶三年（八二三）十月四日葬。

誌文共二十二行，滿行二十二字。正書。誌長三十六厘米，寬三十四・五厘米。

宋元撰。

原石藏洛陽李氏藏石樓。

誌蓋篆書：大唐故成府君墓誌銘

唐故成府君墓誌銘

試左內率府兵曹參軍宋元撰

北海郡成府君，曾祖，　高祖〔一〕。　父諱如璋，散將守左金吾衛大將軍員外置同正、試太常卿。生育慶緒，天然炳昭。少長門德，薄累功勤。紀採不復，難編辭芳耳。成君志存後業，悉類先規。守節行仁，恭讓閭里。得必聞之稱，標孝廉之諭。義可併糧之託，期可炊黍之望。少達可欲之方，長固隨時之策。雖非翼佐，嘗沐勳烈。假以攸攸之誠，非仗昭昭之德。胡松柏之不操，胡金石之不堅。雖過從心之年，猶冀雲鶴之壽。豈遘疴瘵，風燭巨移。至於長慶三年歲次癸卯春秋八十有一，二月廿二日歿於河南縣宣範坊之私第，於時親戚哀慟，鄰里悲傷。男女號天，咸泣高柴之血。先故　夫人王氏恭心悒禮，雅範流芳。四德以淑其儀，三從以彰其德。嗟乎！桂嶺不賷，瓊柯早折。傾歿中途，歲月綿邈。有二息仁孝過常，不遺古格。占擇吉用，啓　先妣於其年十月壬午四日乙酉，禮於河南府洛陽縣北部鄉積閏村正北之野。故略採諸要，用紀永古也。　銘曰：

肅肅天真，昭昭有鄰。生契琴瑟，歿會儀神。陰風草傷，行路彷徨。降茲有之，松柏永芳。

長子浙江西道都團練使左押衙兼刀劍隨身將、銀青光祿大夫、檢校太子賓客、上柱國，賜紫金魚袋元亮　次子前左神策馬軍子將、守經州四門府左果毅元宗

孫男玄再

〔一〕此處空格均未刻字。

三〇二 大唐故河内郡常府君墓誌銘

長慶三年（八二三）十月十九日葬。

誌文十七行，滿行字數不等。正書。誌長三十三厘米、寬三十厘米。

誌蓋篆書：大唐故常府君墓誌銘

大唐故河内郡常府君墓誌銘并序

祖諱金，　父諱海晏，　其望河内也，　其家温邑也。前受游弈將軍、守左右領軍衛河南府原城府折衝。公且弱冠强仕，爲國竭忠。勳業素高，榮班茂賞。以静妖氣，轅門重鎮。豈圖天不獎善，二豎纏灾。以元和七年四月十三日遘疾奄終於河南府温縣温城鄉司馬村别業之私第，享年若干。時屬年月未便，權窆華室。有子二人：長曰友議，天何不惠，早喪於兹，廿餘年未經安厝。今乃卜其宅兆，剋用長慶三年十月壬午朔十九日庚子同安厝於司馬村一里平原，禮也。次子仕遷，　孫文瑊等哀哀罔極，痛鞠養劬勞，以家資力舉喪事，哀感行途，悲愴閭里。恐桑田有變，故刊貞石。乃爲銘曰：

美威特達，武藝雄雄。轅門盡節，爲國輸忠。

三〇三　唐故隴西李夫人（盧大琰妻）墓誌銘

長慶四年（八二四）八月二十六日葬。

誌文三十一行，滿行三十三字。正書。誌長、寬均四十八厘米。

盧大琰撰，盧荦書。

誌蓋篆書：唐故隴西李夫人墓誌

唐故隴西李夫人墓誌銘并序

文林郎守秘書省校書郎盧大琰撰

夫人姓李氏，隴西成紀人也。門清地華，族甲天下。曾祖成裕，　皇朝秘書監，贈吏部尚書。祖揆，　皇朝中書侍郎、平章事，終左僕射，贈司空。父佐公，見任朝散大夫、大理正。　因人即大理之第四女，盧氏之出也。　我先人劍南東川節度使、贈禮部尚書貞公〔一〕，與□舅爲撫塵之友，慕婚姻於未免之時。是以不待笄年，遂貞鳳兆。故　夫人十有二歲□歸於我。承積善之餘慶，藴柔謙之令德。聰明神假，孝愛天授。達詩禮之義訓，執組紃之功事。不待姆傅，生而明之。當其御輪始周，未及來婦，而余遭　偏罰。　夫人痛榛栗□脩，不及其獻，執喪哀感，情感姻族。　我先人悦善事之道，歸家婦之政。修吉蠲俎豆之節，陳酒食賓客之儀。竭孝敬以奉　尊，深惠和以接下。無小無大，欣欣愉愉。自辭家適人，　外舅謫宦江徼。思歸寧而莫遂，詠葛覃而長懷。及丁内喪，毁幾過禮。洎余遘　凶憫，哀亦如之。孝感之誠，稟自靈粹。余之妹孀且無去，提其孤弱而返於我。　夫人卑身以奉，懼失其意，恩義相洽，如同氣焉。彼孀未飽，而粒不我口；彼孤尚寒，而纊不我身。衣服思澣濯之勤，篋笥無毫芒之積。貞標雅韻，秀行柔德。非寒松温玉，不足比也。箴管之暇，嘗彈琴讀書以暢情性。孜孜不倦，勉我爲學。故大琰判昇科第，官列芸閣。處外言而不聽，於内助而克勤。鏘然珩珮之音，樂哉琴瑟之好，同心合體十有七年矣。豈謂愛方宜室，灾遽入宫。以長慶四年七月一日遘疾終於長安崇義里之私第，享年廿有八。外舅寵居　朝列，　夫人方喜晨昏，及啓手歸全，意無所恨。危亟之際，慇勤相託曰：「他時奉我慈父無失我敬養，願於兄弟亦無虧友于。」疾病則亂而終不忘孝愛，嗚呼！爲婦道者必備於四德，而　夫人周之以百行，雖古淑烈其何以加？持金剛經、大悲呪頗悟真諦，嘗宗妙門。以　夫人孝友柔明，道全德備，宜其必臻壽考，克享多福。豈天與淑美，而神所欺乎？爲物不兩大，而數之然乎！期於終身，忽負偕老。永謝穠李，痛何言哉。以其年八月廿六日歸葬於洛城河南縣穀陽鄉穀水之南原，祔　先塋，禮也。一子曰欽顔，年十一，小字亞相子。女曰柔柔，纔登九歲。次曰禮禮，始及五齡。皆痛慕常聲，哀失所恃。嗚呼！　夫人爲婦賢，爲女孝，有子有女，人道備矣，殁無恨矣。想莊生之志，難遣是哀；樂文子之丘，終同此穴。乃雪涕銘曰：

相庭華緒，德門令族。家聲炳焕，淑問鬱穆。二姓是宜，百兩有歸。光華　閫閾，儀範閨闈。婦德婦容，和鳴肅雍。奉以祭祀，諧於聽從。惸孀有託，孝敬無怠。義著宗姻，德彰中外。嗟嗟令德，超絶倫輩。貞規雅志，清風朗月。如何不吊，芳華遽歇。百身是贖，叫天無徹。松扃一閉，生死長决。　夫人夫人陵谷兮有變，令名兮不滅。

鄉貢進士盧荦書

〔一〕「劍南東川節度使、贈禮部尚書貞公」即盧坦，參見本書三二三《盧大琰墓誌》。

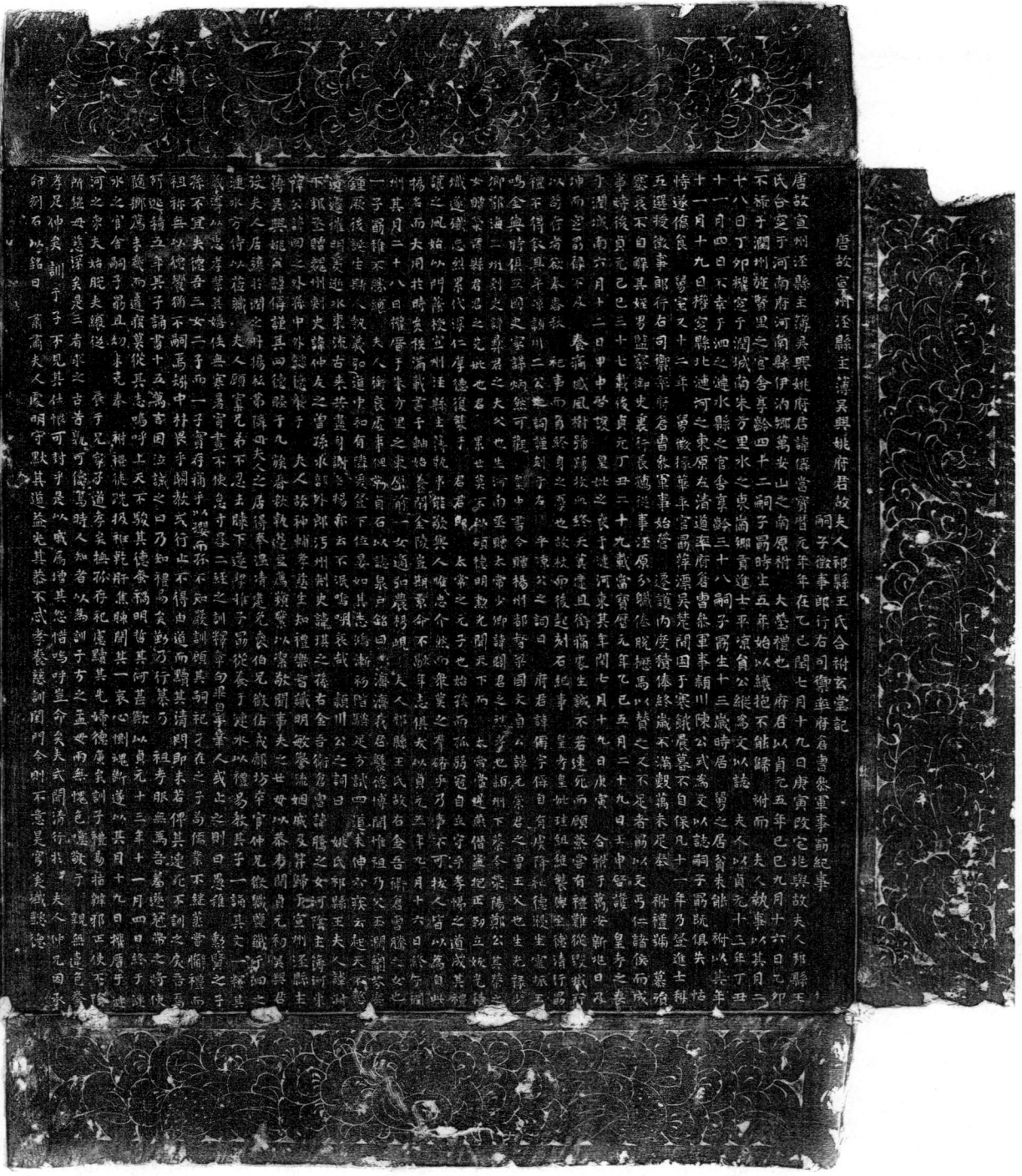

三〇四　唐故宣州涇縣主簿吴興姚府君（偁）故夫人祁縣王氏（淑）合祔玄堂記

寶曆元年（八二五）閏七月十九日葬。

誌文四十一行，滿行四十二字。正書。誌長六十四厘米、寬六十三厘米。

姚勗、貞縱、陳式撰。

誌蓋正書：姚府君王夫人合祔記

唐故宣州涇縣主簿吴興姚府君故夫人祁縣王氏合祔玄堂記

嗣子徵事郎行右司禦率府倉曹參軍事勗紀事

唐故宣州涇縣主簿吴興姚府君諱偁，當寶曆元年年在乙巳閏七月十九日庚寅改宅兆與故夫人祁縣王氏合窆於河南府河南縣伊汭鄉萬安山之南原，祔 大塋，禮也。 府君以貞元五年己巳九月十六日乙卯不禄於潤州旌賢里之官舍，享齡四十二。嗣子勗時生五年，始以繈抱不能歸 祔。而 夫人執事，以其月二十八日丁卯權窆於潤城南朱方里水之東崗。鄉貢進士平湞貟公縱爲文以誌。 夫人以貞元十三年丁丑十一月四日不幸於泗之漣水縣之官舍，享齡三十八。嗣子勗生十三歲，時居 舅之居。貧未能 祔。以其年十一月十九日權窆於縣北漣河之東原。左清道率府倉曹參軍事潁川陳公式爲文以誌。嗣子勗既俱失 怙恃，遂僑食 舅室又十二年。舅微掾華卒官，勗萍漂吴楚間，困於寒餓，晨暮不自保凡十一年乃登進士科。五選授徵事郎、行右司禦率府倉曹參軍事，始營 遷護。內度積俸，終歲不滿數萬。未足奉 祔禮。號 慕殞塞，哀不自解。其姪男監察御史裏行長孺，從事涇原。分職俸，脱櫪馬以贊之。又不足者，勗以文丐仁諸侯而成事。時後貞元己巳三十七載，後貞元丁丑二十九載。當寶曆元年乙巳五月二十九日壬申啓護 皇考之喪於潤城南。六月十二日甲申啓護 皇妣之喪於漣河東。其年閏七月十九日庚寅 合祔於萬安新兆。日及坤而窆。勗禄不及 養，痛感風樹，號踴拉血，終天莫逮。且銜痛處生，誠不若速死。而顧蒸嘗有禮，難從毀滅。所以苟存者，欲奉春秋 祀事而負終身之憂也。故杖而後起，刻石紀事。 皇考、皇妣珪組繼襲與至德清行。勗禮不得叙，具平凉、潁川二公之詞。謹刻於石。

平凉公之詞曰： 府君諱偁，字偁。自有虞降祉，德浸生靈。振玉鳴金，與時俱立。國史家諜，炳然可觀。 皇中書令、贈揚州都督、梁國文貞公諱元崇，君之曾王父也。生光禄少卿、鄧海二州刺史諱彝，君之大父也。生河南丞、贈太常少卿諱闢，君之烈考也。潁州下蔡令滎陽鄭公其榮之女，贈滎澤縣君，君之先妣也。君 累世莫不以碩德明勳光聞天下。而 太常當逆燕僭盜，抱正勁立。妖光積熾，遂殲忠烈。累代深仁厚德，復襲於 君。君即 太常之元子也。始孩而孤，弱冠自立。守乎孝悌之道，成其禮讓之風。始以門蔭授宣州涇縣主簿。執事能敬，與人惟忠。介然而衆莫之群，確乎而事不可拔。人皆以爲自此揚名而大用於時矣。秩滿，載書千軸，始養閑金陵。豈期景命不融，年志俱夭。以貞元五年九月十六日終於潤州，其月二十八日權厝於朱方里之東原。前一女，適弘農楊峴。 夫人祁縣王氏，故右金吾衛倉曹騰之女也。一子勗，稚不勝繈。 夫人銜哀處事，俾勒貞石，以誌泉户。銘曰：

濟濟我君，襲德博聞。惟祖乃父，玉潤蘭芬。慶鍾厥後，誕生斯人。執義弘道，中和有鄰。爰登下位，晏如其志。鴻漸初階，驥足方試。四道未伸，六疾云起。天不慭遺，遽摧明美。逝水東流，古來共盡。身謝名揚，亦云不泯。嗚呼哀哉！

潁川公之詞曰： 姚氏祁縣王夫人，諱淑。下邽丞、贈魏州刺史諱仲友之曾孫，水部外郎、沔州刺史諱珙之孫，右金吾衛倉曹諱騰之女。河陰主簿河東薛公諱回之外孫。中外懿德，襲於 夫人。故神輔孝慈，生知禮樂。智識明敏，譽流姻戚。及笄，歸於宣州涇縣主簿吴興姚公諱偁。謹其四德，睦於九族。春秋執籩豆薦蘋蘩以潔敬聞，事夫之世母，以恭孝聞。貞元初，吴興君殁。夫人居繈於潤之丹楊私第，鄰母夫人之居，得奉温清，逮免喪。伯兄徵佐戎鄜坊，卒官。仲兄微職鹽鐵於泗之漣水，方侍以蒞職。 夫人顧寡兄弟，不忍去膝下。遂挈稚子勗從養於漣水。以《禮》《易》教其子，一誦其文，一釋其義。導以忠孝，禁其嬉佚。無寒暑宵晝，不使怠寸晷。二經之訓釋章句，畢自手筆。人或止之，則曰：「愚稚， 勳賢之子孫，不宜失德。吾三女二子，而一子實存。痛乎以嬰而孤，不知嚴訓。顧其嗣祀，孑在之子。苟儒業不繼，蒸嘗懈禮。而祖祢無以德饗，猶不嗣焉。矧中材畏乎闕教，或行止不得由道。而黷其清門，即未若俾其速死，不訓之戾吾焉所逃。積五年。」其子誦書十五萬言。因泣誡之曰：「乃知《禮》《易》矣，勤乃行，纂乃 祖考服，無爲吾羞。」遂冠帶之，將使遂鄉薦。未幾而遘疾，莫從其志。嗚呼！上天不騭其德，蚤禍明哲。其何甚歟！以貞元十三年十一月四日終於漣水之官舍。嗣子勗且幼，未克奉 祔禮，徒跣扱衽，乾肝焦腴。聞其一哀，心惻魂斷。遂以其月十九日權厝於漣河之東。夫始脱夫繈，從 養於兄家，子道孝矣。撫孤存祀，慮黷其先，婦德廣矣。訓子禮易，指辨邪正，使不隕所繼，母慈深矣。是三者，求之古昔，孰可儔焉。時人知者，以爲訓子方之孟母，兩無愧色。噫！敬於 親，無違色養，孝足伸矣。訓於子，不見其仕，恨可封乎。是以戚屬增其怨惜。嗚呼！豈命矣夫！式聞清行於 夫人仲兄，因承命刻石以銘曰：

肅肅夫人，處明守默。其道益光，其恭不忒。孝養慈訓，閨門令則。不意昊穹，奚殲懿德。

三〇五　唐故舒州刺史王府君（永）墓誌銘

寶曆元年（八二五）十一月十五日葬。

誌文三十二行，滿行三十字。正書。誌長、寬均五十九厘米。

崔復本撰。

唐故舒州刺史王府君墓誌銘并序

從表生宣歙池等州都團練判官將仕郎監察御史裏行崔復本撰

唐故舒州刺史王公諱永，字誠叔，其先太原祁人也。皇侍中、禮部尚書、永寧公珪之五代孫。曾大父通州刺史諱齊望。大父左司郎中、兼侍御史諱旭。烈考太原府廣陽令諱辯。自北齊至於唐，軒冕纓綏，弈葉蟬聯。盛德崇勳，光在簡册，故王爲著姓遠矣。公即廣陽之次子，弱歲丁廣陽艱，與兄二孤藐然在疚，因緣而家于江之東。洎　太夫人弃養，山墅窮居，毁瘠逾禮。既免喪，與昆弟幼賤食菽飲水，雍雍愉愉幾廿年，真可謂得肥家之道矣。公天機聰悟，幼而勤學，年十五，習《春秋左氏傳》，五體之間能盡微旨。及壯，又通禮學，嘗病學者皆不能達其意，乃捃摭遺逸，鉤索是非，希先聖人之閫奥，其殆庶幾乎。元和初，以貧窶，遂就職鹽鐵。俄爲潞帥高平郗公〔一〕雅尚其德，辟爲上介。既莅職，以碩畫佐軍，而戎政大舉。公雖業儒而喜兵術，孫韓之略，頗嘗究焉。數歲府除，故相今吏部尚書鄭公絪、左僕射李公絳之保釐東周，繼請從事，如高平之仰而聲光益大矣。　穆宗始嗣位，有事於郊丘，有司乃以公　上聞，授太常博士。自洛乘傳，不浹日至於京師。繇是冠惠文，歷郎署，周旋憲省，乃籍甚於公卿間，名聲藹如也。是後，　朝廷無事，且以牧民爲重。公復得剖符同安，抑又其素也。未期歲，而政洽人阜，真良二千石焉。無何授代，乃扁舟東下，且語其所知曰：「我不能凑名利場，而埃垢其素志。故相國清河公〔二〕以碩德休望，儀表天下。有道之士，靡不依嚮。」遂沿流而歸我。既至，則虚几榻，厚禮以候之，讌勞浹旬而　所知益厚。未幾，疽發背項，醫禱之間，無不盡其術，而卒無所瘳。以寶曆元年七月十八日復於宣州城南之官舍，春秋六十一。既終之十有五日　詔下除鄱陽守。嗚呼！禄而不壽，善而無報，命矣夫。公器宇恬曠，操心介直。而交朋親愛莫不涵泳，其仁世之名卿靡不稱與。雖不躋大位而天爵厚矣。夫人隴西李氏，父曰洞之，皇唐洪州録事參軍。從祖兄曰衡，故户部侍郎。而不幸早世，權窆於上黨潞城縣，有孤曰楚郎，年始十三，泣血茹荼，光窮何怙。女子子四人，長歸於進士劉抗，次三女皆在穉幼。兄廣，試太子通事舍人，銜天倫之痛，以世墓在秦，　先夫人日時靡協，未克祔於舊塋。乃命其孤護素車丹旐，以其年十一月十五日乙巳甲申洛陽縣平陰鄉之原，以夫人李氏祔焉，伯氏之志，禮也。復本於公親且舊，最飽其風。及病革，執手而見託，故不敢爲讓，紀其始終。其銘曰：

汪汪德陂，孰窺其極。以賢爲級，以聖爲域。磅礴道義，追蹤古昔。六籍百編，蹂躪斯得。天必曰顔，壽必曰跖。營營之求，安知非惑。哲人其萎，君子之息。垂休不泯，誌於貞石。

〔一〕「郗公」即昭義軍節度使郗士美。

〔二〕「清河公」即宣歙觀察使崔羣。

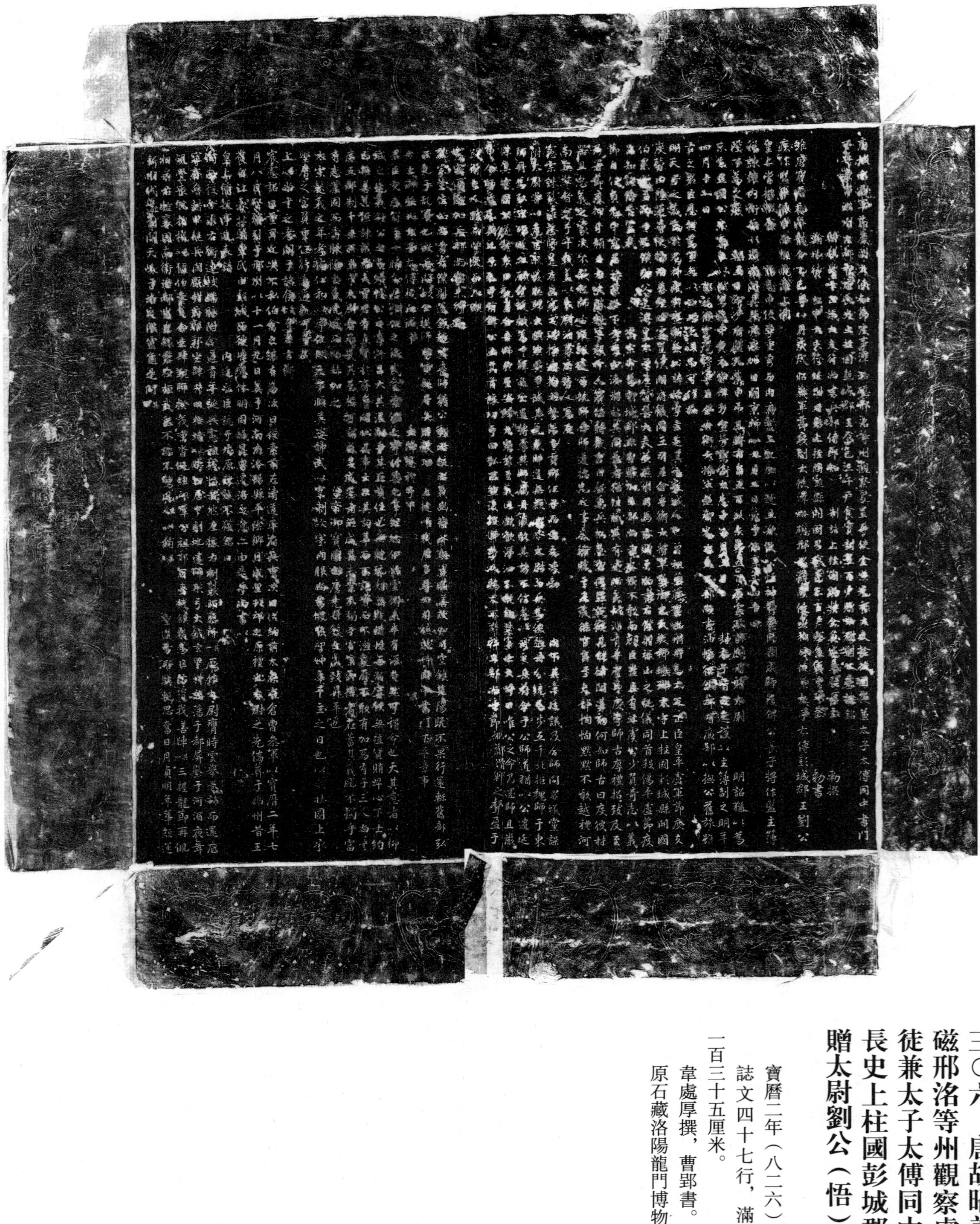

三〇六　唐故昭義軍節度副大使知節度事澤潞磁邢洺等州觀察處置等使金紫光禄大夫檢校司徒兼太子太傅同中書門下平章事潞州大都督府長史上柱國彭城郡王食邑三千户食實封三百户贈太尉劉公（悟）墓誌銘

寶曆二年（八二六）十一月九日葬。

誌文四十七行，滿行四十六字。正書兼行意。誌長、寬均一百三十五厘米。

韋處厚撰，曹郢書。

原石藏洛陽龍門博物館。

唐故昭義軍節度副大使知節度事澤潞磁邢洺等州觀察處置等使金紫光禄大夫檢校司徒兼太子太傅同中書門下平章事潞州大都督府長史上柱國彭城郡王食邑三千户食實封三百户贈太尉劉公墓誌銘并序

翰林學士正議大夫行尚書兵部侍郎知制誥上柱國賜紫金魚袋韋處厚奉敕撰

翰林待詔中大夫行□州司馬上柱國譙縣開國男食邑三百户賜魚袋曹郢奉敕書

維唐寶曆元年龍舍乙巳粤八月庚戌昭義軍節度副大使澤潞磁邢洺觀察使、丞相、司徒兼太子太傅、彭城郡王劉公疾作。監軍使田全操飛章上聞。　皇上當□輟食。　詔遣中使李重秀與内府醫正馳驅以赴，且欲使公恬神静養，卧制戎師。復俾公長子將作監主簿從諫權内衙兵，以□□其藥瘵瘳加，日聞京師。以九月三日薨於位，享年四十四。　陛下爲之廢　朝三日，命少府監孔戢申吊，且賻布帛五百段，香藥五百事，宣政前殿册贈太尉。　明詔猶以爲未足，并圖公□□□。以潞軍建中、貞元嘗肆力宣勞，禦衛大患。十□月□日，　封太子晉王遥護，以主簿副之。明年四月十一日，　詔起復云麾將軍、左金吾衛大將軍兼御史大夫、工部尚書，油幢征鉞，都督廉部，以撫公舊旅。雖古之君臣，恩禮篤至，無以□□，使没而可□□。明天子之義，動於鬼神，感於蠻貘矣。公諱悟，字玄芝，其先彭城人也。曾祖藥藏，皇幽州司馬。大父正臣，皇平盧軍節度支度營田陸運等使、押兩蕃經略處置使、開府儀同三司、左金吾衛大將軍兼御史大夫、柳城郡太守、上柱國、彭城縣開國伯，累贈至尚書左僕射。父逸海，皇太子左贊善大夫兼燕州司馬，□贈至尚書右僕射。

禄山之亂，儀同首殺僞平盧節度吕知誨，傳首靈武。　肅宗命爲柳城郡太守，驟加□部尚書。大寇不敢南顧，巨盗且有北虞。公少負奇志，以義節自任。貞元中，寓居洛京。洛下孝秀，□湊游於其間。長者往往識其有遠略矣。故淄青平盧節度李師古厚禮招致，及至乃署節度押牙，領左右大勝親軍數千人。賓僚將校言曰：「輕委兵柄，患智同驅，旋觀其能□，閲其效，何如？」師古曰：「度彼材器，且忠義之家，决不疑也。」師古既殁□□統師，命師道總兄之事。歲輸賦於左藏，條官員於吏部。恂恂默默，不敢越禮。河南無警者，逾於十載。蓋以太尉洎幕府□人焉。及　憲宗誅裂淮蔡，師道有齒寒之恐，構遠攄之勢，陽冒貢郡任子，而□奏凌悖。　內下其章廷議，及合師問罪，蟻黨誅附。太尉嘗以危言□發，驅歸大順。然其言誠，其氣感。師道無疑，□令太尉與兵馬使張丹分統馬步五千北拒魏師於東阿。丹爲弘正所敗，□顧望緩機爲言，驛□□還，將奪其師。屬丹復敗，其謗不信，悉以丹之兵陷囚於公。師道猶以公遷延，肆其□圖。公遂誓衆曰：孰若全吾師於至安，歸大衆於至義。因欷歔涕泗，不能□禁。軍士大呼曰：唯公之命。乃還師，且嚴申令。師道及其二子死於前鋒，公函其首讓功於田弘正。然後按師勞人，雞犬不警。拜工部尚書，節制鄭滑。鄆之聲盈於路，滑之人跂而望。既而入覲，憲宗優□，加兵部尚書。未行還。穆宗登位，加尚書右僕射還鎮。趙冀喪帥，籍公勳略統昭義；幽薊入覲，資其善政加司空。鎮范陽，既不果行，還軫舊部。弘正死於亂軍也，徵□□。故公提師□境，親□矢□，獻功　上捷，唯我居多。尋加司徒，就拜同中書門下平章事。　今上御極，加太子太傅，披□誠於　上，歸恩禮於下。君臣交感，冠於一時。文居□□之衡，武受璽□之寄。付委之事，經綸伊始。雲衢未半，有涯奄然。可謂命也，天其意者。以柳城之□義，鍾公之勳績。促公之享齡，昌大其後嗣乎。其囿貴位也。無耽玩好，無蹤情性，無溺宴飲，無殖貨賄。卑心下士，約己推善。

其僚諫議大夫賈君[一]，有直聲於齊魯間。狀其事云爾，其詞華而不□，實而不濫。處厚不敢有加焉。有子三人，尚書廉五郡，制千乘。所異於太尉者無幾，其基構可謂盛矣。威基者，□成其志業，不獨乎官業；□構者，在蓄其義風，不獨乎富有。志業固而爵服隨之，義風熾而顯赫加之。

皇帝御寶圖也，唐堯□箓之歲；致昇平也，　太宗起義之年。孝德仁和以率□，故天下順；英姿神武以宰制，故宇内服。尚書佩侯印仲華干主之日也，以兹壯圖，上承聖曆之富，負重任，行遠道，孰可量哉！上以尚書之孝聞於諸侯，故奪群言，斷宸慮。詔曰：重耳之哭不私，伯禽之縗有爲。次曰從素，前左清道率府兵曹。次曰從囧，前太原府倉曹參軍。以寶曆二年七月八日啓殯引於邢州，以十一月九日葬於河南府洛陽縣平陰鄉月城里，北邙之原，禮也。太尉之先，僑葬於幽州。昔王褒自江表北歸，韋氏由彭城西徙。皆應休明，用熾昆胄。遷洛之意，亦由是乎！尚書以皇上簡拔亭造，表請　內廷之臣誌於九原。陳讓不獲，銘曰：

河南縱合，淮右衡連。枝蟠脈附，含慝有年。誕興憲祖，摅憤赫然。左攘右制，裂陌隳阡。其一。厥惟太尉，膺時雲舉。卷旆而還，底寧齊魯。籍甲提兵，閑廐封府。郭郛坐肆，井田按堵。其二。疇功居甲，劃地建師。彤弓大鉞，玄甲□旗。藩於都屏，壓於河湄。夜舞覘釁，喪魄摧機。其三。偃伯櫜戈，命圭肆覲。師揆戎曹，沓佩鈕印。群公祖郊，百壺踐鎮。嶷□巨防，資我善陣。其四。三握龍節，再佩相符。右控襄國，南衛洛都。圀圀鰥嫠，桓桓武貙。不嚻不鬻，風今以鋪。其五。聖道方啓，驥輗思奮。日月貞明，年華運短。□川代遠，前關天峻。於洛之隈，靈龜是問。其六。

（一）「賈君」即賈直言，《舊唐书》卷一八七有傳。

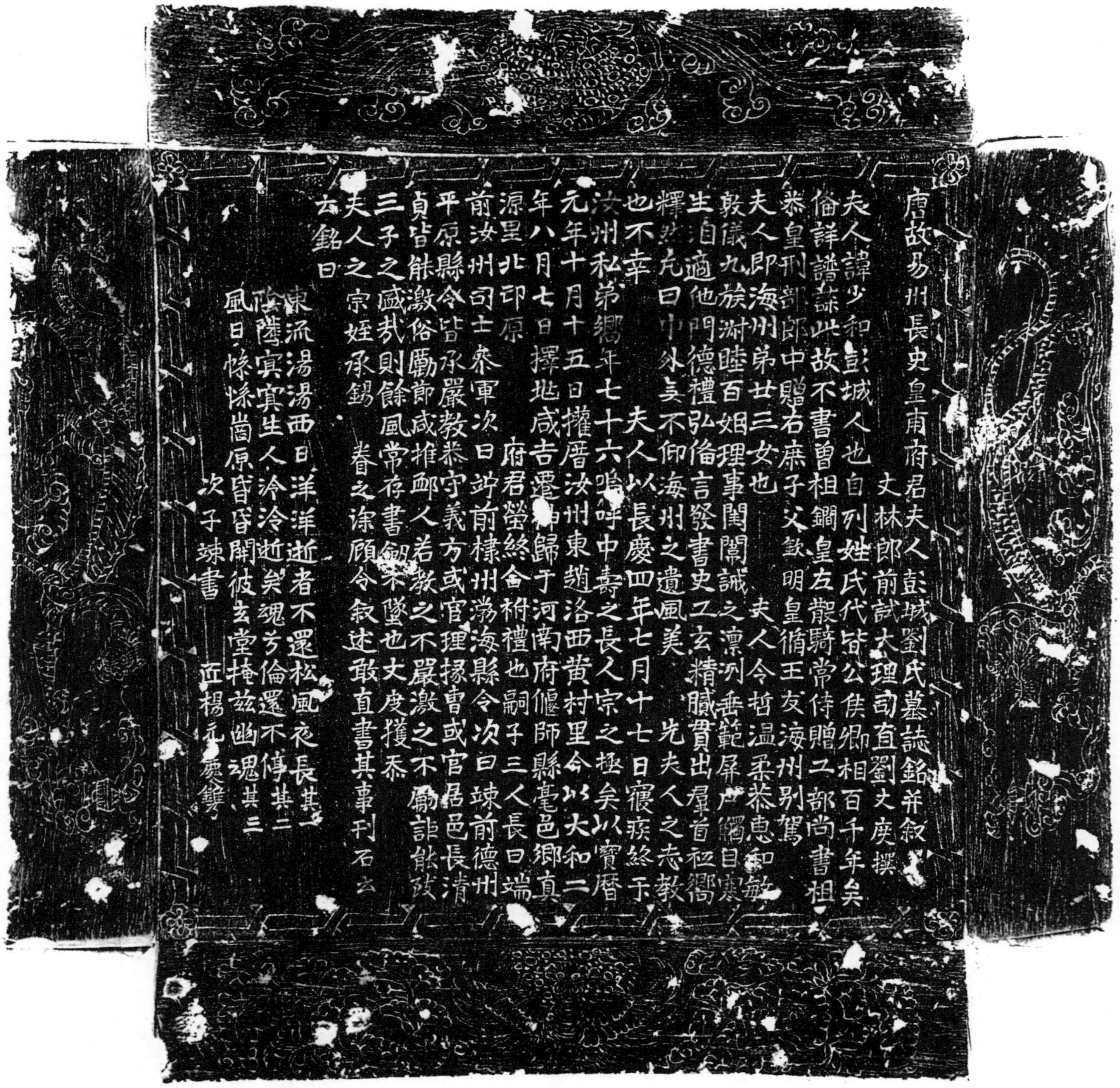

三〇七 唐故易州長史皇甫府君（怡）夫人彭城劉氏（少和）墓誌銘

大和二年（八二八）八月七日葬。

誌文二十四行，滿行二十三字。正書。誌長、寬均四十七厘米。

劉文度撰，皇甫竦書，楊元慶鐫。

誌蓋正書：唐故劉氏夫人墓誌銘

唐故易州長史皇甫府君夫人彭城劉氏墓誌銘并叙

文林郎前試大理司直劉文度撰

夫人諱少和，彭城人也。自列姓氏，代皆公侯，卿相百千年矣。備詳譜諜，此故不書。曾祖錮，皇左散騎常侍，贈工部尚書。祖恭，皇刑部郎中，贈右庶子。父欽明，皇循王友、海州別駕。　夫人即海州第廿三女也。　夫人令哲温柔，恭惠和敏。敦儀九族，淑睦百姻。理事閨闈，誡之凛洌。垂範屏户，觸目寒生。洎適他門，德禮弘備。言發書史，工玄精膩。貫出群首，祗嚮釋然。凡曰中外，無不仰海州之遺風，美　先夫人之志教也。不幸　夫人以長慶四年七月十七日寢疾終於汝州私第，嚮年七十六。嗚呼！中壽之長，人宗之極矣。以寶曆元年十月十五日權厝汝州東趙洛西黄村里，今以大和二年八月七日擇兆咸吉，遷神歸於河南府偃師縣亳邑鄉真源里北邙原　府君塋，終合祔禮也。嗣子三人：長曰端，前汝州司士參軍；次曰竚，前棣州渤海縣令；次曰竦，前德州平原縣令。皆承嚴教，恭守義方。或官理掾曹，或官居邑長。清貞皆能，激俗勵節。咸推卹人，若教之不嚴，激之不勵，詎能致三子之盛哉。則餘風常存，書劍不墜也。文度獲忝　夫人之宗姪，承錫　眷之深，顧令叙述，敢直書其事。刊石云云。銘曰：

東流湯湯，西日洋洋。逝者不還，松風夜長。其一。陰鶩冥冥，生人泠泠。逝矣魂兮，倫還不停。其二。風日慘慘，崗原昏昏。開彼玄堂，掩兹幽魂，其三。

次子竦書

匠楊元慶鐫

三〇八　唐故河□□河陰縣主簿袁君（俠）墓誌銘

大和二年（八二八）十月二十六日葬。

誌文二十五行，滿行字數不等。正書。誌長、寬均四十五厘米。

張師仁撰。

誌蓋篆書：唐故袁府君墓誌銘

唐故河□□河陰縣主簿袁君墓誌銘并序

前試左金吾衛兵曹參軍張師仁撰

公諱俠，字□，□□郡人也。漢司徒樂鄉侯安之後，梁中撫大將軍、尚書令昂則　公之七世祖也。忠□　勳烈，輝茂前史。文行軒冕，代爲望族。　曾祖游，秘書監、陳王府長史；　祖祚，朝散大夫、同州澄城令。　父挹，陜州芮城丞。贊治激廉直之聲，在官有通仁之政，於今稱之。　公則芮城府君元子也，温莊敦厚，生而知之。幼罹閔凶，長乃强學，攻《古文尚書》《春秋左氏傳》，皆研精約通。舉孝廉登第，釋褐授亳州酇縣尉。秩滿，棲遲丘園，不矯其志。後又從調，累任河内尉、河陰主簿，咸佐理明潔，莅官惠和，無忝　先公之德也。公雅尚閑逸，解印無營。自河陰罷秩，未一年而遘癘焉。嗚呼！役仁與義，位不及高，禄不及豐，天□謂何。以元和八年九年廿三日歿於濟源縣逯村别業，春秋六十三，其年窆於村之北維，從權也。　前夫人趙郡李氏，汝州司法之女。令德有聞，芳年早逝。後夫人滎陽鄭氏，　朝散大夫、曹州考城令惟尚之長女。孝友惠淑，禀之自然。既笄有行，乃從於　公。婦道聿脩，壼則可範，柔閑有裕，德門增光。一自孀嫠，撫諸孤稚。家無饒蓄，豈免食貧。體道自安，中外敬止。嗚呼！不克眉壽，以大和元年九月十八日寢疾，終於福昌縣袁村郊居，享年五□□。　公五男四女：長男慶，次曰玞，曰真，曰起，季曰赴。或端謹自處，或操節可嘉，皆不墜　門風也。慶、玞、真及三女，皆出於　李氏。起、赴及幼女實　鄭氏生。長女性味恬漠，早入道門。次女適處士喬弘禮。又次女適洺州南和尉劉霈。幼女及笄，柔懿婉静，女儀備矣。嗚乎！未從人而夫人殁。姆教則已，聽從何託。呼天泣血，一號數絶。聞者傷悲，此痛無極。次子起至性鄰滅，殆不勝喪，路遠不遂□葬　大父之塋側，故别卜兆域焉。以大和二年六月一日啓　公，其年十月廿六日奉　鄭夫人之帷裳合葬於永寧縣宜陽鄉西辛店之東北，禮也。　李夫人殯□潞州，慶、玞不知其墓，故不克與　公同穴焉。哀哉！起以師仁爲從母兄也，□諸官族，故託誌墓，紀德於貞石。銘曰：

女兒峰北兮崇崗南趾，峨峨高墳兮湯湯洛水。蘭玉芬炳兮令問不已，千秋萬祀兮壽宮於此。

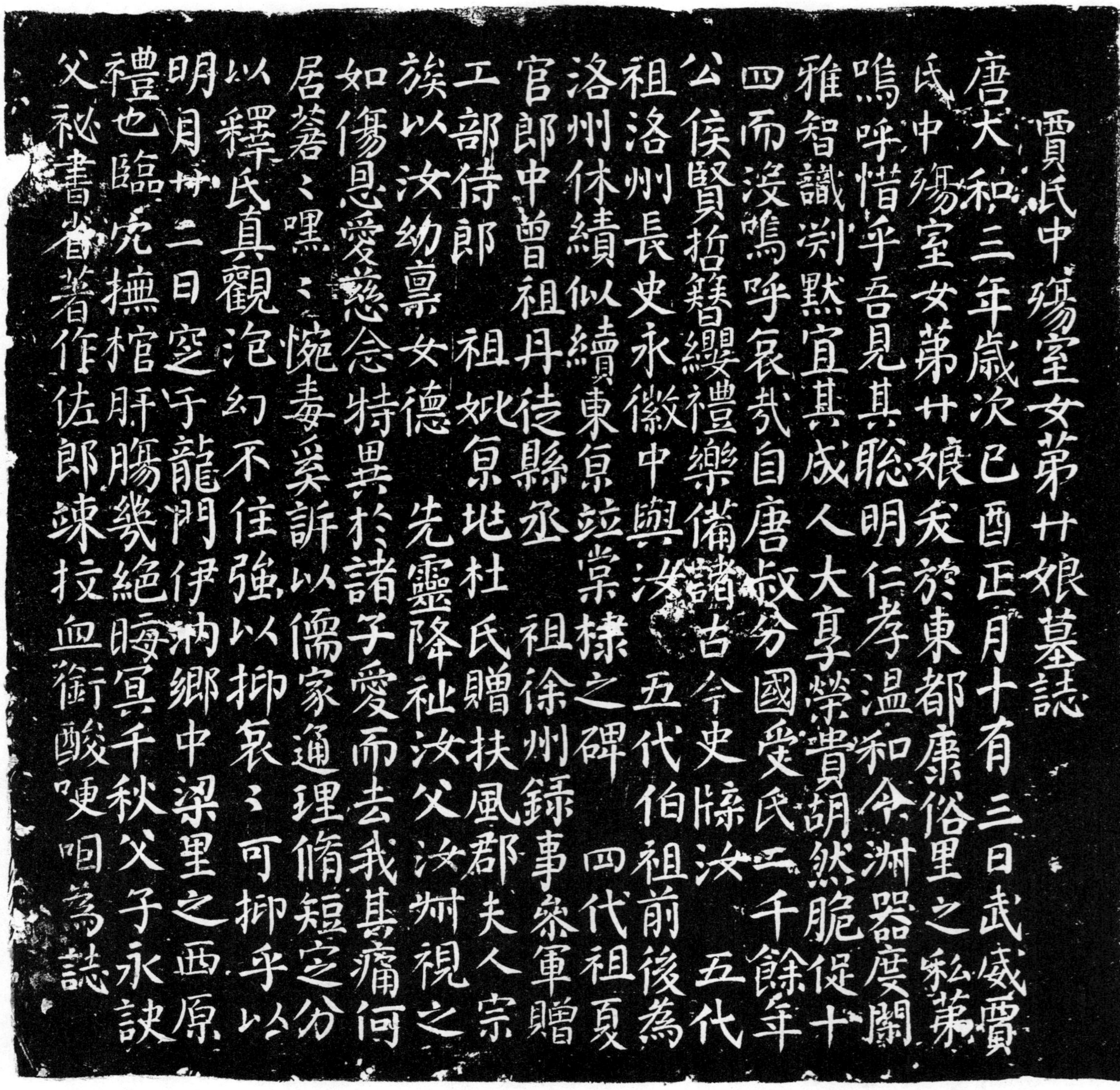

賈氏中殤室女第廿娘墓誌
唐大和三年歲次己酉正月十有三日武威賈
氏中殤室女第廿娘歿於東都康俗里之私第
嗚呼惜乎吾見其聡明仁孝溫和令淑器度閑
雅智識淵默宜其成人大享榮貴胡然脆促十
四而沒嗚呼哀哉自唐叔分國受氏二千餘年
公侯賢哲簪纓禮樂備諸古今史牒汝 五代
祖洛州長史永徽中與汝 五代伯祖前後為
洛州休績似續東京竝棠棣之碑 四代祖夏
官郎中曾 祖丹徒縣丞 祖徐州錄事參軍贈
工部侍郎 祖妣京兆杜氏贈扶風郡夫人宗
族以汝幼稟女德 先靈降祉汝父汝姉視之
如傷恩愛慈念特異於諸子愛而去我甚痛何
居蒼蒼嘿嘿慘毒奚訴以儒家通理脩短定分
以釋氏真觀泡幻不住強以抑哀哀可抑乎以
明月廿二日窆于龍門伊汭鄉中梁里之西原
禮也臨穴撫棺肝膓幾絕晦冥千秋父子永訣
父祕書省著作佐郎竦拉血銜酸哽咽為誌

三〇九　賈氏中殤室女第廿娘墓誌

大和三年（八二九）二月二十二日葬。

誌文十八行，滿行十八字。正書。誌長六十二厘米、寬六十一・五厘米。

賈竦撰。

賈氏中殤室女第廿娘墓誌

唐大和三年歲次己酉正月十有三日，武威賈氏中殤室女第廿娘夭於東都康俗里之私第。嗚呼惜乎！吾見其聰明仁孝，温和令淑。器度閑雅，智識淵默。宜其成人，大享榮貴，胡然脆促，十四而没。嗚呼哀哉！自唐叔分國，受氏二千餘年，公侯賢哲，簪纓禮樂，備諸古今史牒。汝　五代祖〔一〕洛州長史，永徽中與汝　五代伯祖〔二〕前後爲洛州。休績似續，東京並棠棣之碑。　四代祖〔三〕夏官郎中。曾祖〔四〕丹徒縣丞。　祖〔五〕徐州録事參軍，贈工部侍郎。　祖妣京兆杜氏，贈扶風郡夫人。宗族以汝幼禀女德，　先靈降祉。汝父、汝叔〔六〕視之如傷，恩愛慈念，特異於諸子。愛而去我，其痛何居。蒼蒼嘿嘿，惋毒奚訴？以儒家通理，脩短定分；以釋氏真觀，泡幻不住。强以抑哀，哀可抑乎？以明月廿二日窆於龍門伊汭鄉中梁里之西原，禮也。臨穴撫棺，肝腸幾絶。晦冥千秋，父子永訣。父秘書省著作佐郎竦抆血銜酸，哽咽爲誌。

〔一〕「五代祖」即賈敦實。

〔二〕「五代伯祖」即賈敦頤。

〔三〕「四代祖」即賈膺福。

〔四〕「曾祖」即賈胄，抑或賈渭。

〔五〕「祖」即賈寧。

〔六〕「汝叔」即賈餗。

三一〇　唐故朝散大夫守均王府諮議參軍上柱國分司東都范陽盧府君（仲權）夫人太原王氏合祔墓誌銘

大和四年（八三〇）二月二十八日葬。

誌文三十三行，滿行三十三字。正書。誌長七十五厘米、寬七十四．五厘米。

盧公亮撰，盧從度書，盧繪撰銘兼蓋。

唐故朝散大夫守均王府諮議參軍上柱國分司東都范陽盧府君　夫人太原王氏合祔墓誌銘并序

堂姪守國子監四門博士集賢殿校理公亮撰

昔者遠祖，晉中郎諶始平侯，宋王微叙文侯行實，梁何遜實銘記室之墓，皆叔父也。　公於公亮從祖父也。矜尊卑之等，得獲撰述。既虞陵谷之變，不敢有所漏略。公諱仲權，字子興，范陽涿人。　我姜姓肇自神農炎帝之後。至周太師封齊公子高奚爲大夫，食菜盧邑，因氏焉。至秦博士避難涿郡，晉改涿置范陽，故世爲范陽涿人。自秦博士二十代至晉中郎，中郎二子始分南北祖。營丘太守諱偃，爲北祖，自營丘五世至後魏侍中　懿侯。懿侯昆弟四人又分四房，　懿侯爲大房。自　懿侯又五世，至　兖州都督光侯諱正言。　光侯生　深州司馬府君諱朓。　深州生　魏郡莘縣主簿、贈太子右贊善大夫府君諱清。　公　贊善府君之次子。十六經明上第，釋褐補虢州朱陽縣尉。次補潤州丹楊縣尉、京兆府櫟陽縣尉、河南府洛陽縣主簿、大理司直、詹事府丞。以考進階五品，官極選曹，有司以名上　丞相府。初　相國大司空揖　公之貞貧，欲以外任，優禄待　公。公思有以顯　親，願纔列周行。冀霑　慶澤，遂　詔拜均王府諮議參軍，分司東都，從請也。凡五佐名邑，一參法寺，一歷詹事府，一居王官。皆以職業脩飾，資考叙進。蓋守道居易，恥名浮食。不然者，華族徽猷，懿文贍學。隨俗流之篙檝，遂勢利之聲塵。闊視干時，烏能後我。有以知君子之不爲也。　公孝友自天，生知儒訓。纔甫五歲，即罹　内艱。迨至成人，率履不越。隨　伯氏故和州刺史、將季弟故杭州餘杭縣尉奉養　高堂，先意承志。洎重丁　哀疚，柴毁逾禮。夫論行纂德，必略其細而舉其大也。公任朱陽未滿歲，弃官歸　養。則南陔之詩，允屬於至性。任丹楊，罄俸入成同州司兵堂伯之婚媾。以　伯父承　深州府君長嫡之院。棠棣之情，更寓其深旨。求拜諮議官，不務厚入。期遂孝思揚名，爲大聖哲之格言也。正廉係履，簞食瓢飲。樂貧非憊，顔子、莊生之志也。嗚呼！壽猶未極，位不配德。享年七十七，以大和三年十一月廿二日降疾，□二月二日終於東都寧剎佛寺，既殯三月而葬。以四年庚戌二月廿八日癸酉祔　先塋於河南府河南縣伊汭鄉尹段村萬安山南原，禮也。　夫人太原王氏合祔焉。　夫人晉陽人。曾祖諱懷邈。祖諱罃。烈考諱益。　夫人德備閨閫，行光宗姻。姬姜華軒，秦晉匹敵。雅宜助祭，克配成家。神道遠微，降年不永。先　公二十九年，以貞元辛巳終於潤州官舍。貞元乙酉始歸葬，距今日之啓祔又廿六年矣。　夫人世官令範備舊誌。　夫人二子三女，女長不及笄，小未及名，皆夭。長男繪，鳳翔府岐山縣主簿。次男從度，汝州龍興縣主簿。至性自天，恭儉稟　訓。稱家襄事，而哀有餘。銘曰：

我之系兮上古肇興。洎周尚父兮凉武維鷹。封齊命氏兮繼序其承。自秦迄唐兮世有賢能。鳴鑾佩玉兮珥貂伐冰。流慶不匱，實生　諮議。貞方不雜兮葆和居易。顔巷蔣逕兮樂道忘利。不登貴仕兮爲善何倚。夫人華宗，四德咸具。舊松已閤，新旐來祔。伊水之東兮萬安之下。音户〔一〕。真宅於此兮千秋萬古。

次男從度小名崔七泣血書

長男繪小名建建書銘兼蓋〔二〕

〔一〕「音户」爲小字，刻於「下」之下。

〔二〕此爲雙行小字，刻於墓誌左下角。

三二一　唐故清河郡夫人隴西李氏（徐）墓誌銘

大和四年（八三〇）七月十日葬。

誌文三十八行，滿行三十八字。正書。誌長八十二厘米、寬七十二厘米。

崔羣撰，盧永書。

唐故清河郡夫人隴西李氏墓誌銘并序

爲亡室製

荊南節度觀察處置等使銀青光祿大夫檢校吏部尚書兼江陵尹御史大夫上柱國清河縣開國公食邑一千五百户崔羣撰

子婿忠武軍節度巡官試大理評事盧永書

夫人姓李氏，諱徐，其先隴西成紀人。近代言閥閱者，以姑臧公之後爲稱首。自 國初秦府學士玄道而□至太子舍人正基，其高祖也。曾祖亶，給事中。大夫成休，永王府司馬。先人霸，潤州丹徒圓。夫人即丹徒之長女。出於盧氏。外祖洵，南昌令。生三歲而失所恃，又未及笄而孤。鞠育於繼太夫人盧氏之手。盧夫人既嫠居，遂依其家於揚州六合縣。撫夫人之同生弟妹，與己子無所辯，而孝敬友睦亦如之。夫人於羣，爲堂從母之妹。羣亦幼鍾釁罰。生七歲，　贈齊國太夫人弃遺。　先太尉府君〔一〕，建中初遊江南，見夫人年纔四齡。聰悟端淑，且憫羣之不幸，欲再睦　外家之好。遂以姻援請約於丹徒君。撰吉辰，具酒食，納幣三十萬。歷十四年，至貞元乙亥歲五月廿日以玄纁先贄雁於揚子之既濟佛寺，始親近焉。既而道六合，浮泗汴，相從而北歸。由洛師達陝郊，拜慶於　高堂。降自阼階，受一獻之禮。其後奉嘗　遷祔，建立宗廟，克修婦事，罔不勤磬。推仁誼以睦中外，蠲酒醴以待賓客。各得其所，暗符格言。性儉約，尚嚴整。粧飾服玩，未嘗效時俗變態，雖陋居糲食處之晏如也。祗事　先府君、晉國繼太夫人，竭誠盡順，環珮蚤夜，由是　尊長嘉念異等。洎羣累丁艱棘，假息於東周舊第。夫人以喪則哀，以祭則虔。群自配賢淑，因而寡過，常勖廉退，每戒奢盈。遭逢際會，遂至榮忝。自初仕爲校書郎，其後歷諫曹，入　禁署，掌訓誥，貳六卿。既罷台宰，五踐藩服。出入中外，便蕃大僚。位重珪組，門羅棨戟。而夫人接下逾勵，執心益謙。三加封邑，至清河郡夫人。夷險休戚，始終同致。嘉言勝理，亹亹在聽。暇日習釋氏經典，深所信嚮。達生齊物，究極悟解。當　穆宗嗣位，予自長沙　徵還，由小冢宰命長邦憲。於時外命婦謁　皇太后於興慶宮。從夫之爵，羅列班序。夫人盛服獨立於副丞相之位，山東士族以爲榮觀。大和三年春，又自司戎常伯承　制命鎮荊門。夫人偕來，戾止郡舍，寓目樓榭，散步園林。命家僮婢使彈絃吹竹。良辰令節，慊然相對。或追叙曩昔，或高談願言。乍歡乍悲，不覺移晷。時牽物務，夜艾方歸。猶復相須，繼以膏燭。供具備設，所欲唯命。曾未期月，痾恙微侵。瘡痏滋蔓。生於頰舌，綿日寖劇，遽至危殆。竟捐館於府署之內，春秋五十三。生於大曆戊午歲八月廿七日，終於大和庚戌歲正月廿七日。生女子五人，長適隴西李元皐，次適范陽盧永，次適滎陽鄭助，次適助之從祖弟涓，其幼未從人。元和中，夫人嘗妊累月，遇疾而墮，視之則男子，每以爲恨。其在稚齒，有女黃冠過其門。而謂之曰：「當爲將相室家。」其言終驗，豈必有定數耶！至是　皇上命中貴人馳馹，□□設次於正寢之庭，西嚮受　詔。俯伏嗚咽，人之見之者，以爲哀榮禮備。以其年三月十一日俾二男昭、勤奉帷裳歸洛汭。克用七月十日安宅兆於河南府河南縣平樂鄉杜翟原，祔　先塋之東次，禮也。羣拘限戎寄，不果送終。護理封樹，用是爲恨。永惟伉儷之分加於人。夫人之賢，明邁於倫。結褵歸我，於茲三紀。而無失言失色之事，成家勸義，始卒榮泰，斯亦謂之難儔矣。一旦永逝，中闈廓然。平生歡娛，盡是悽感。傷神之誚，其敢逃乎！遂琢荊楚片石刻勒而寘諸幽隧。哀書大略，豈以文爲。泣涕而銘之曰：

噫！夫人令儀令德，實懿實賢。粲若瓊華，郁如蘭荃。爲女爲婦，爲妻爲母，皆得其道，可爲程矩。我室既宜，我家既肥。杖鉞秉□，魚軒翟衣。曷不萬年，以永光輝。珠玉毀折，瑟琴乖闋。副笄照耀，將焉施設？輤車出途，諸女號呼。言歸邙阜，萬古黃壚。龜筮叶吉，神其安謐。西瞻　先櫝，成此巨室。嗚呼！義莫重於□體和鳴，痛何深於一死一生。藂千悲與萬恨，淚漣落而交纓。

〔一〕「太尉府君」即崔羣父，據《全唐文》卷六八二牛僧孺《崔羣家庙碑》「贈太尉公諱積，字實方」。其人乃崔積，齊國太夫人即盧氏，晉國繼太夫人即王氏。高橋繼男《洛陽出土唐代四方墓誌的介紹與若干考察》中所披露的收藏於日本私人手中的《檢校金部郎中崔積王夫人墓新記》，誌主即崔積。《金石録》卷十收入李絳撰《唐檢校金部郎中崔積碑》，亦即其人。另《新唐書》卷七二下《宰相世系二下》載崔羣父爲崔積，「積」爲「稹」之訛誤。

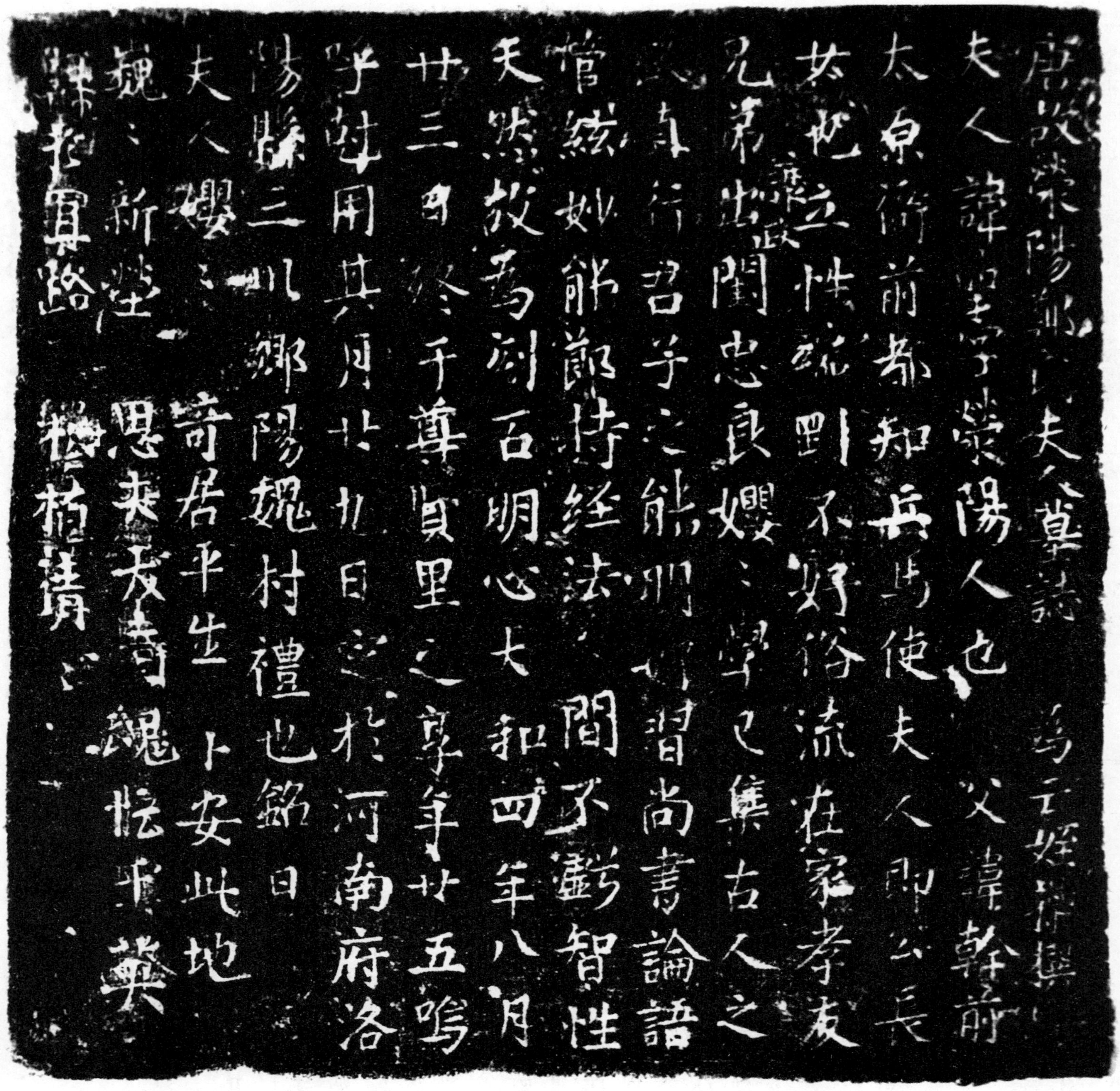
唐故滎陽鄭氏夫人墓誌　為子姪操撰
夫人諱[illegible]字滎陽人也　父諱幹前
太原府前都知兵馬使夫人即公長
女也立性端剛不好俗流在家孝友
兄弟出閨忠良嬰嬰學已集古人之
訓有行君子之能仰慕習尚書論語
管絃妙能節持經法閭不虧智性
天然故為剛石明心大和四年八月
廿三日終于尊賢里之享年廿五嗚
呼[illegible]用其月廿九日遷於河南府洛
陽縣三川鄉陽魏村禮也銘曰
夫人嬰嬰　寄居平生　卜安此地
巍巍新塋　思夫長哀　魂[illegible][illegible]歎
縣郭[illegible]路　松栢青青

三一二　唐故滎陽鄭氏（榀）夫人墓誌

大和四年（八三〇）八月二十九日葬。

誌文十四行，滿行十四字。誌長、寬均二十一厘米。

鄭操撰。

唐故滎陽鄭氏夫人墓誌

爲亡姪操撰〔一〕

夫人諱榀，字。滎陽人也。父諱幹，前太原衙前都知兵馬使。夫人即公長女也。立性端剛，不好俗流。在家孝友，兄弟讓政〔二〕。出閨忠良，孆孆學已。集古人之政直，行君子之能明。好習《尚書》《論語》。管絃妙能，節持經法。人間不虧，智性天然。故爲刻石明心。大和四年八月廿三日終於尊賢里之享年廿五。嗚呼！剋用其月廿九日窆於河南府洛陽縣三川鄉陽魏村，禮也。銘曰：

夫人孆孆，奇居平生。卜安此地，巍巍新塋。思夫夭寄，魂忶千英。歸於冥路，松柏清清。〔三〕

〔一〕「爲」應爲「未」之誤。

〔二〕「讓政」二字刻於「出」之右側。

〔三〕自「思夫」以下都有重刻。

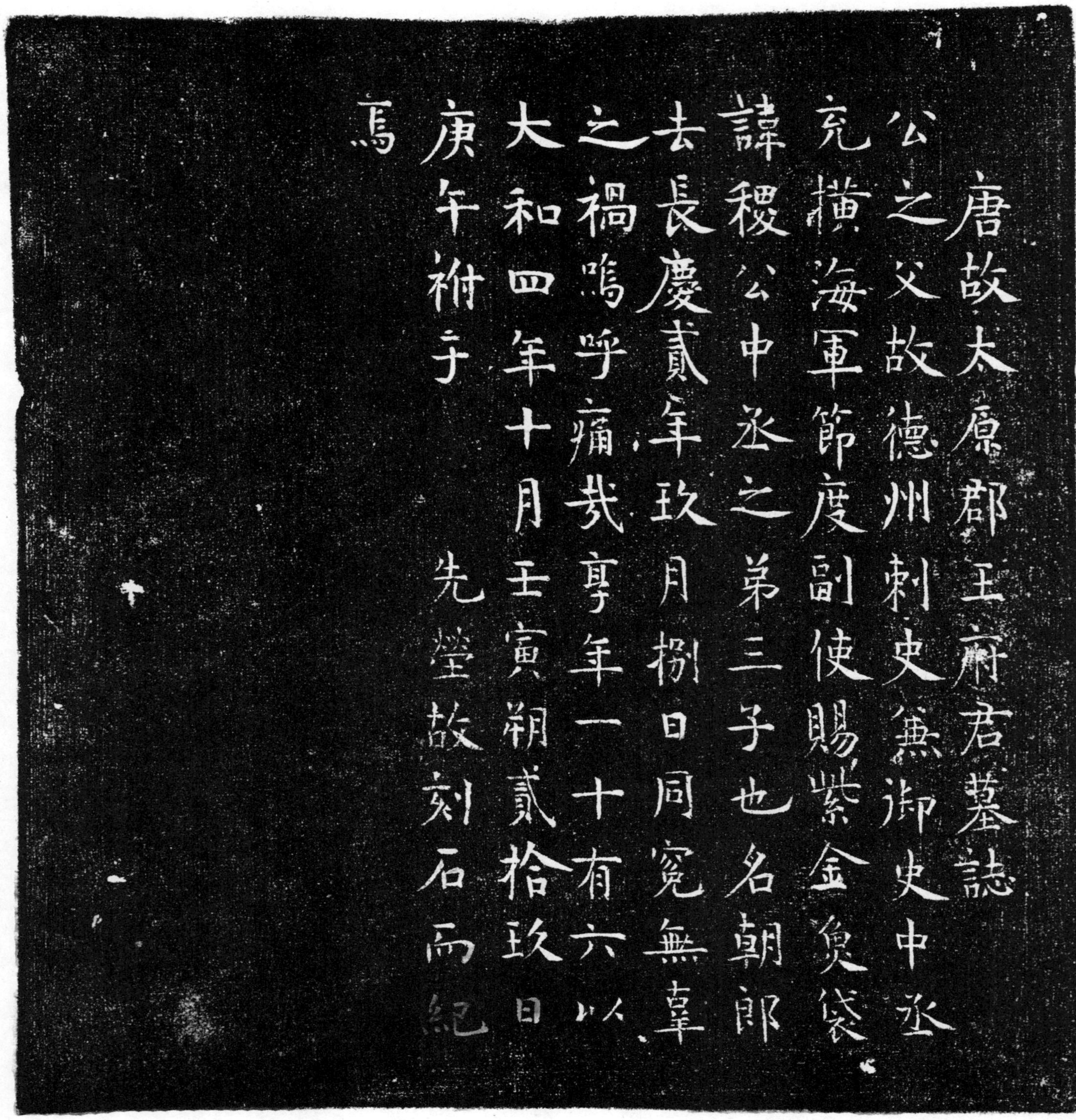
唐故太原郡王府君墓誌
公之父故德州刺史兼御史中丞
充横海軍節度副使賜紫金魚袋
諱稷公中丞之第三子也名朝郎
去長慶貳年玖月捌日同寃無辜
之禍嗚呼痛哉享年一十有六以
大和四年十月壬寅朔貳拾玖日
庚午祔于　先塋故刻石而紀
焉

三一三　唐故太原郡王府君（朝郎）墓誌銘

大和四年（八三〇）十月二十九日葬。

誌文九行，滿行十三字。正書。誌長三十七·五厘米、寬三十五·五厘米。

唐故太原郡王府君墓誌

公之父，故德州刺史兼御史中丞、充橫海軍節度副使，賜紫金魚袋諱稷。公中丞之第三子也，名朝郎。去長慶貳年玖月捌日同寃無辜之禍。嗚呼痛哉！享年一十有六。以大和四年十月壬寅朔貳拾玖日庚午祔於　先塋，故刻石而紀焉。

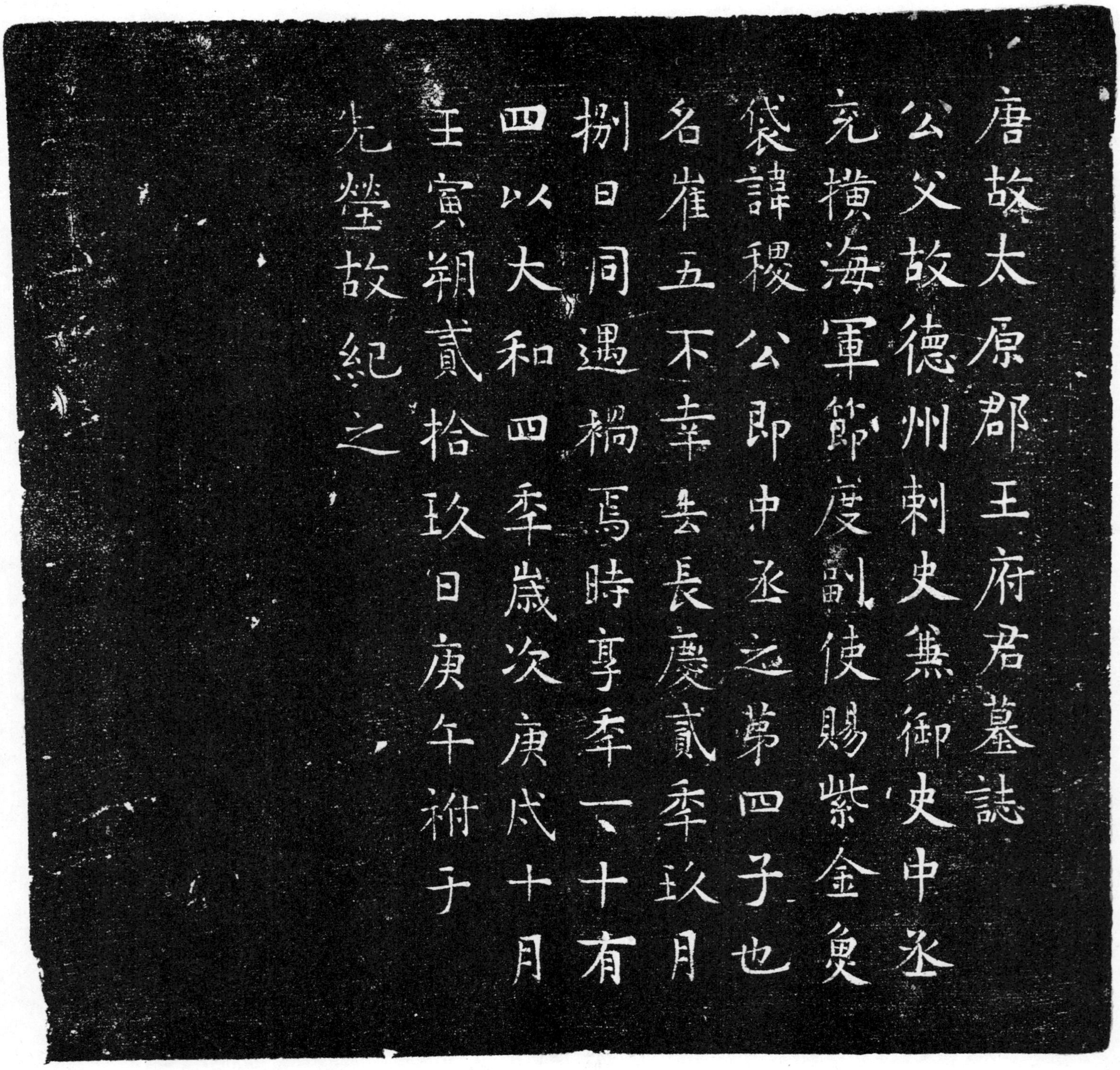
唐故太原郡王府君墓誌
公父故德州刺史兼御史中丞
充橫海軍節度副使賜紫金魚
袋諱稷公即中丞之第四子也
名崔五不幸去長慶貳秊玖月
捌日同遇禍焉時享秊一十有
四以大和四秊歲次庚戌十月
壬寅朔貳拾玖日庚午祔于
先塋故紀之

唐故太
原王府
君墓誌

三一四　唐故太原郡王府君（崔五）墓誌銘

大和四年（八三〇）十月二十九日葬。
誌文九行，滿行十二字。正書。誌長、寬均三十八厘米。
誌蓋篆書：唐故太原王府君墓誌

唐故太原郡王府君墓誌

公父故德州刺史兼御史中丞、充横海軍節度副使，賜紫金魚袋諱稷。公即中丞之第四子也，名崔五。不幸去長慶貳年玖月捌日同遇禍焉。時享年一十有四。以大和四年歲次庚戌十月壬寅朔貳拾玖日庚午祔於　先塋，故紀之。

三一五 大唐故隴西李氏（師諒）琅耶王夫人（柔）墓誌銘

大和六年（八三二）七月十五日葬。

誌文四十一行，滿行四十五字。正書。誌長、寬均七十厘米。

李師諒撰并書。

原石藏洛陽張存才唐誌精品館。

大唐故隴西李氏琅耶王夫人墓誌銘并序

前忠武軍節度參謀將仕郎檢校尚書膳部員外郎兼侍御史賜緋魚袋李師諒撰并書

夫人姓王，琅耶臨沂人，名柔，生上都興寧坊永穆觀，享年卅六。始祖子晉，周靈王太子，吹笙於嵩陽而上昇仙。其後歷代已至於　皇唐。顯祖率皆賢達卓犖，義烈倜儻。史不絶書，此難具載。曾祖繇，皇太常少卿，駙馬都尉，贈太子太傅。祖妣永穆公主，　國姻戚屬之豪家。是宜以綺襦紈袴，奢靡驕恣爲意。且子弟束髮勝冠，便性氣謙厚。樸直儒雅，唯修文行，忠信四教，爲行己進身之道。女娘及笄，年將戍人。便執謙用和，賢柔淑慎。莊肅端懿，承順　訓習。儀範禮節率皆合宜，且無分毫違失儒素閑雅之風也。祖諒，皇任國子司業。父鄂，累任至通州刺史。伏惟器局深廣，標格清峻。公材吏才，時實推讓，人皆期以大授，克濟生靈，其望竟孤，衆所興嘆。　夫人，南陽張夫人之出。　外王父潭，爲侍御史。吏才心計，有能名，大錢穀之職，分掌外院者數所。　夫人通州第四愛女，元和十年五月廿二日歸師諒於上都光福坊之私第。伉儷疋偶，諧和如鼓琴瑟。　夫人賢淑仁惠，謙柔聰明。執婦道以承事師諒鄭氏孀姊、兵部長兄、令狐氏、任氏二妹，乃至姒長，禮無違者，盡得歡心。十二年，師諒進士成名。　姊兄妹咸謂　夫人脚迹起發所致，親疏悉以此爲賀。元和十三年春，師諒釋褐，奏授秘書省校書郎。從事劍南西川，獲聘禮錢數百千在院。　夫人除行裝，市篼檐外，其餘不思買翠鈿爲首飾，悉留上師諒　孀姊長兄。行既有日，密姻久故家宴餞祖送，經過華筵觴□。

至於首途，及登長道，乘傳行盡秦川，入駱谷劍路。嶮巇羊腸，鳥道崎嶇。下瞰深江，上俯高天。躋攀往來，晨夜驅馳。皆　夫人指揮，部署指使，重輕囧平，曾不勞費師諒心力。　夫人誕生三男，悉不滿十歲凋夭。唯有二女子，長曰小律，年十一。聰惠見解，有慈母性氣。小曰起起，纔兩歲。惠黠秀麗，實可鍾憐愛。自失　所恃，晝夜與姊啼呼，聞知者頑艷無不爲悲傷垂淚。元和十四年，師諒敕授河陰縣主簿。河尹不放之官，留假攝河南縣簿尉，典宅住政平坊。師諒每晝入縣曹，　夫人緝理生計，支料微俸，隨時事分，　夫人常思此時愜適。長慶二年十月，師諒授監察御史裏行，從事滑州，曾不周歲，使主薨謝。府罷，將欲入關，行至鄭州。師諒因飲酒過量，染寒暑疾，肩舁至洛中。八年已來爲累，步履趨拜，絶俸入。閑居求丐，衣食不暇。又口累非少，每以醫藥費用，將息日給，皆　夫人孜孜煩耗心力，部署勾當，免令抛失終日。緣師諒體力未平，步履出入不得。俾　夫人積憂蓄怨，嗟嘆愁苦，未嘗舒適，展眉開顔，以過日所向，阻意違欲。自去秋中，腹内經脈不調生疾。不幸師諒冷徵，腰脚沉重，每步履艱難，湏人接助。咫尺萬里，不得出門。自尋覓訪，求與疾相宜精好毉藥，眼前更無會解親近急熱人。　夫人但終日西望澄城　外姑及兄弟妹，但得相見，自細説疾狀，不喫藥亦得病可。危惙之際，仁孝戀憶之心尤切。東西遐遠，彼此不知。疾狀有加，師諒沉藟無計救療。大和六年三月廿一日溘然傾謝於東都積善坊之私第。未絶之前十餘日，忽執師諒手腕，悽然謂師諒：士人衣冠，爲　中外疋敵。婚姻所貴，有正嫡以承宗繼嗣。兒子，某生三男，薄業無一存。謂師諒：應是分不合有兒。言訖淚下。幸有兩個女子，必湏保養將息，不令生疾。教示不離眼前，將煖孤心，使各成人。又云小律校大婢，使等欺不得偏；囑起起喫妳次，必湏安存優當阿張。又云莫收養婢妾。聲咽淚流，又以手交師諒之頸項良久。諸下人問娘子：「前是誰？」云是員外，亦云是李郎。　夫人疾病，當師諒孤窮貧病，屯厄困辱。憔悴以求丐典質爲業，生涯四壁之日。以此追思遺恨，怨嘆多有不足。孤負　夫人，虚爲男子，爲　夫人夫耳。所以每慟號哀絶，淚盡繼之以血也。嗚呼！奈何不待師諒時命通泰，有官位爵禄，大開門户，封崇邑號。遽相弃捨而去，今　先遠考兆叶從，得七月十六景午吉。以大和六年七月十五日　啓發堂攢，出葬於東都城南定鼎門外龍門鄉午橋村之原。先是，　夫人首生男南宮兒，次生男陳老之小塋地分相望鄰接。夫人明靈有知，當亦爲慰。師諒步履猶妨不得行，慟撫膺，逐　夫人香車之後。乘轝肩舁，力疾送　夫人以申永訣。孤殘零丁，衰老虚憊。假人扶助，力至　墓庭。撫棺長號，氣絶心碎。後死之身，且延時月。但晝夜傷撫小律、起起，使其過笄年，成人有行，後付孤骸於二女，令　啓發祔歸於秦。師諒有　姊三人、兄一人、妹二人。　上玄神理不仁，相次而奪嫡。男三人，早令不育。衰晚之年，唯有　室家。何負於天，又奪所依，使孤骸更無託付。又以額叩，手撫棺再奠而訣。慟哭爲銘，既成即號呼之，將書又慟哭之。自不知痛酷哀苦酸咽之心，何時能減也。銘曰：

淮水清，琅耶榮。世承襲，偉簪纓。族之大，諸莫京。男國器，女玉英。家積慶，夫人生。二九年，爰有行，歸於愚。六禮成，性莊肅。氣和平，閨節修。婦道明，相起發。見昇名。兩從事，東西征。歷山劍，數百程。能部署，均重輕。老不偕，壽何速。天靡仁，善不福。慟晝夜，怨孤獨。兆既考，日已卜。聲絶喉，血流目。鑿龍對，周原東。鼎門直，午橋曲。煙草青，風樹緑。從權此，禮備足。

三一六　唐故殿中省尚輦奉御獨孤府君夫人隴西李氏墓誌銘

大和六年（八三二）七月十五日葬。

誌文十七行，滿行十七字。正書。誌長三十六厘米、寬三十五厘米。李慶撰。

誌蓋正書：唐故夫人李氏墓誌銘

唐故殿中省尚輦奉御獨孤府君夫人隴西李氏墓誌銘并序

堂姪守秘書省秘書郎慶撰

夫人姓李氏，派分　皇族，代有令人。傳芳襲慶，家聲不隕。曾祖贈左散騎常侍諱挺。祖贈左僕射諱栢。皇考澤州刺史、贈右散騎常侍諱鷊。夫人則澤州之次女也。幼有淑德，姻族稱之。初適河東裴頎，官至西府法曹掾、西畿令。及晝哭三年，孀居十載。不幸無子，季父哀之，遂奪其志。再適獨孤氏，先夫人數歲而終。依於弟兄南陽別墅。與兄別久，因至蒲津。曾不半歲，遘疾奄忽。享年六十有五，嗚呼哀哉！龜筮叶吉，宅窆有期。壬子歲秋七月再旬有五〔一〕，權窆於萬安山之陰，邇於先太夫人之塋，亦治命也。慶奉　命述德，誌於泉扃。其辭曰：

崇崗在前，佳城鬱然。夜臺一掩，何日而旋。唯有淑問，久永昭宣。

〔一〕對於安葬時間，墓誌僅記載「壬子歲秋七月再旬有五」。根據千唐誌齋收藏的《唐故中大夫澤州刺史贈光禄卿工部尚書太子少傅李府君（鷊）墓誌銘》，李氏父李鷊卒於興元元年四月，其後壬子歲當爲大和六年，則李氏葬於大和六年七月十五日。

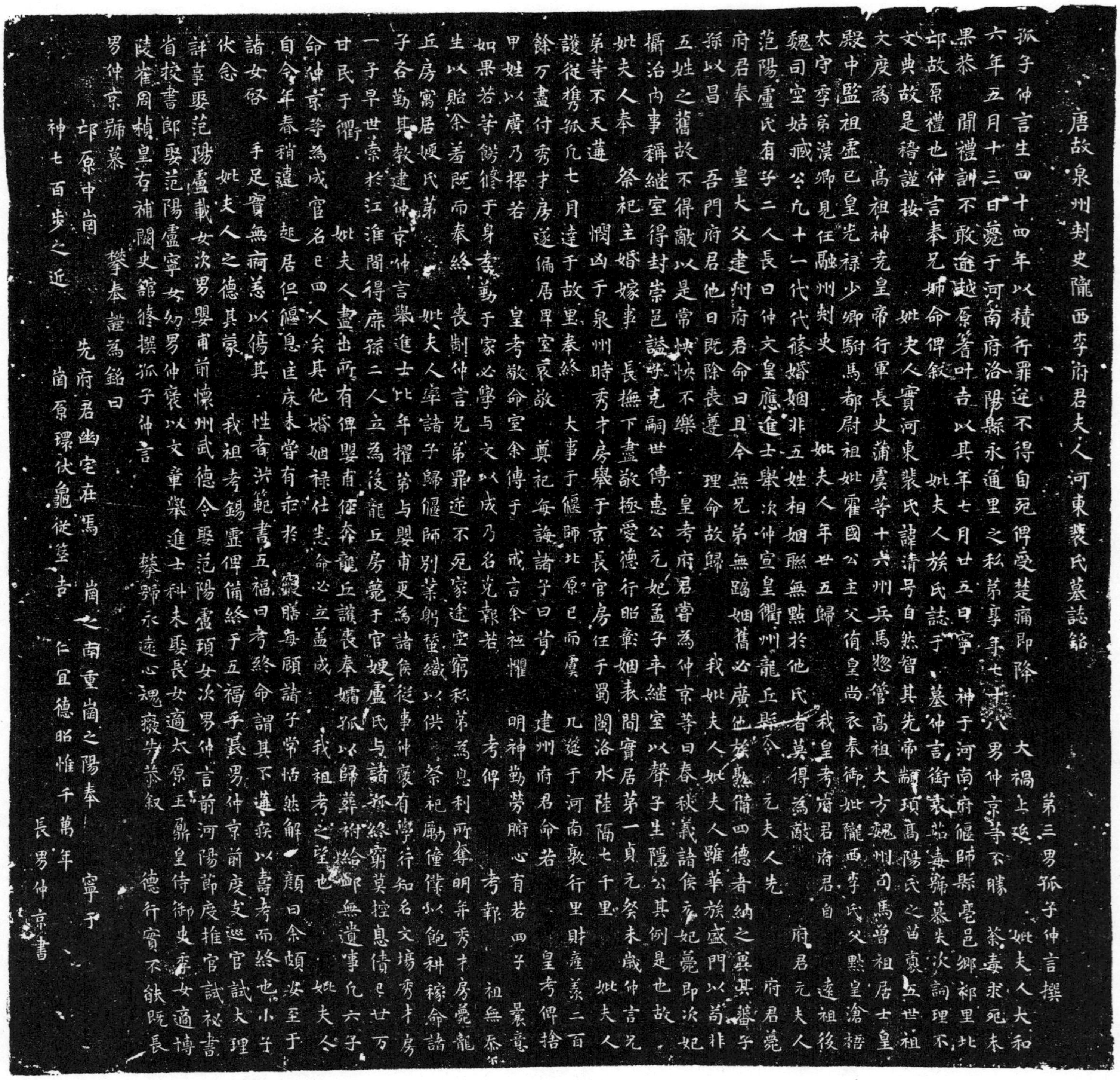

三一七　唐故泉州刺史隴西李府君夫人河東裴氏（清）墓誌銘

大和六年（八三二）七月二十五日葬。
誌文三十八行，滿行三十八字。正書。誌長、寬均七十一·五厘米。
李仲言撰序，李仲京撰銘并書丹。
原石藏鞏義袁氏羽林山房。
誌蓋正書：唐故泉州刺史隴西李府君夫人河東裴氏墓誌銘

唐故泉州刺史隴西李府君夫人河東裴氏墓誌銘

第三男孤子仲言撰

孤子仲言生四十四年，以積行罪逆，不得自死，俾受楚痛，即降　大禍。上延　妣夫人。大和六年五月十三日薨於河南府洛陽縣永通里之私第，享年七十八。男仲京等不勝　荼毒，求死未果。恭　聞禮訓，不敢逾越。原蓍叶吉，以其年七月廿五日寧　神於河南府偃師縣亳邑鄉祁里北邙故原，禮也。仲言奉兄姊命，俾叙　妣夫人族氏誌於　墓。仲言銜哀茹毒，號慕失次，詞理不文，典故是稽。謹按　妣夫人實河東裴氏，諱清，號自然智。其先帝顓頊高陽氏之苗裔。五世祖文度，爲　高祖神堯皇帝行軍長史，蒲、虞等十六州兵馬總管。高祖大方，魏州司馬。曾祖居士，皇殿中監。祖虛己，皇光禄少卿、駙馬都尉。祖妣，霍國公主。父侑，皇尚衣奉御。妣隴西李氏。父默，皇滄梧太守。季弟漢卿，見任融州刺史。　妣夫人年廿五歸　我皇考府君。府君自　遠祖後魏司空姑臧公凡十一代，代修婚姻，非五姓相姻聯，無點於他氏者，莫得爲敵。　府君〔一〕元夫人范陽盧氏，有子二人。長曰仲文，皇應進士舉。次仲宣，皇衢州龍丘縣令。　元夫人先　府君薨。府君奉　皇大父建州府君〔二〕命曰：「且今無兄弟，無踽姻舊，必廣他族。熟備四德者納之，冀其蕃子孫，以昌　吾門。」府君他日既除喪，遵　理命，故歸我妣夫人。妣夫人雖華族盛門，以苟非五姓之舊，故不得敵，以是常怏怏不樂。　皇考府君嘗爲仲京等曰：《春秋》義，諸侯元妃薨，即次妃攝治內事，稱繼室。得封崇邑，謚子克嗣世。《傳》惠公元妃孟子卒，繼室以聲子，生隱公，其例是也。故　妣夫人奉　祭祀，主婚嫁。事　長撫下，盡敬極愛。德行昭彰，姻表間實居第一。貞元癸未歲，仲言兄弟等不天，遘　憫凶於泉州。時秀才房舉於京，長官房任於蜀。闔洛水陸隔七千里，　妣夫人護從携孤凡七月達於故里，奉終　大事於偃師北原。已而虞　几筵於河南敦行里。財産羨二百餘萬盡付秀才房，遂偏居卑室，哀敬　奠祀。每誨諸子曰：「昔　建州府君命若　皇考俾捨甲姓，以廣乃擇。若　皇考敬命室，余傳於　戒言。余祇懼　明神，勤勞腑心，有若四子。曩意如果若等餝修於身，孝勤於家，必學與文，以成乃名，克報　若考，俾　考報　祖，無忝爾生，以貽余羞。」既而奉終　喪制，仲言兄弟罪逆不死，家途空窮，私第爲息利所奪。明年，秀才房薨，龍丘房寓居嫂氏第。　妣夫人率諸子歸偃師別業，躬蠶織以供　祭祀，勵僮僕以飽耕稼，命諸子各勤其教。逮仲京、仲言舉進士，比年擢第。與嬰甫更爲諸侯從事。仲褒有學行，知名文場。秀才房一子早世，索於江淮間，得庶孫二人，立爲後。龍丘房薨於官，嫂盧氏與諸孤終窮莫控，息債已廿萬，甘民於衢。　妣夫人盡出所有，俾嬰甫徑奔龍丘，護喪奉孀孤以歸葬祔，給恤無遺事。凡六子，命仲京等，爲成宦名，已四人矣。其他婚姻、禄仕悉命必立，蓋成　我祖考之望也。　妣夫人自今年春稍違　起居，但偃息匡床，未嘗有乖於　寢膳。每顧諸子，常恬然解　顔曰：「余頗安。」至於諸女啓　手足，實無疴恙以傷其　性者。《洪範》書五福曰「考終命」，謂其不遘疾，以壽考而終也。小子伏念　妣夫人之德，其蒙　我祖考錫靈，俾備終於五福乎。長男仲京，前度支巡官、試大理評事，娶范陽盧載女。次男嬰甫，前懷州武德令，娶范陽盧頊女。次男仲言，前河陽節度推官、試秘書省校書郎，娶范陽盧寧女。幼男仲褒，以文章舉進士科，未娶。長女適太原王鼐，皇侍御史。季女適博陵崔周楨，皇右補闕、史館修撰。孤子仲言，　攀號永遠，心魂癈失，恭叙　德行，實不能既。長男仲京號慕　攀奉，謹爲銘曰：

邙原中崗，先府君幽宅在焉。崗之南，重崗之陽。奉　寧於神，七百步之近。崗原環伏，龜從筮吉。仁宜德昭，惟千萬年。

長男仲京書

〔一〕「府君」即泉州刺史李震。
〔二〕「建州府君」即李皆。

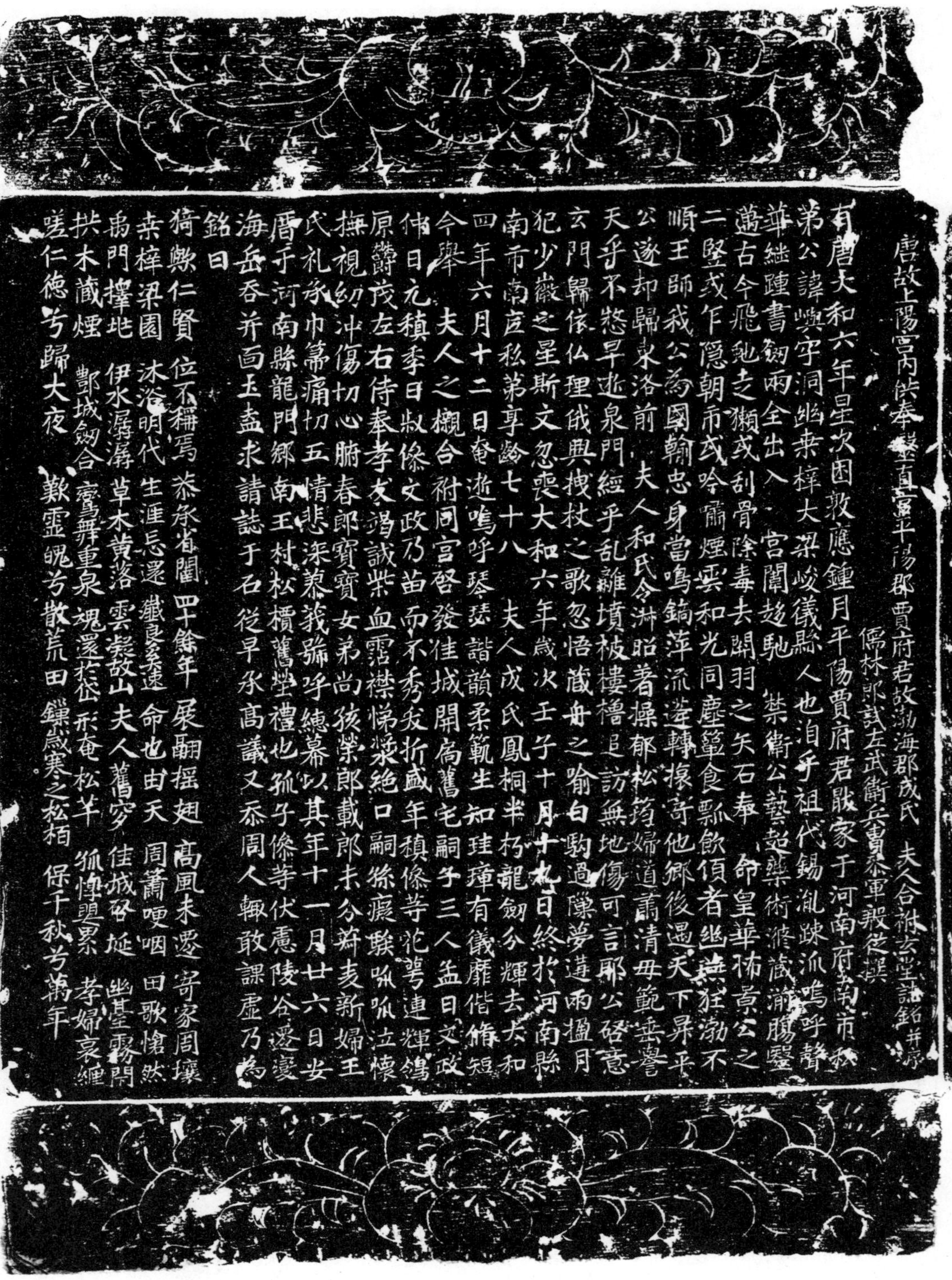

三一八　唐故上陽宫内供奉竪直官平陽郡賈府君（嶼）故渤海郡成氏夫人合祔玄堂誌銘

大和六年（八三二）十一月二十六日葬。

誌文二十七行，滿行二十七字。正書。誌長三十九·五厘米、寬三十九厘米。

殷從撰。

原石藏洛陽張存才唐誌精品館。

誌蓋正書：唐故賈府君成夫人合祔墓誌

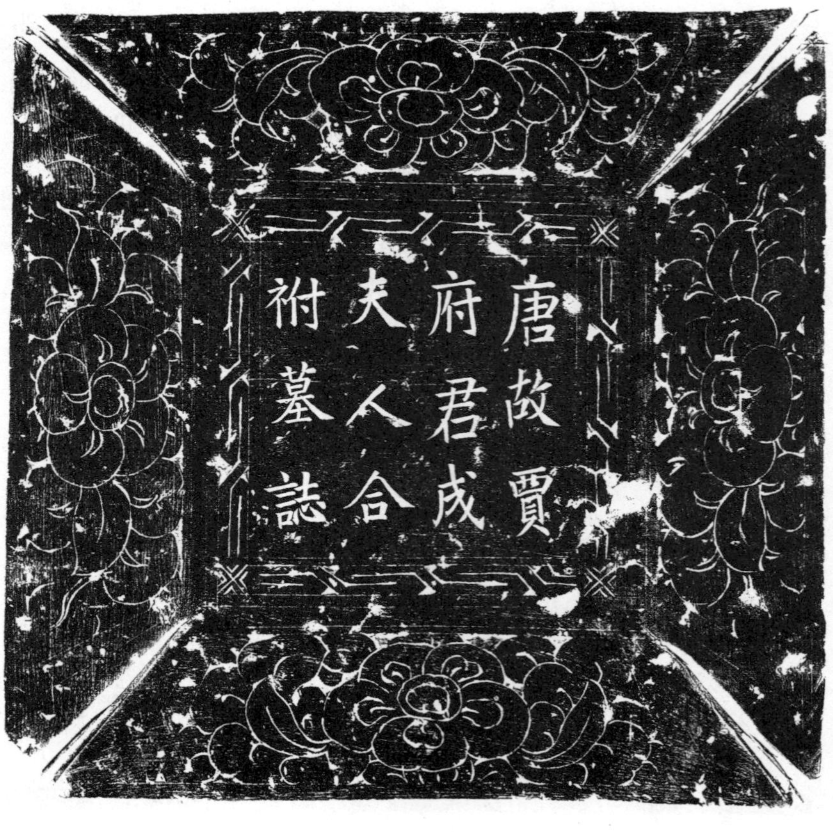

唐故上陽宮内供奉竪直官平陽郡賈府君故渤海郡成氏　夫人合祔玄堂誌銘并序

儒林郎試左武衛兵曹參軍殷從撰

有唐大和六年星次困敦應鍾月平陽賈府君厭家於河南府南市私第。公諱嶼，字洞幽，桑梓大梁峻儀縣人也。洎乎祖代，錫胤疏派。嗚呼！聲華繼踵，書劍兩全。出入　宮闈，趨馳　禁衛。公藝超藥術，潞藏湔腸。竪邁古今，飛蛇走獺。或刮骨除毒，去關羽之矢石；奉　命皇華，怖景公之二竪。或乍隱朝市，或吟嘯煙雲。和光同塵，簞食瓢飲。頃者幽燕狂渤，不順王師。我公爲國輸忠，身當鳴鏑，萍流蓬轉，旅寄他鄉。後遇天下昇平，公遂却歸東洛。前　夫人和氏，令淑昭著，操郁松筠。婦道肅清，母範垂譽。天乎不憖，早逝泉門。經乎亂離，墳被樓櫓。追訪無地，傷可言耶。公啓意玄門，歸依佛理。俄興拽杖之歌，忽悟藏舟之喻。白駒過隙，夢構兩楹。月犯少微之星，斯文忽喪。大和六年歲次壬子十月十九日終於河南縣南市南底私第，享齡七十八。　夫人成氏，鳳桐半朽，龍劍分輝。去大和四年六月十二日奄逝。嗚呼！琴瑟諧韻，柔範生知。珪璋有儀，靡偕偹短。今舉　夫人之櫬，合祔同宮。啓發佳城，開扃舊宅。嗣子三人：孟曰文政，仲曰元積，季曰叔修。文政乃苗而不秀，夭折盛年。積，修等花萼連輝，鴒原鬱茂。左右侍奉，孝友竭誠。柴血霑襟，悌漿絶口。嗣孫癡騃，呱呱泣懷。撫視幼冲，傷切心腑。春郎、寶寶，女弟尚孩。榮郎，載郎，未分菽麥。新婦王氏，禮承巾箒，痛切五情。悲深蓼莪，號呼繐幕。以其年十一月廿六日安厝於河南縣龍門鄉南王村松檟舊塋，禮也。孤子修等，伏慮陵谷遷變，海岳吞并。面玉盍求，請誌於石。從早承高議，又忝周人，輒敢課虛，乃爲銘曰：

猗歟仁賢，位不稱焉。恭承省闥，四十餘年。展翮搖翅，高風未遷。寄家周壤，桑梓梁園。沐浴明代，生涯忘還。殲良奚速，命也由天。周蕭哽咽，田歌愴然。禹門擇兆，伊水潺潺。草木黄落，雲凝故山。夫人舊穸，佳城啓埏。幽臺霧閉，拱木藏煙。酆城劍合，鸞舞重泉。魂還於岱，形奄松芊。孤惸嬰累，孝婦哀纏。嗟仁德兮歸大夜，嘆靈魄兮散荒田。鑠歲寒之松柏，保千秋兮萬年。

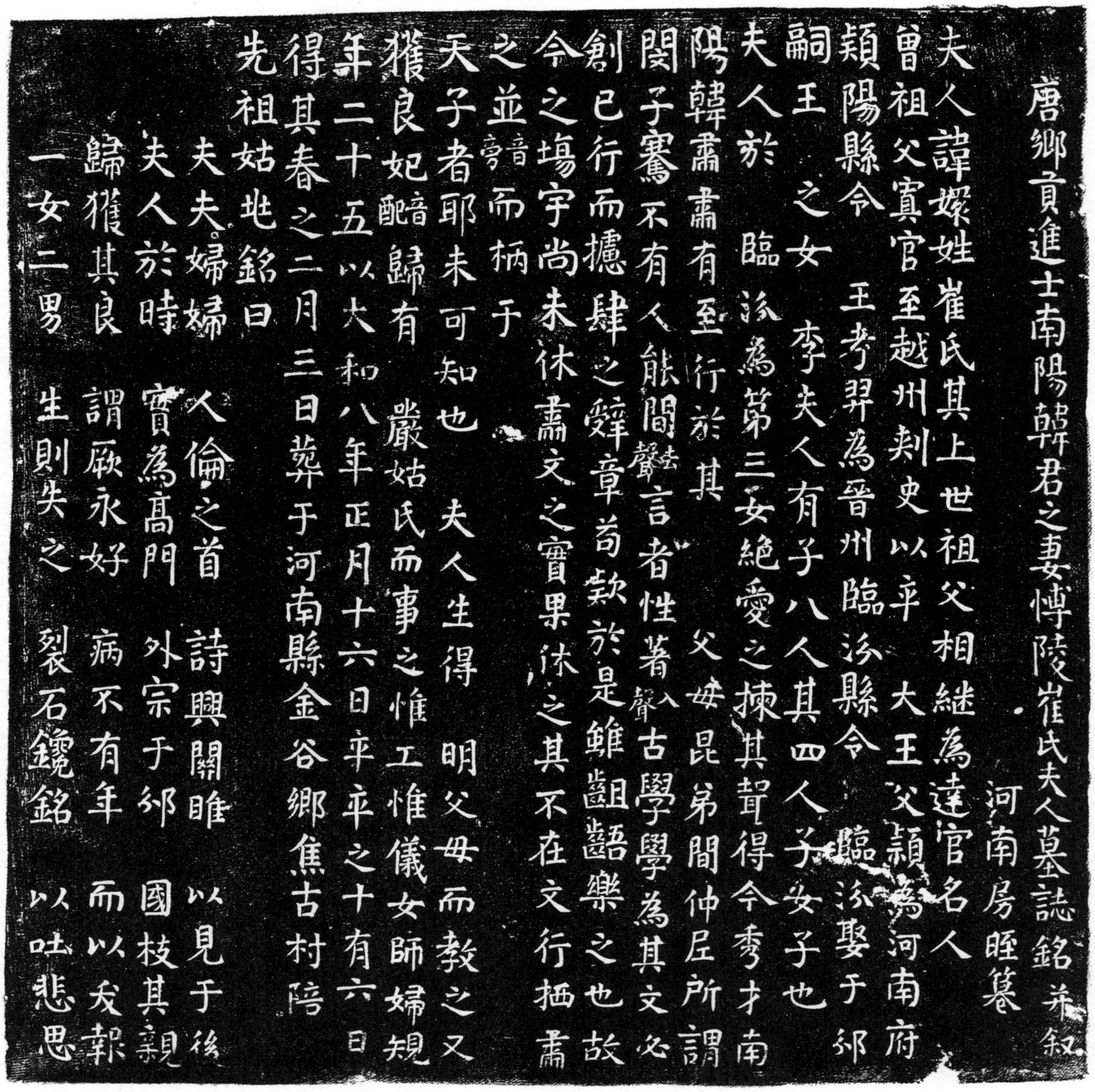
唐鄉貢進士南陽韓君之妻博陵崔氏夫人墓誌銘并叙
河南房晊纂
夫人諱嬛姓崔氏其上世祖父相繼為達官名人
曾祖父寘官至越州刺史以卒　大王父穎為河南府
潁陽縣令　王考昇為晉州臨汾縣令　臨汾娶于邠
嗣王之女　李夫人有子八人其四人子女子也
夫人於臨汾為第三女絶愛之揀其聟得令秀才南
陽韓肅肅有至行於其　父母昆弟間仲尼所謂
閔子騫不有人能間(去聲)言者性著(入聲)古學學為其文必
創已行而攄肆之辭章苟款於是雖齟齬樂之也故
令之塲宇尚未休肅文之實果休之其不在文行插肅
之並(音旁)而柄于
天子者耶未可知也　夫人生得　明父母而教之又
獲良妃(音配)歸有　嚴姑氏而事之惟工惟儀女師婦規
年二十五以大和八年正月十六日卒卒之十有六日
得其春之二月三日葬于河南縣金谷鄉焦古村陪
先祖姑兆銘曰
夫夫。婦婦　人倫之首　詩興關雎　以見于後
夫人於時　實為高門　外宗于邠　國枝其親
歸獲其良　謂厥永好　病不有年　而以夭報
一女二男　生則失之　裂石鑱銘　以吐悲思

三一九　唐鄉貢進士南陽韓君（肅）之妻博陵崔氏夫人（嬛）墓誌銘

大和八年（八三四）二月三日葬。

誌文二十一行，滿行字數不等。正書。誌長、寬均四十八厘米。房晊撰。

誌蓋正書：故博陵崔夫人墓誌銘

故博陵
崔夫人
墓誌銘

唐鄉貢進士南陽韓君之妻博陵崔氏夫人墓誌銘并叙

河南房晊纂

夫人諱嬛，姓崔氏，其上世祖父，相繼爲達官名人。　曾祖父寘，官至越州刺史以卒。　大王父穎爲河南府潁陽縣令。　王考羿爲晉州臨汾縣令。　臨汾娶於邠嗣王　之女　李夫人。有子八人，其四人子、女子也。　夫人於　臨汾爲第三女，絶愛之。揀其婿，得今秀才南陽韓肅。　肅有至行於其　父母昆弟間，仲尼所謂閔子騫不有人能間去聲〔一〕言者。　性著入聲〔二〕古學，學爲其文必創，已行而攄肆之。辭章苟款於是，雖齟齬樂之也。故今之場宇尚未休，肅文之實果休之。其不在文行棲肅之並音旁〔三〕，而柄於　天子者耶？未可知也。　夫人生得　明父母而教之，又獲良妃音配〔四〕歸，有　嚴姑氏而事之。惟工惟儀，女師婦規。年二十五，以大和八年正月十六日卒。卒之十有六日，得其春之二月三日，葬於河南縣金谷鄉焦古村，陪　先祖姑兆。銘曰：

夫夫婦婦，人倫之首。詩興關雎，以見於後。夫人於時，實爲高門。外宗於邠，國枝其親。歸獲其良，謂厥永好。病不有年，而以夭報。一女二男，生則失之。裂石鑱銘，以吐悲思。

〔一〕「去聲」爲小字，刻於「間」字之下。

〔二〕「入聲」爲小字，刻於「著」字之下。

〔三〕「音旁」爲小字，刻於「並」字之下。

〔四〕「音配」爲小字，刻於「妃」字之下。

三二十　唐故試左驍衛兵曹參軍康府君（緒）墓誌銘

大和九年（八三五）一月二十六日葬。

誌文二十五行，滿行二十四字。正書。誌長四十六厘米、寬四十五・五厘米。

灞陵祐之撰。

誌蓋正書：唐故康府君墓誌銘記

唐故試左驍衛兵曹參軍康府君墓誌銘并序

灞陵祐之述

古之葬者不封不樹，後世聖人易之以棺槨，禮義由立，刑名粗陳。洎晉宋已來，始刻石爲誌，藏之泉户。貽厥子孫，誄德紀名，自此而盛矣。府君姓康氏，諱　緒，會稽人也。望起本郡，隨大父　錫蒞仕累遷名都，潛顧王道。始觀風於洛汭，定宅於成周，今爲洛陽人也。公彈冠從仕，干禄相時。擢任左驍衛兵曹參軍。職居清逸，肅衛殷嚴。景慕陶潛掛冠罷去，雅懷此志。遂脱簪裾，遁迹朝市。樂循長者之轍，名利未嘗苟合也。翛然隱倫，吟詠情性。樂天知命，以是而行其志焉。故仁者悦，不仁者懼。不趨權勢，忽去浮華。居然達識，優遊自樂也。無何，天不憖遺，風濕成疹。十全之醫，萬金之藥，竟無神效。命也如此，運其有歸。竟以大和八年冬十月十九日寢疾歿於福善里之故第，享年六十六。鄰伍嗟嘆，知音慟懷。長子季璋、次子季倫、幼男季弘皆佩服詩禮，睦然清風。克嗣前喆，哀奉遺訓。茹毒絶漿，追惟始終，不忘窀穸。卜以九年春正月廿六日遷於洛陽縣三川鄉陽魏村之郊，用周禮典也。尚恐田成碧海，水變青山。湮没無追，疚心如擣。託余謏才，握管叙實。聊紀先君氏姓、名諱，勒於貞石。意存不朽，閟之泉堂。以以貽後代。銘曰：

彧彧府君，授姓於康。康之得氏，起於三皇。綿世子孫，枝葉其昌。至於府君，才識謨臧。隱迹朝市，言行有常。皇天不憖，喪此忠良。絶弦堪慟，德音難忘。嗣續德美，伯成行、次倫、幼弘，長曰季璋。泣血滅性，哀奉幃裳。宅兆伊洛，以啓泉堂。刻貞石而爲誌，同地久而天長。

唐大和九年歲次乙卯正月丁未朔廿六日壬申建

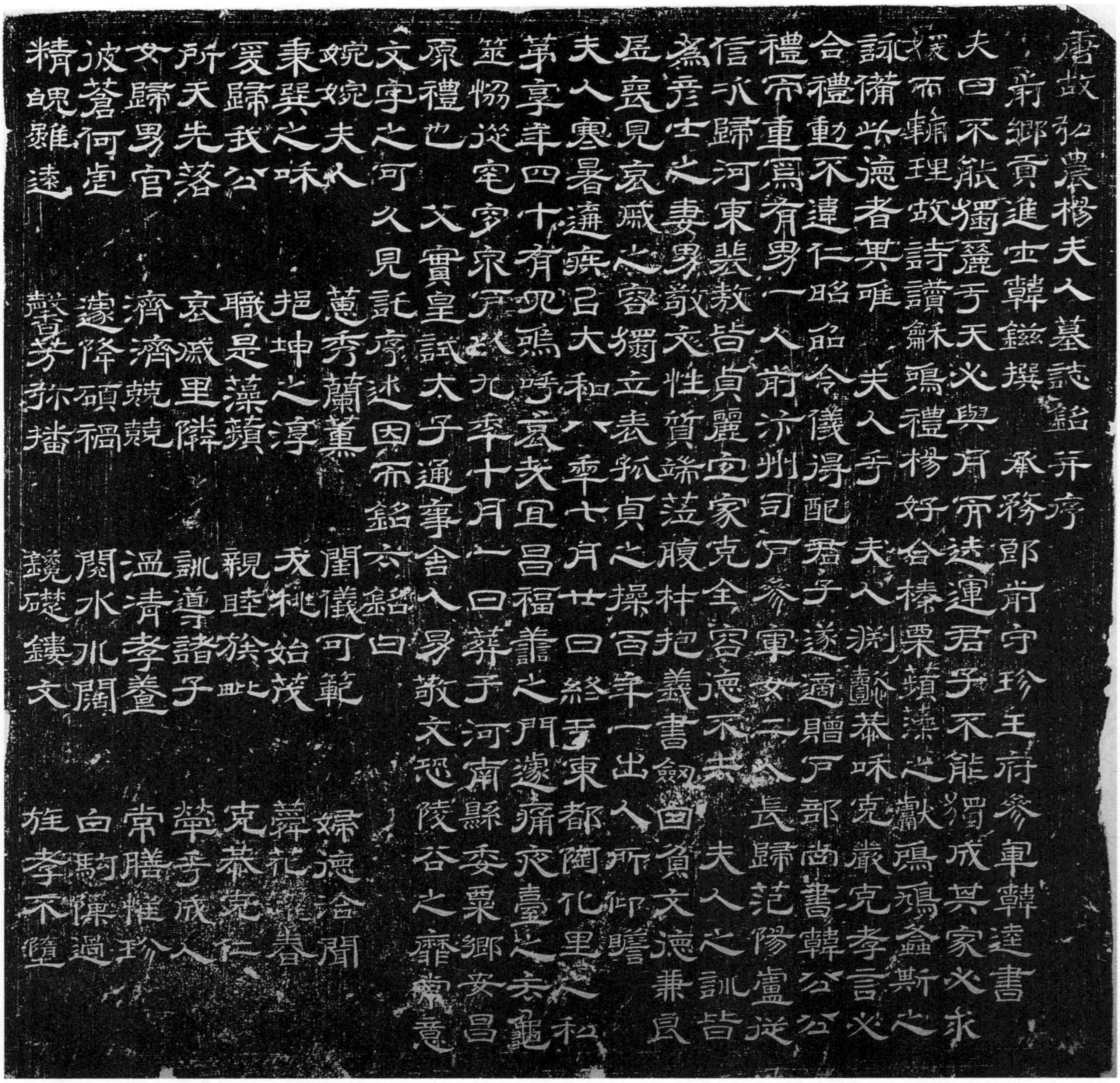

唐故弘農楊夫人墓誌銘并序

前鄉貢進士韓鎡撰　承務郎前守珍王府參軍韓逵書

夫日不能獨麗于天必與月而迭運君子不能獨成其家必求
援而輔理故詩讚龢鳴禮樣好合榛栗蘋藻之獻爲鳲螽斯之
詠備此德者其唯　夫人乎夫人淑懿恭味克嚴克孝言必
合禮動不違仁昭品令儀得配君子遂適贈戶部尚書韓公公
禮而重焉有男一人前汴州司戶參軍女二人長歸范陽盧從
信次歸河東裴敎皆貞麗宜家克全容德不失　夫人之訓皆
爲彥士之妻男敬文性質端莊腹杵抱義書劍回貧文德兼良
居喪見哀戚之容獨立表孤貞之操百年一出入所御瞻
夫人寒暑遘疾以大和八年七月廿日終于東都陶化里之私
第享年四十有九嗚呼哀哉宜昌福善之門遘痛夜臺之吉龜
筮協從宅穸京兆以九年十月一日葬于河南縣委粟鄉安昌
原禮也　文實皇試太子通事舍人易敬文恐陵谷之靡常意
文字之可久見託序述因而銘之銘曰

婉婉夫人　蕙秀蘭薰　閨儀可範　婦德洽聞
秉巽之味　挹坤之淳　夭桃始茂　蕣花[illegible]春
爰歸我公　職是藻蘋　親睦於此　克恭克仁
所天先落　哀戚里鄰　訓導諸子　榮乎成人
女歸男官　濟濟兢兢　溫清孝養　常膳惟珍
彼蒼何虐　遽降碩禍　閱水川閱　白駒隟過
精魄雖遠　聲芳孫播　鐫礎鏤文　旌孝不墮

唐故弘農楊夫人墓誌

三二一　唐故弘農楊夫人墓誌銘

大和九年（八三五）十月一日葬。

誌文二十二行，滿行二十四字。隸書。誌長五十一厘米、寬五十二厘米。

韓鎡撰，韓逵書。

誌蓋隸書：唐故弘農楊夫人墓誌

唐故弘農楊夫人墓誌銘并序

前鄉貢進士韓鎡撰

承務郎前守珍王府參軍韓逵書

夫曰：不能獨麗於天，必與月而迭運。君子不能獨成其家，必求媛而輔理。故《詩》讚龢鳴，《禮》揚好合。《榛栗》《蘋藻》之獻，《鳲鳩》《螽斯》之詠。備此德者，其唯　夫人乎。　夫人淵懿恭和，克嚴克孝。言必合禮，動不違仁。昭昭令儀，得配君子。遂適贈户部尚書韓公，公禮而重焉。有男一人，前汴州司户參軍。女二人。長歸范陽盧從信，次歸河東裴敖。皆貞麗宜家，克全容德。不去　夫人之訓，皆爲彦士之妻。男敬文，性質端莅，腹材抱義。書劍自負，文德兼良。居喪見哀戚之容，獨立表孤貞之操。百年一出，人所仰瞻。　夫人寒暑遘疾，以大和八年七月廿日終於東都陶化里之私第，享年四十有四。嗚呼哀哉，宜昌福善之門，遽痛夜臺之去。龜筮協從，窀穸泉户。以九年十月一日葬於河南縣委粟鄉安昌原，禮也。　父實，皇試太子通事舍人。男敬文恐陵谷之靡常，意文字之可久。見託序述，因而銘云。銘曰：

婉婉夫人，蕙秀蘭薰。閨儀可範，婦德洽聞。秉巽之和，挹坤之淳。夭桃始茂，蕣花耀春。爰歸我公，職是藻蘋。親睦族毗，克恭克仁。所天先落，哀戚里鄰。訓導諸子，犖乎成人。女歸男官，濟濟兢兢。温清孝養，常膳惟珍。彼蒼何虐，遽降頑禍。閱水川闊，白駒隙過。精魄雖遠，馨芳彌播。鑱礎鏤文，旌孝不墮。

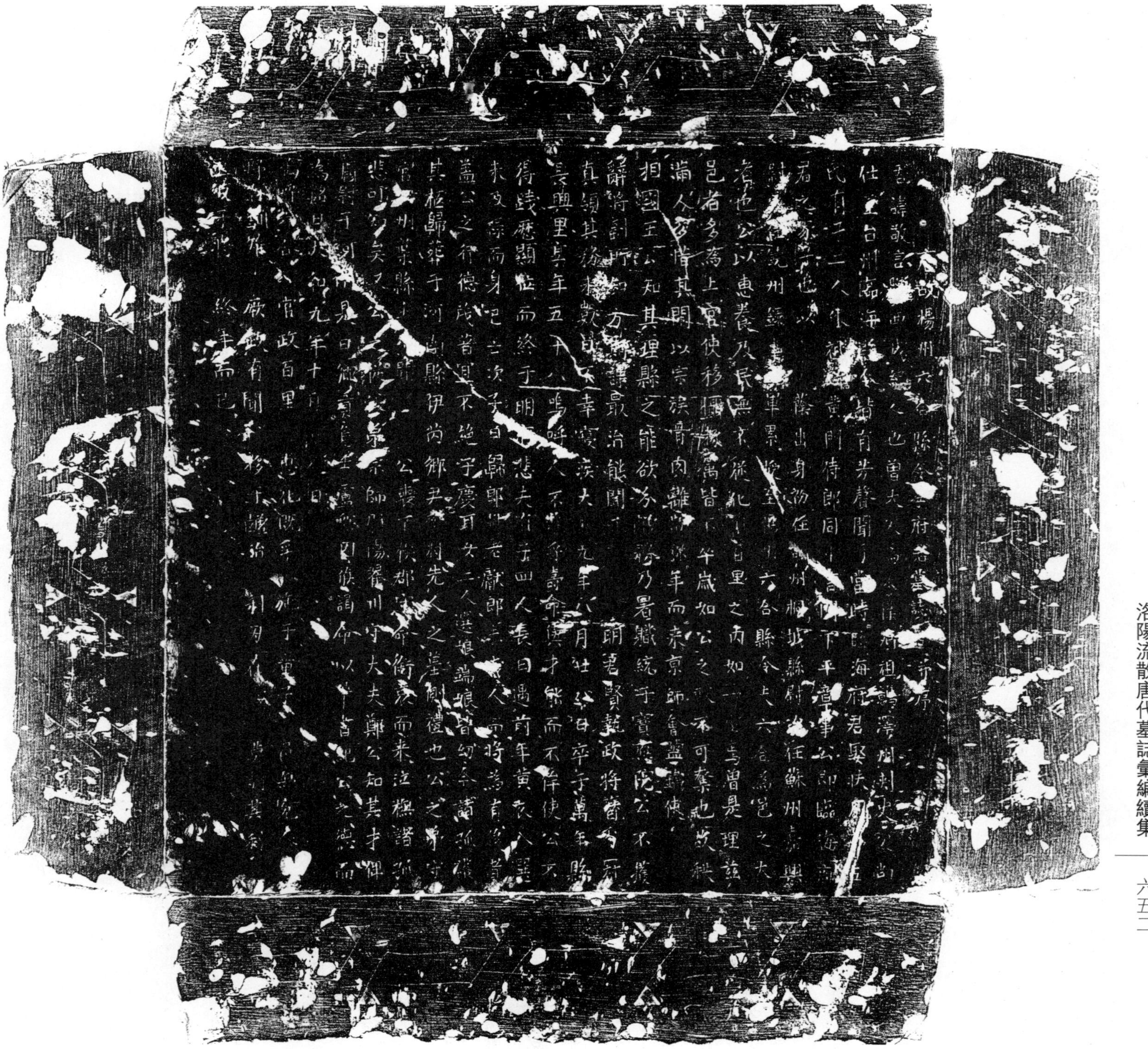

三二二　唐故揚州六合縣令李府君（敬言）墓誌銘

大和九年（八三五）十月二十八日葬。

誌文二十四行，滿行二十五字。正書。誌長、寬均四十五厘米。盧谿撰。

原石藏洛陽張存才唐誌精品館。

誌蓋正書：大唐故李府君墓誌銘

唐故揚州六合縣令李府君墓誌銘并序

君諱敬言，隴西成紀人也。曾大父爲太僕卿。祖鶮，澤州刺史。父尚，仕至台州臨海縣令。皆有芳聲，聞於當時。臨海府君娶扶風第五氏，有子二人。外祖琦，黄門侍郎、同中書門下平章事。公即臨海府君之冢子也。以　蔭出身，初任舒州桐城縣尉，次任蘇州嘉興尉、□任饒州録事參軍，累授至揚州六合縣令。夫六合爲邑之大者也。公以惠養及民，無不從化。視百里之内，如一室焉。曾是理兹邑者，多爲上官。使移攝掾屬，皆不卒歲。如公之政，不可奪也。故秩滿，人多惜其閑。以宗族骨肉離散彌年，而來京師。會鹽鐵使、　相國王公知其理縣之能，欲分鹺務。乃署職統於寳應院，公不獲辭，將副所知。方期課最，治能聞於　明君。賢執政將簪豸冠，真領其務。未數日，不幸寢疾，大和九年八月廿八日卒於萬年縣長興里，享年五十八。嗚呼！人不難乎，壽命與才能而不侔，使公不得踐歷顯位而終於明府。悲夫！有子四人：長曰遇，前年黄衣入選，未及禄而身已亡；次子曰歸郎、樊老、獻郎，未國人而將爲有後者。蓋公之行德茂著，宜不絶於慶耳。女二人，選娘、端娘，皆幼。今諸孤護其柩歸葬於河南縣伊芮鄉尹樊村先人之墓側，禮也。公之弟，守官□州葉縣主□聞　公喪，不俟郡守命，銜哀而來。泣撫諸孤，悲可知矣。又公之從父弟宗師尉陽翟。川守、大夫鄭公知其才，俾攝尉於河南。是日，鄉貢進士盧谿因候謁，命以筆書紀公之德。而爲銘曰：

大和九年十月廿八日

嗚呼六合，官政百里。惠化既孚，施於童子。邑無冤人，野有馴雉。厥政有聞，移於鹺治。利刃在心，莫剸其利。匣彼干將，終年而已。

三三三　唐故劍南東川觀察支使殿中侍御史內供奉盧府君（大琰）墓誌銘

大和九年（八三五）丁酉月十□日葬。

誌文三十九行，滿行三十九字。正書。誌長七十・五厘米、寬七十厘米。

盧諫卿撰，柳環書。

誌蓋篆書：唐故范陽盧府君墓誌

唐故劍南東川觀察支使殿中侍御史内供奉盧府君墓誌銘并序

五從兄朝議郎行京兆府功曹參軍上柱國諫卿撰

重表弟河南府洛陽縣主簿柳瓌書

唐大和甲寅歲乙酉月公終於私館，明月，令弟京兆府兵曹參軍、兼殿中侍御史、賜緋魚袋、上柱國大璟，呼天踴地，流涕噓唏，哭把余手，語不續氣。而訴諫卿曰：「我兄立身懷仁抱義，學無不通，行無不至，□衆偕病，獨殲其位。子舊則世年，親則族類。今卜宅有期，爲我銘誌，必使其行實不彫，泉壤無愧。」諫卿□命濡翰，直書其事。言不敢華，善不敢墜。雖三復而不慚，終拾遺而若悸。公諱大琰，字子玉，范陽涿郡人。曾祖河童，皇徐州豐縣令。祖巒，皇明經，贈鄭州刺史。並望崇英胄，門藉世功。名問奔走於前人，慶祚盡鍾於後裔。父諱坦，元和中歷御史中丞，出宣歙觀察團練使。 召入拜户部侍郎、諸道鹽鐵使。尋充度支使，復出爲東川節度等使，贈禮部尚書，謚曰貞。公掌天憲而霜氣横秋，握兵機而神威溢境。視户田貢賦之職，寰宇謳謡於五均。總合會搉酤之權，廣益推多於六筦。府君即文貞公之次子也。幼學典墳，性贍詞藻。雖鼓篋而無倦，早發言而有章。年十六通《禮記》《周易》《何論》，對時務策，以孝廉上第。鄭玄□達之微旨，盡宅胸襟；子游子夏之風聲，益勤丹漆。前調集之二年，屢以吏部試題而折斷之。今太子□客，時爲盩厔尉白公居易，故倉部郎中白公行簡時爲校書郎，咸登判科，俱擅時譽。嘗得公學試□□之。因更詠迭，應不踰時而滿 朝傾待之，俾府君必以拔萃選。公雅有峭格，又富文性。既而剖□□正，未嘗不理勝而旨高。於戲！躁競非君子所爲，樂天固賢人之事。研窮鑽礪，得失不萌於巧心，較□□馳，攻掠果先於疾足。以長慶癸卯歲常調，今山南節度使王公源中時爲考功員外郎，故倉部□□□爲主客員外郎，皆爲吏部考官。洎東、西二天官咸以公書判妙絶輩流，體通物表。與宏詞進士石□□等六人同登科選焉。旋授秘書省校書郎。鵷鴻鸞鳳之同群，道芬蘭畹；大篆八分之互體，人多校□。因和丁未歲，故大理卿劉公諱遵古 授命湖南之明年，常以公典雅希世，抗論標峻，奏爲觀察□□，朝廷以試太常寺協律郎換銜焉。明年戊申，府罷。今居守侍中、晉國 裴公在中書日，常以搜採□□。及爲集賢大學士，以公託情體物，能藻績於五言；原始知微，又逍遥於百氏。必當應對無滯，敷暢不□。遂奏爲京兆府興平縣尉充集賢殿校理，而日三接之。陸去泰、王擇從之清選，我實同年；馬懷素、褚無量之得人，未爲獨步。己酉，大金吾劉公遵古授鉞梓潼，問俗涪水。表請公監察御史裏行、充東川觀察支使。從容密勿，頗盡忠規；決獄詳刑，屢申冤濫。貌言罔虧於下士，綜核無舛於大端。癸丑十一月轉殿中侍御史内供奉，依前支使。令問惟洽，馨香滿 朝。重溟方俟於鵬摶，逝水俄驚於雷謝。享年五十，其月十八日終於萬年縣之崇義里。嗚呼！公礪節砥名，累行積德。風雨如晦，檢脩若初。今則幻没中年，績用不顯。辛苦之事，盡爲徒勞。伊言積善有徵，懼爲誣惑矣。嗚呼！公術可開物，道期幹流。塞運竟封其密謀，否數終鉗其高議。今則毛髮之功罕立，錙毫之事未彰。與夫禽息貪榮、宴安重禄者同流並浪，渾走幽途。則美惡是非，無有分别。惠迪之訓，奄爲虚詞。悲乎！夫人隴西李氏，皇秘書監、贈禮部尚書，諱成裕之曾孫。皇中書侍郎、平章事、終左僕射、贈司空，諱揆之孫。皇朝散大夫、河中少尹，諱佐公之第四女。世載軒裳，門標甲乙。坤儀襲傳於百代，閫政芬芳於九姻。有子一人曰欽顔，未仕而有學。女二人，既笄而且淑。並痛深柴毁，性自天鍾。哭無常聲，孝實難繼。大璟永惟同氣，哀切孔懷。乞假護喪，匍匐千里。幽明忽異，情雖痛於蟹匡；道路相從，迹猶追於雁序。越乙卯歲丁酉月十□日還祔於河南縣穀陽鄉穀水之南原〔一〕，從先貞公之舊塋，歸本也。府君早悲於窺户，方半死之青桐。夫人俄及於合棺，見重泉之白日。紀山南指，穀水東流。風蕭條兮秋陰慘澹，馬嘶鳴兮旌旐悠悠。山門閉兮柳駕返，青燈光兮素紼列。孝子皇皇兮賓御迴，馬鬣蒼蒼兮寒水咽。銘曰：

常山有祥，易水源長。纂慶邁德，蔓葉有光。門風可揖，家聲載揚。百代珠玉，一毛鳳凰。其一。鵬摶海上，松生澗中。九萬之勢，百尋之□。羽翮方舉，霜霰纔封。如何不憖，良時道窮。其二。培墳剪棘，先封舊域。蕭瑟松聲，蒼茫草色。雙輪逶遲兮路入斜，孤弟悲號兮血霑臆。旋虚儀兮奄黃泉，銘盛德兮斲青石。其三。

〔一〕大和九年無丁酉月，似爲撰者誤記。

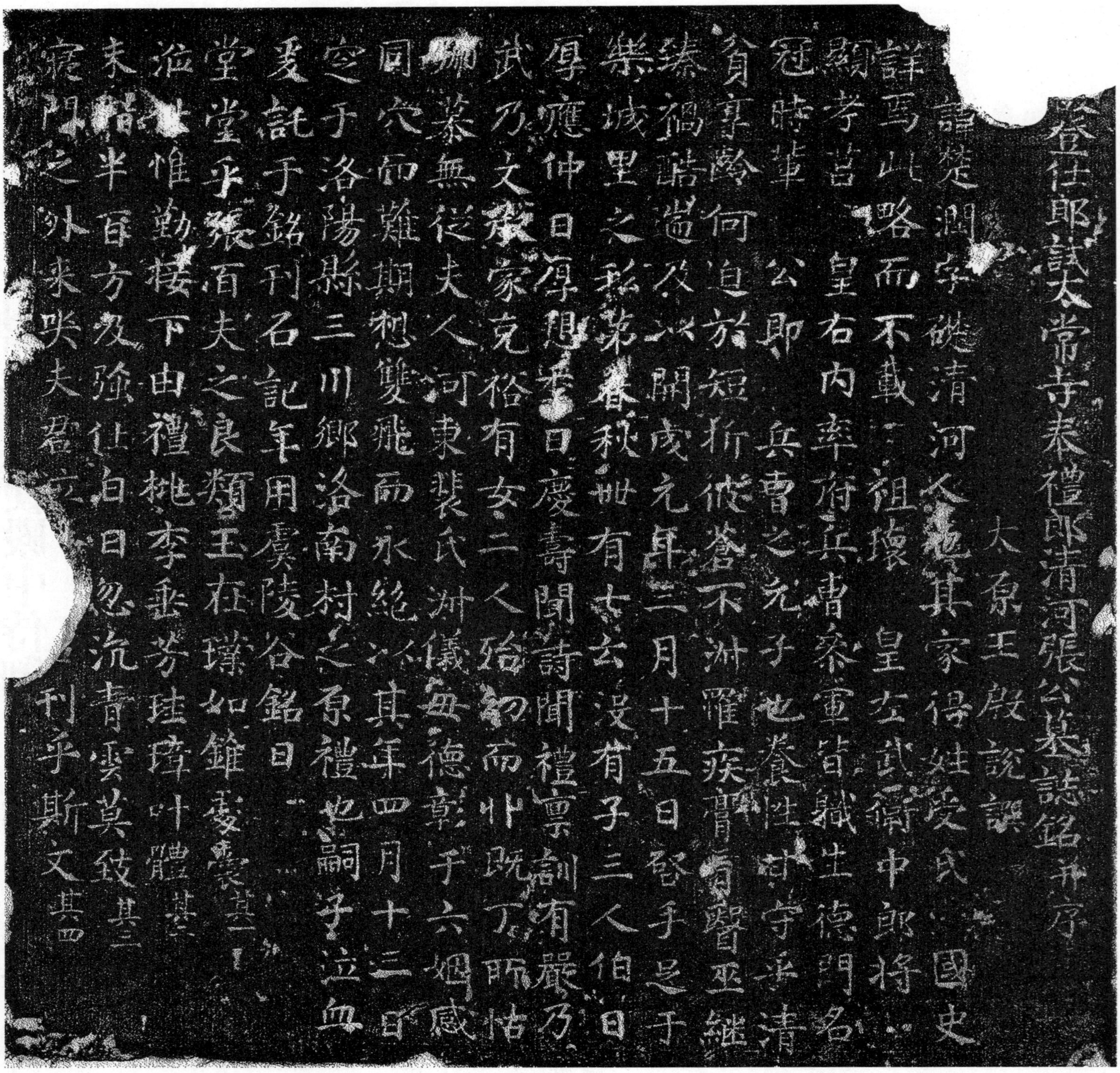

三三一四　故登仕郎試太常寺奉禮郎清河張公（楚潤）墓誌銘

開成元年（八三六）四月十三日葬。

誌文十九行，滿行十九字。正書。誌長二十九・五厘米、寬二十九厘米。

王殷説撰

故登仕郎試太常寺奉禮郎清河張公墓誌銘并序

太原王殷説撰

□諱楚潤，字礎，清河人也。其家得姓受氏，國史詳焉，此略而不載。祖瓌，皇左武衛中郎將。顯考莒，皇右内率府兵曹參軍。皆職生德門，名冠時輩。公即兵曹之元子也。養性甘守乎清貧，享齡何迫於短折。彼蒼不淑，罹疾膏肓。醫巫繼臻，禍酷遄及。以開成元年三月十五日啓手足於樂城里之私第，春秋卌有七云没。有子三人，伯曰厚應，仲曰厚愬，季曰慶壽。聞詩聞禮，稟訓有嚴，乃武乃文，承家克裕。有女二人，殆幼而丱。既丁所怙，號慕無從。夫人河東裴氏，淑儀母德，彰於六姻。感同穴而難期，想雙飛而永絶。以其年四月十三日窆於洛陽縣三川鄉洛南村之原，禮也。嗣子泣血，爰託於銘。刊石記年，用虞陵谷。銘曰：

堂堂乎張，百夫之良。類玉在璞，如錐處囊。其一。涖□惟勤，接下由禮。桃李垂芳，珪璋叶體。其二。未偕半百，方及强仕。白日忽沉，青雲莫致。其三。寢門之外，來哭夫君。泣□□□，刊乎斯文。其四。

三二五　唐故正議大夫守尚書吏部侍郎贊皇縣開國男食邑三百户賜紫金魚袋贈吏部尚書趙郡李公（虞仲）墓誌銘

開成元年（八三六）七月二十三日葬。

誌文三十四行，滿行字数不等。正書。誌長、寬均七十八厘米。盧鈞撰，郭承嘏書。

誌蓋篆書：唐故吏部侍郎趙郡李公墓誌

唐故正議大夫守尚書吏部侍郎贊皇縣開國男食邑三百户賜紫金魚袋贈吏部尚書趙郡李公墓誌銘并序

門生朝散大夫使持節團州諸軍事守華州刺史兼御史中丞充潼關防禦鎮國軍等使上柱國賜紫金魚袋盧鈞撰

朝散大夫守給事中上柱國郭承嘏書

公諱虞仲，字見之。姓李氏，趙郡人。族望山東，世濟仁義。曾祖暕，同州司馬。祖震，大理丞，贈禮部郎中。父端，杭州司兵，累贈兵部侍郎。公幼孤，依世父。勤學有立，長從鄉賦，聲振京洛中。故嘗膺兩都貢薦之首。擢進士第，舉宏詞，授弘文館校書郎，改藍田縣尉。內史命　公專擇貢士，升獎咸當，近輔籍甚。奏監察御史，充潼關防禦判官。尋以府遷改荆南觀察判官，擢太常博士、祠部員外郎。屬丞相段公〔一〕出鎮西蜀，重選從事。奏改户部郎中，兼侍御史，充節度判官，仍加章綬。公三歷賓府，推以誠至。同列慕芝蘭之室，周行惜廊廟之資。入爲兵部員外郎，轉司勳郎中。　詔考　制策，搜才果精。盛朝得人，不讓晁郤。遷兵部郎中，尋知制誥。潤色　□度，輝焕人文。以能稱官，復錫真秩。又封贊皇縣開國男，食邑三百户。四輔之守，關河爲重。改華州刺史，充鎮國防禦等使。崇以中憲，寵以金章。公務簡以静人，勸農以敦本。先時鄭縣有具獄論死者七人。　公至，以獄上，問狀知冤，竟從昭雪。由是闔境政刑以清，徵爲左散騎常侍。　聖上崇儒，復兼秘書監。思綱轄南宫，拜尚書右丞。將練脩戎政，還兵部侍郎。欲銓綜流品，復轉吏部。方諧人望，且以疾聞。移告旬朔，遽啓手足。以開成元年四月九日薨於永崇里之私第，享年六十五。　皇情軫悼，廢朝一日，　詔贈吏部尚書。　公孝敬稱於閨門，友愛彰於群從。道敦故舊，禄贍宗親。故庀具無兼資，省厩無良馬。所自□者唯琴書在室，松竹小山延袤，尋常之内而已。夫人太原郡君郭氏，　尚父汾陽王之曾孫，贈兵部尚書晞之孫，兵部員外、贈給事中鈞之女。蟬聯貴盛，志尚簡約。柔德令範，光乎族姻。先　公十四年捐館，將從周禮，考於蓍龜。同穴之吉，期於戊午。有子處仁，幼而聰敏，□歲嬰疾，蔭補殿中省進馬，既冠即世。一女適滎陽鄭樞。承訓德門，作嬪令族。惸然在疚，亦贊襄事。以其年七月廿三日祔葬　公於河南縣畢圭鄉之先塋，禮也。　公名重巨源，嗣悲伯道。理命以從祖弟之子農夫爲後，以慈起孝，雖幼能哀，知臧孫之慶可復也。嗚呼！　公任祠部也，天官以歲取科名，不偭權力，爲所傾害，惑於　至尊。公與今太子賓客白公〔二〕承　詔考覆，召對別殿。　天顔甚嚴，　公陳以大體，當仁不撓，　上意乃釋。公望愈高，重以名聞。鈞忝在選，始則同升之友，忽爲受恩之人。直道難酬，百身何及。議纂景行，藏於幽隧。鈞以及門之分，有越等倫。不敢固辭，掩涕銘德。銘曰：

皋陶種德，李氏□長。趙郡分祖，弈世有光。維　公挺生，韞粹含章。澤宫得儁，翰苑獨步。佪翔府幕，頡頏雲路。曲臺掌禮，華省共　辰。考覆賢良，主張絲綸。作鎮近輔，冤清争息。貂冠入　侍，蓬山司籍。作轄南宫，載貳夏卿。既頒戎政，乃綜銓衡。方叙九流，忽驚盡瘁。人望徒存，生涯遽既。嗚呼！輤帷錦屋，見日而行。從　先大夫，備物哀榮。伊川逶迤，鑿龍崢嶸。背山左水，萬古攸寧。嗚呼！

〔一〕「段公」即段文昌。
〔二〕「白公」即白居易。

三二六　唐故河南元君（侗）墓誌銘

開成元年（八三六）十月七日葬。

誌文二十七行，滿行字數不等。正書。誌長、寬均五十三厘米。崔峴撰。

原石藏洛陽張存才唐誌精品館。

唐故河南元君墓誌銘并序

鄉貢進士崔峴撰

君諱侗，字達夫，元姓河南人，北朝魏之後也，自昭成帝昭穆十四而至於君。曾祖　皇尚書右丞，贈幽府都督諱懷景。　祖銀青光禄大夫、陳留郡太守、河南道採訪使諱彦冲。　父河中府户曹參軍諱子長。君，户曹之次子也。幼孤居貧，昆弟三人，伯氏察又早卒。君能與其季宬，躬苦生業，以敬盡　太夫人之養。寒不敢厚其衣，餒不敢充其食。　高堂之膳羞珍甘，器設周用，如富室之有餘者焉。及冠，舉進士歲，將詣京師，念千里而去，違晨昏也。是不忍，輒罷焉。

太夫人弃孝愛踰三年，鄉黨勉之，乃西就薦故相國權文公〔一〕。實爲有司熟君之名，且多其素行，蓋必以科甲處之。既君有疾不果會考試，爲文公恨焉。君之進不能與人遂，退常端道而求己，亹亹以廉，厚自整飭，唯畏不如古人。風俗日澆，情僞險而難知。君之度雅不合，繇是比下圂，遂困徑東南往閩中，抵觀察使衛侯〔二〕，衛侯與君婚姻之私嫌，不得表爲己從事。方媒其賢於異藩，但授假職，無文書掌理之任，而月委其禄。頃之，衛侯以失政聞，天子詔爲民嶺南。君前取一第訖見斥，姻舊之爲倚又敗，太息以命之然也。故歸，手耒而耕於壽安之北。時種而勤耰之畝，率倍收，計口量足則轉販而易致他物，凡百事之費，與親戚里閭之吊問進醵，皆於是出焉。且曰資於吾身，必勞於吾力，亦可以不愧吾心。嗟乎，其君子矣。或矯言行以苟富貴，非其有而饕有之，觸死其猶未悔者，獨何人。君爲農四三稔，奴婢習其業。乃穿池養魚鱉，樹松篁嘉卉。吟歌釣弋，將以是爲終，不眄世也。東都士大夫，多譽高之。今澧陽崔太守〔三〕，嘗以殿中侍御史分憲東都。聞其譽於士大夫間，會出爲慈州，行過其廬，因以幣請佐州之軍事。君感激然諾，遂從焉。主人移硤州，又從焉，凡賓主驩七年。刺史庭有事，則公議之。無事，私室讌言，屬詩命酒，引杯案相對偃仰，爲布衣交，非刺史與軍事佐也。故君遺壽安之抗節，而綢繆二州。開成元年春正月，君以疾求醫，自硤沿於江陵。二月己丑，奄終江陵之旅舍，享齡五十八。善人若此，其謂之夭歟。始君以昆弟早有子，宗緒既成續，姑進求榮名，名得而娶，娶必娉於大家。故荏苒後良時，因不復娶。雖然有男子遂，甚立而克肖前人。天若報君，其蕃而昌於遂也，斯娶矣。君之喪既七日，遂護而北歸。以其年十月癸卯將葬，祔　先户曹之兆於河南龍門鄉，厠伯氏之封域。其季偃師尉宬，以書具君之懿範休實，而祈勒銘於清河崔峴。惟峴幸夙蒙君之惠顧，今每懷其平生，乃少府之簡命，爲辱信不敏，其可以辭。銘曰：

不顯元門，帝列其宗。運幾而唐，珪組猶隆。熟卑户曹，又約君躬。幹則材矣，時如不逢。辛苦文儒，十年飄蓬。竟負素志，田園自終。己知可忘，赴招南從。明旌歸來，故鄉悲風。清伊悠悠，巖闕崇崇。君一墳兮於斯，與天地兮於斯。

〔一〕「權文公」即權德輿。

〔二〕「衛侯」即衛中行。

〔三〕按《唐刺史考全編》卷一七四，大和四年前後有澧州刺史崔芸，或即此人。

三三七　唐故忠武軍節度押衙□□□□夫檢校太子賓客陳公（去惑）墓誌

開成元年（八三六）十一月一日葬。

誌文二十三行，滿行字數不等。正書。誌長四十四厘米、寬四十三・五厘米。

鍾行夷撰并書。

唐故忠武軍節度押衙□□□□夫檢校太子賓客陳公墓誌并序

公諱去惑，字端士，潁川人也。□□國系，布在方策。自曲逆好謀，太丘毓德。英威令問，何世不有。公祖秀，父祐，皆言行明敏，動遵禮樂。隨波浮沉，與道終始。故高尚之德，無所能名。公即祐之第二子也。髫齓蕴大量，有宿成之志。冰霜珪璧，足以比質。及冠筮仕，從戎筮從。長慶中，許帥　王尚書〔一〕知公才用，器公幹事。延署忠武軍經略副使。公柔而立，强而義。公家之利，知無不爲。及　端揆高公〔二〕，推轂繼至。卜居洛下，俾公營建。如翬斯飛，不爽儉節。改充同節度副使。　高公移統徐戎，遷署節度押衙。許人去思，自徐重拜，復授忠武軍押衙。公秉直卑謙，事上誠慤。居無何，　端揆以疾謝世。公迎喪護葬，初終一心。在洛搢紳，咸嘉乃節。尤爲今　賓客劉公〔三〕知重。　劉公刺汝墳，授衙前兵馬使。遷馮翊，補防禦使押衙。嗚呼！大時不齊，自古有死。二豎潛釁，遂爲長往。以開成元年八月二十六日暴卒於東都綏福里第，享年四十有六。悲夫！强仕之秋，奄隨物化。皇天與善，斯義何乖。　太夫人彭城劉氏，移天宜家，誕二令子。長已早没，次復今亡。所謂日薄西山，翻悲逝水。搏膺撫柩，何痛如之。公娶劉氏無子，以猶子行芳嗣。其年十一月一日祔葬於洛陽縣三川鄉楊魏村　先府君塋，禮也。余嘗與宴遊，備詳行義。有虞爲谷，用誌貞珉云：

生浮死休兮同聖賢，背華寢兮眠夜泉。時移泉曉兮石未泐，冀後人兮表嘉德。

處士鍾行夷述并書

〔一〕按吴廷燮《唐方鎮年表》卷二《忠武》，長慶間忠武軍節度使先後有李遜、李光顔。寶曆元年七月，以兖海節度使王沛爲許州刺史、忠武軍節度使。此王尚書應爲王沛，墓誌記載長慶中有誤。

〔二〕「高公」即高瑀。高瑀大和元年四月繼王沛任忠武軍節度使，六年三月改任武寧軍節度使。大和七年八月，復任忠武軍節度使，直至大和八年六月去世。

〔三〕「劉公」即劉禹錫，其於大和八、九年間先後任汝州刺史、同州刺史。

三二八　唐試太子司議郎兼侍御史崔鄖亡夫人隴西李氏（審柔）墓誌銘

開成二年（八三七）五月二十二日葬。

誌文二十五行，滿行二十六字。正書。誌長四十五厘米、寬四十四厘米。

崔鄖撰。

唐試太子司議郎兼侍御史崔鄖亡夫人隴西李氏墓誌銘并序

鰥夫知度支陜府院事朝議郎試太子司議郎兼侍御史雲騎尉崔鄖撰

夫人諱審柔，字茂淑，隴西成紀人，滎陽鄭之出也。曾祖諱成毅， 皇王府長史。祖諱表， 皇宋州單父縣尉。父諱戡， 皇華州華陰縣尉。外王父諱珣瑜〔一〕， 皇門下侍郎、同平章事。繼母清河崔氏。繼外王父諱利， 皇太常寺奉禮郎。重輝疊耀，玉葉金枝。冠蓋蟬聯，世推清甲。詳於史諜，故得闕書。夫人既笄之三年而歸于我。惠和天縱，顯懿夙成。事上以敬恭，撫下以慈愛。娣姒和悦，人無間言。一門如春，六姻□慶。佩服禮樂，敦涉詩書。文史女工，固有餘地。處約無盈虛之嘆，宜家勵風素之規。屢空晏如，委順恬若。清徽懿範，閨閫作程。婦道母儀，士族宗仰。今日追想，積成至哀。歡促悲長，鍾此鰥苦。宜其天祚明德，降以永齡。貴乘魚軒，祇荷百禄。而福善無據，彼蒼何言。以開成二年三月十四日寢疾終於陜州昌樂里之官舍，享年四十有一。爰以其年五月廿二日歸窆於偃師縣亳邑鄉北邙原，禮也。胤嗣之成立者五人。男曰璙，去歲鄉里舉經明行脩，不中第。長女許姊子盧勤，臨當納采，而勤有家艱。銜恤三年，近方闋服。次女適前鄉貢進士盧景南。夭落韶年，凶問適至。子母長别，俱不聞知。生人之痛，此痛何極。次女適姊子東川節度推官、試太常寺協律郎李儋。幼女許門下相國鄭公第三男河南府參軍孺融。别子一人，前鄉貢明經墀。别女一人，適門下相國李公〔二〕長男，前家令寺主簿懽。皆天授純至，泣血茹荼。蓬首棘心，鄰於滅性。每一撫視，痛傷中腸。今以蓍龜叶靈，歲月通便。所虞□谷遷變，式表泉扃。攬涕紀年，刻於貞石。銘曰：

孝敬生知，柔和天假。未登榮壽，音塵永謝。呱呱孺慕，暗失高堂。慼慼鰥夫，行哭中野。幽明存殁兮何可復陳，千秋萬歲兮重泉之下。

開成二年五月二十二日

〔一〕「外王父諱珣瑜」即鄭珣瑜。後文「門下相國鄭公」亦鄭珣瑜。

〔二〕「門下相國李公」即文宗宰相李固言。

三三一九　唐故宣武軍同節度副使兼軍城都虞候金紫光祿大夫試太子賓客上柱國食邑五百户朱府君（澄）墓誌銘

開成二年（八三七）八月五日葬。

誌文二十一行，滿行二十五字。正書。誌長三十八厘米、寬三十七厘米。

樂平撰。

誌蓋正書：唐故朱府君銘

唐故宣武軍同節度副使兼軍城都虞候金紫光禄大夫試太子賓客上柱國食邑五百户朱府君墓誌銘并序

君諱澄，字某，華州鄭縣人也。帝堯之後，鬱爲茂族。祖遠，　皇金紫光禄大夫、華州同防禦副使兼押衙、試太子賓客。　祖妣渤海高氏。考素，　皇銀青光禄大夫、河中府同節度副使。妣范陽劉氏。　公娶河東裴氏第六女也。有子一人，字曰通，孝履居心，性懷毅勇。嘗爲宣武軍節度衙前虞候，每思　侍養，在職不遑，弃禄休閑，寓居東洛。始終膝下，孝道無違，實爲親故所嘆也。　公享年八十一。開成二年五月廿七日倉卒於河南縣道光坊之私第。爰卜宅兆，其年八月五日合祔於河南縣平樂鄉景業原，故裴夫人舊塋之禮也。恐陵谷遷移，刻石銘記。銘曰：

死生之道，人之常數。刻石銘記，從古所措。千秋萬歲，神靈所護。

開成元年十二月廿八日，交用錢於河南縣平樂鄉景業村，買常信地貳畝。東至李家塋及常信，西至常延慶，南至丁春，北至常信及段家、敬家。地主常信男繼宗，保人：柴公雅、梁再興、崔師本、常元興、郭元寂。牙郎吕秀。

開成二年四月十一日又買塋次東地一段壹畝叁角，東至李家塋及常信，西至朱家塋，南至王文簡塋及丁春，北至常信及段惟真塋。地主常信男繼宗，保人：崔師本、趙岑、段惠英、楊元亮、郭元寂。右件地兩段，一主並是常信地，共計叁畝叁角，具有契圖。恐他時失墜，故刻於後。

前邠寧節度押衙兼隨軍樂平撰

三三二〇　唐殿中侍御周君先太夫人墓誌銘

開成二年（八三七）十月十九日葬。

誌文二十四行，滿行二十四字。正書兼行意。誌長、寬均七十五・五厘米。

盧簡辭撰，蔣玄同書兼篆。

唐殿中侍御周君　先太夫人墓志銘

朝議郎守河南少尹護軍賜緋魚袋盧簡辭述

夫人姓劉氏，彭城人。　考曰明允，幼而居實，不言禄仕。生二女焉，　夫人其仲女也。　夫人誕，口食則靡怙恃，與其伯姊依於李氏姑。慈義成訓，厥猷大備。嬪於　徵士周府君，生一女一子。女爲監察御史李師仲妻。子曰復，是謂殿中君。於戲！天之生德於人也，必作之助以成其美；人之用力於仁也，必大厥後以明其報。始，　府君挹化源之清醇，得富貴於事外。出乎其類，以全道谷。　夫人爰以恒德，媚兹遐蹤。含華葆光，樂在衡泌。雖囷廥有厚積，歸從無乏使。而頗躬種樹之事，嘗試井臼之勞。其順承也，無有攸遂；其理内也，不大聲色。閑家之則，居然而成。　府君所以克終楚老之高，不有原憲之病，翳佐助之德茂也。及殿中君以才行登選，爲時聞人。馨烈蘊於侯服，事業宣於時憲。解組以就養，載鼎以潔羞。養志之孝，舉無違順。以至於　夫人之族之姻，宜室宜家者，咸適攸處，斯不亦施報之明明歟？嗚呼！大運茫茫，孰控而乘？去年　府君順化而往，今兹開成丁巳歲六月四日　夫人仍終於濟源縣之别墅，享年六十六。薦紳之徒，哀吊相屬。越十月十九日附於洛陽縣清風鄉　府君之封域，穴於其隧之左次。殿中君辱與簡辭游，血泣見託。乃爲銘曰：

伯鸞冥飛，　夫人之德鄰兮。士行顯舉，　夫人之教勤兮。古史有之，生女無怒。劉君雖無男，其亦不泯兮。優哉三從，夫人之孝與仁兮。

王屋山人蔣玄同書兼篆

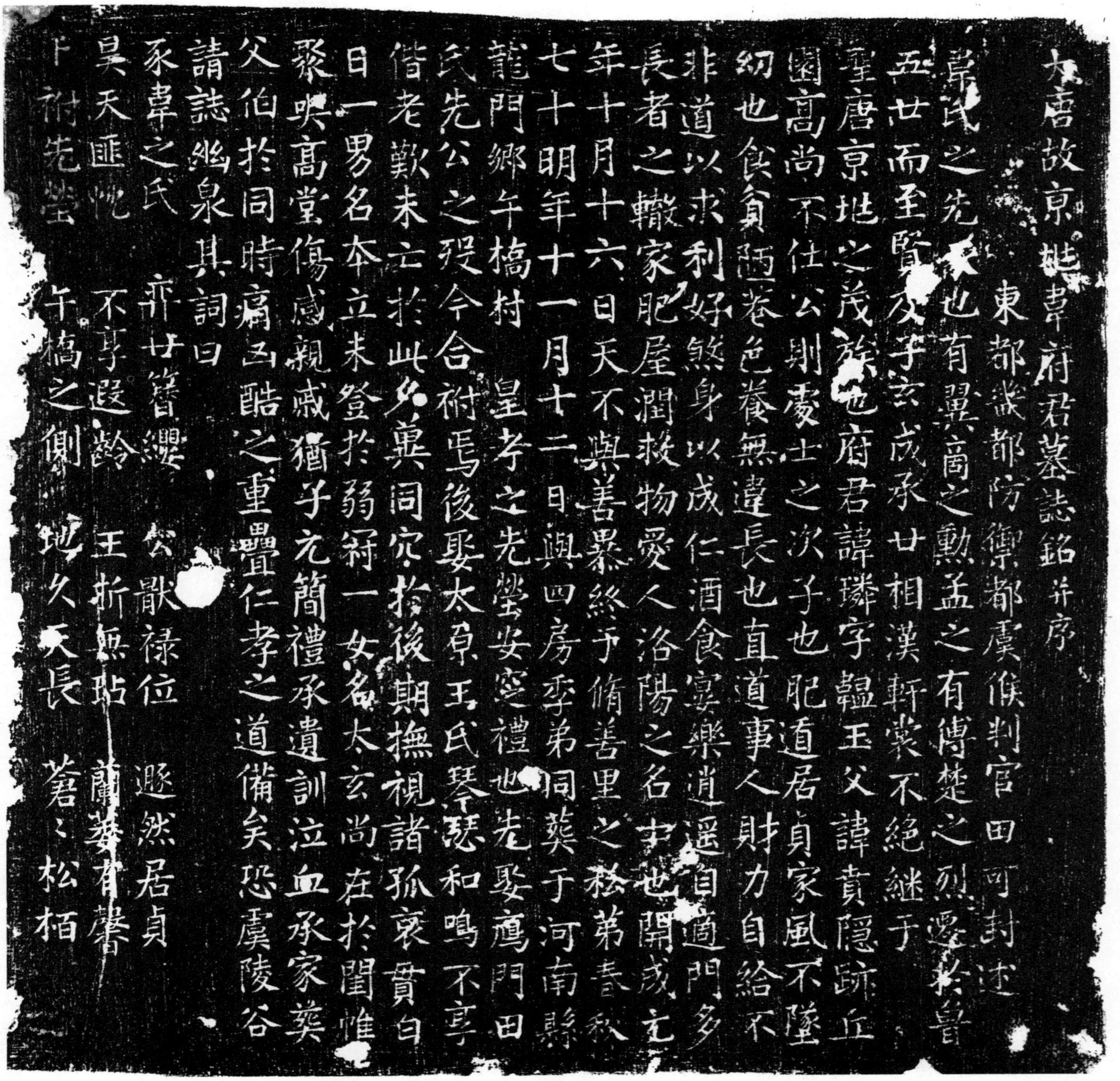
大唐故京兆韋府君墓誌銘并序
東都畿都防禦都虞候判官田可封述
韋氏之先□也有翼商之勳孟之有傅楚之烈遷於魯
五世而至賢及子玄成承廿相漢軒裳不絕繼于
皇唐京兆之茂族也府君諱璘字韞玉父諱賁隱跡丘
園高尚不仕公則處士之次子也肥遁居貞家風不墜
幼也食貧陋巷色養無違長也直道事人財力自給不
非道以求利好煞身以成仁酒食宴樂逍遙自適門多
長者之轍家肥屋潤救物愛人洛陽之名士世聞咸之
年十月十六日天不與善纍終于脩善里之私第春秋
七十明年十一月十二日與四房季弟同葬于河南縣
龍門鄉午橋村　皇考之先塋安窆禮也先娶鴈門田
氏先公之殁今合祔焉後娶太原王氏琴瑟和鳴不享
偕老歎未亡於此夕奠同穴於後期撫視諸孤哀貫白
日一男名本立未登於弱冠一女名太玄尚在於閨帷
聚哭高堂傷感親戚猶子允簡禮承遺訓泣血承家葬
父伯於同時痛凶酷之重疊仁孝之道備矣恐虞陵谷
請誌幽泉其詞曰
豕韋之氏　弈世簪纓　公歆祿位　邈然居貞
昊天匪忱　不享遐齡　王折無玷　蘭萎有馨
下祔先塋　午橋之側　地久天長　蒼蒼松栢

三三二一　大唐故京兆韋府君（璘）墓誌銘

開成二年（八三七）十一月十二日葬。

誌文二十一行，滿行二十一字。正書。誌長三十三厘米、寬三十四厘米。

田可封撰。

大唐故京兆韋府君墓誌銘并序

東都畿都防禦都虞候判官田可封述

韋氏之先，豕也有翼商之勳，孟之有傅楚之烈，遷於魯五世而至賢。及子玄成，承世相漢。軒裳不絶，繼於　聖唐，京兆之茂族也。府君諱璘，字韞玉。父諱賁，隱迹丘園，高尚不仕。公則處士之次子也。肥遁居貞，家風不墜。幼也食貧陋巷，色養無違；長也直道事人，財力自給。不非道以求利，好煞身以成仁。酒食宴樂，逍遥自適，門多長者之轍。家肥屋潤，救物愛人，洛陽之名士也。開成元年十月十六日，天不與善，暴終於脩善里之私第，春秋七十。明年十一月十二日，與四房季弟同葬於河南縣龍門鄉午橋村　皇考之先塋安窆，禮也。先娶雁門田氏，先公之歿，今合祔焉。後娶太原王氏，琴瑟和鳴，不享偕老。嘆未亡於此夕，冀同穴於後期。撫視諸孤，哀貫白日。一男名本立，未登於弱冠。一女名太玄，尚在於閨帷。聚哭高堂，傷感親戚。猶子元簡，禮承遺訓，泣血承家。葬父伯於同時，痛凶酷之重疊，仁孝之道備矣。恐虞陵谷，請誌幽泉，其詞曰：

豕韋之氏，弈世簪纓。公厭禄位，遯然居貞。昊天匪忱，不享遐齡。玉折無玷，蘭萎有馨。卜祔先塋，午橋之側。地久天長，蒼蒼松柏。

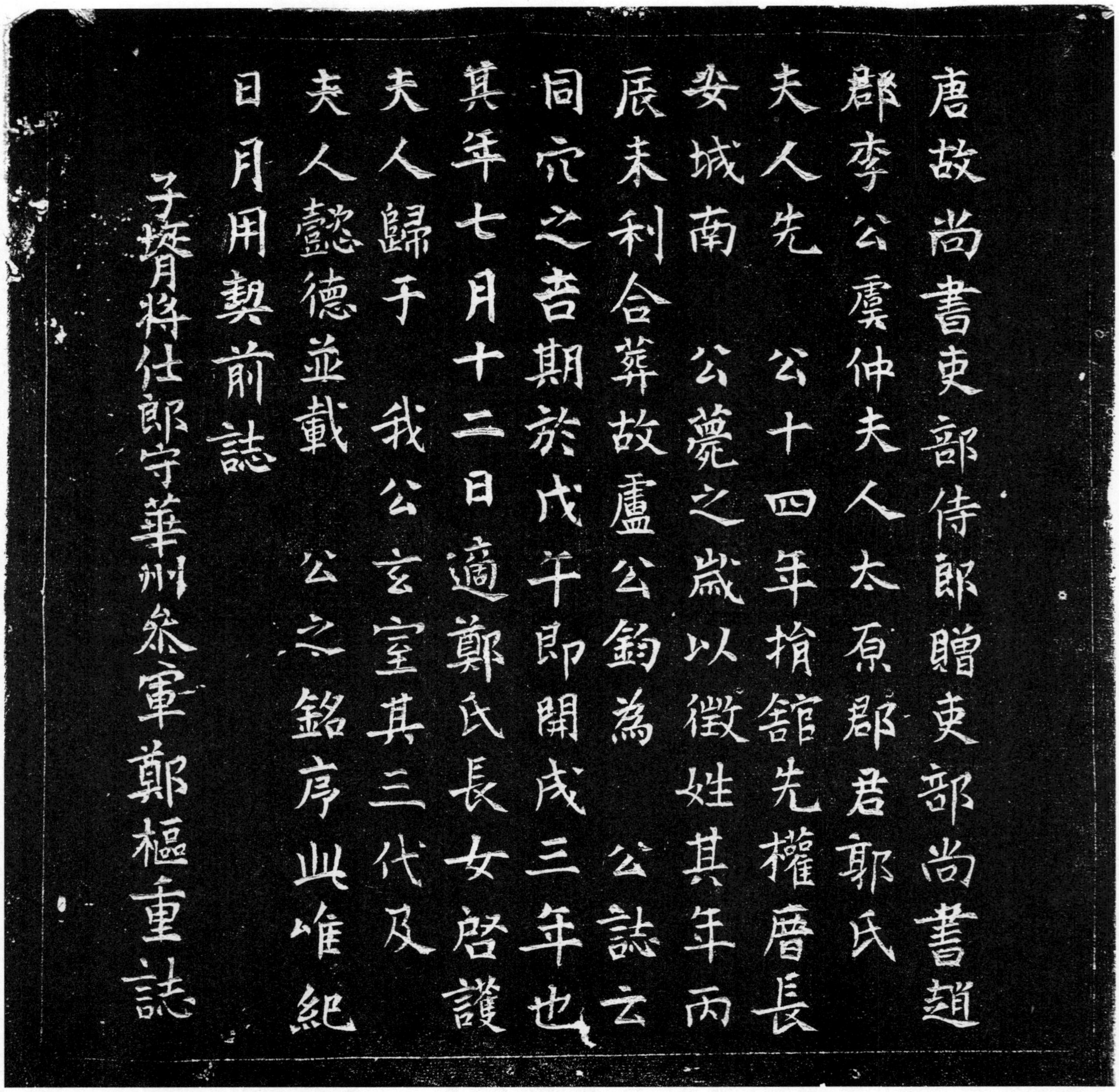
唐故尚書吏部侍郎贈吏部尚書趙
郡李公虞仲夫人太原郡君郭氏
夫人先　公十四年捐館先權厝長
安城南　公薨之歲以徵姓其年丙
辰未利合葬故盧公鈞為　公誌云
同穴之吉期於戊午即開成三年也
其年七月十二日適鄭氏長女啓護
夫人歸于我公玄室其三代及
夫人懿德並載　公之銘序此唯紀
日月用契前誌
子壻將仕郎守華州參軍鄭樞重誌

三三二　李虞仲妻郭氏墓誌

開成三年（八三八）七月十二日葬。

誌文十一行，滿行十四字。正書。誌長三十四厘米、寬三十三・五厘米。

鄭樞撰。

原石藏鞏義馬氏一葦草堂。

唐故尚書吏部侍郎贈吏部尚書趙郡李公虞仲夫人太原郡君郭氏

夫人先　公十四年捐館，先權厝長安城南。　公薨之歲，以徵姓其年

丙辰未利合葬，故盧公鈞爲　公誌云：「同穴之吉，期於戊午」，即

開成三年也。其年七月十二日適鄭氏長女啓護夫人歸於　我公玄室。

其三代及　夫人懿德並載　公之銘序，此唯紀日月，用契前誌。

子婿將仕郎守華州參軍鄭樞重誌

三三三　唐試太子司議郎兼侍御史知度支東都擇善院事清河崔府君（郎）墓誌銘

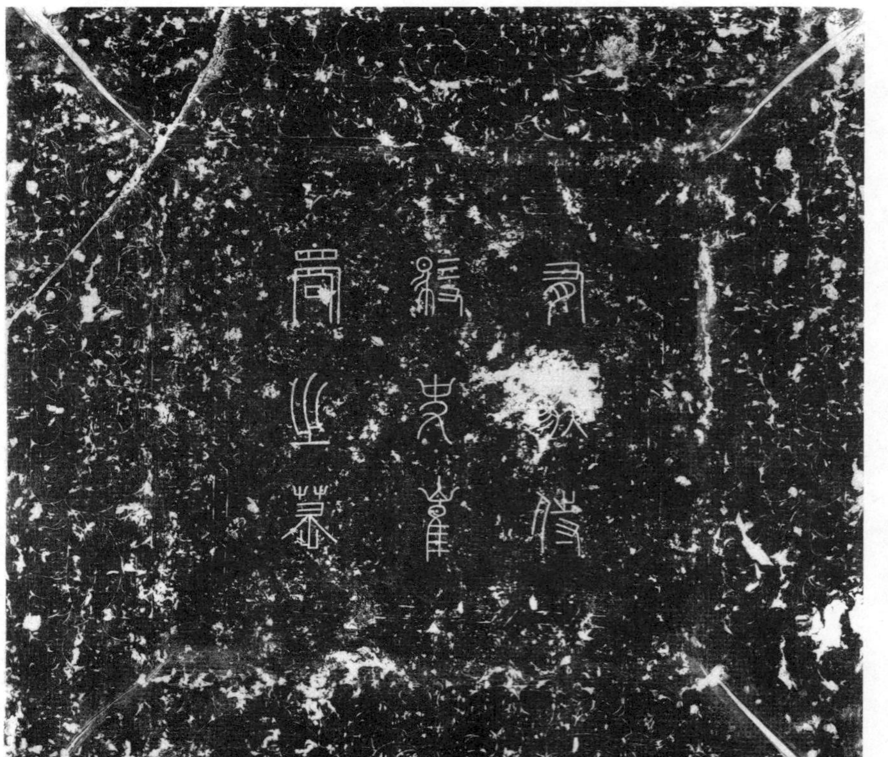

開成三年（八三八）十月十三日葬。

誌文四十五行，滿行四十五字。正書。誌長七十八・五厘米、寬七十七厘米。

李林宗撰。

誌蓋篆書：有唐侍御史崔君之墓

唐試太子司議郎兼侍御史知度支東都擇善院事清河崔府君墓誌銘并叙

朝散大夫守將作少監上柱國分司東都李林宗撰

君諱郾，字郾，清河人。其先自虞已上爲姜姓，虞夏之際封於吕，在夏殷爲吕姓。殷之衰也，周西伯獵於渭濱，獲其裔太公望以歸，武王師之而剋商，遂有天下，以功封於齊。太公終，丁公汲立。丁公子食菜於崔，因邑命氏，始姓崔氏。有博陵、清河二望。其出清河者，或在俞，或在東武城。與盧、鄭、李皆源流長遠，貴相連絡。其男娶，其女嫁，必越國以求之，比之晉疋秦。他姓雖大，皆謂非吾偶也。其或與他姓合者，每聚族而談，其意頗卑之。秦漢已後，關中亟戰争，衣冠悉徙山東以避亂，選其族望極顯者，則與之婚嫁。其未顯者，輒拒之。至魏晉間始大，其在魏有林爲司空、安陽侯。琰爲中尉。其在晉有諒爲尚書、大鴻臚。自齊已降，益大，其在齊有祖思爲征虜將軍，耶利爲魯郡太守。其子懷慎，以孝行聞。其在梁有靈恩爲國子博士。元魏時有玄伯爲吏部尚書、贈司空。光爲太保。敬爲梁郡守。休爲殿中尚書。浩爲司徒。逞、鴻並爲黄門侍郎。有詔遣諸儒第氏族，皆以崔氏首出諸姓。　國朝嘗以其族望高，又薄他姓。及遺近不與通婚，乃禁崔氏等四姓不得自相嫁娶，又不得厚問遺以相高大。後有求婚者告之：「禁婚其望益高」，遂不禁。　曾祖紹，爲鄆州刺史。以廉直臨下，加之以明恕。以敦厚易俗，導之以禮讓，入其境者知道化行於鄆矣。

祖顔，爲大理正。察小大之獄，必原始而究終。苟窮其理，則哀矜以色後。以子貴，贈秘書監。　父謙，自宣武從事，兼中丞，除太子率更令。歷庶子、少詹事，拜太詹事。其始至周行，遂爲宫寮。不以在散地而厭趨於朝，不以非劇職而倦司其局。其接公卿、大夫、士登降俛仰，無不宜之。元和初，懸車告老。　憲宗嘉之，許以秘書監就第。君即　秘監第六子。生於令族，少而聞道。至柔而臨事能立，雖窮而有所不爲。年十六，丁　太夫人憂。其居喪也，終日銜哀。既除也，踰月猶哭。貞元末，　秘監以關中夏大旱，秋多雨。芻米與生生之物日踴騰糴，命諸子當調者皆吏遠郡，以其入爲水旱備。君以齒尚少，獨留京師。自崇文館明經解巾，爲東宫率府掾。頗自喜，官司雖存，寮吏皆備員而已。無所剖決，得竭己力，以奉温清。此官在我，乃愈於他官，晝則量入以制其用，節費以足其家。其爲甘滑可適於口者，則未嘗一日二日而無其備。夜則焚膏油以閱群書，而攻草隸。數年間，經史大義，無不該覽，尤善尺牘。元和六年，丁　秘監憂。日號呼於蒼穹，若有望而不至。逮終喪，毁將滅性。明年，調爲右衛胄曹參軍。名登上臺，其實沉之下位。雖有藴蓄，無由而發矣。秩滿，爲汝州葉縣宰。以至仁馭其下，作法不敢犯。以至誠待其吏，獻籍不忍欺。凡邑皆以夏、秋征其民，日撻於庭以愧恥之，猶不克集。君之在葉也，以折簡告其期，民皆駕肩而前，唯恐其後。三載，刑罰不用於葉，雖古之循吏無以加之。開成元年，授河南府士曹掾。統百工，備群材，以需其用。遇啓閉津梁之急，朝受命而夕已見功。君子謂：「貞而固其幹也」，宜哉！計司聞其名，奏授試太子司議郎，兼侍御史，知度支陝州院事。君以其地據天下要會，水陸所經。貢獻之厚薄，漕輓之淹速，由我而後聞於有司。我不職職，其何以報有司之知。乃勸其廉者，劾其濫者。褒其勤者，戒其墮者。後省司校諸州之征，由陝而至者，不秏蠹其物，不淹恤於道。三年五月，以其績用成改知度支東都擇善院事，旌其能也。君常晨而興，夜而寐，以勤厥職，遂爲寒暑所侵。比入洛，已不及常寢食矣。其於閱簿書，舉枉直，則精爽猶在。秋八月，厥疾有加。甲午，終於東都擇善里官舍，享年五十七。嗚呼哀哉！時方貴琢珝，尚澆醨。君獨保大和，守大樸。終爲風波所汩没，蓋薄者醜其厚也。由是有識之士無不感憤而傷嗟，豈天道惡盈耶？不然，何高其族而抑其冠冕。　夫人隴西李氏，故華陰尉戡之第二女。行婦道，肅母儀，爲士大夫家式刑者廿年矣。訖不克諧老，豈其命歟。先崔君一年而終。有二子：長曰墀，明經擢第，先崔君二月而夭。少曰坤，舉明經未第。六女，其長適趙郡李懽。其第二女與少女始華而落。第三女適范陽盧景南，亦青春而凋。第四女適趙郡李儋。第五女適滎陽鄭孺融。其長男與長女皆夫人母之，非其出也。少男與五女乃出於夫人。嗚呼哀哉，遺令既啓手足，必以時服，殮我姑務速，得祔先塋，葬不必備。子坤抑情禀命，即以其年十月丁酉〔一〕於偃師縣亳邑鄉祁村與夫人李氏合祔於　先秘監之塋，禮也。其子又慮，一旦陵其谷，川其高岸，後有展先人之墓者，則無由而知。乃請余刻石以誌之。君爲余異姓昆弟，從　外祖也。故君之所履，余能言之。及君之喪，余哭之慟者數四。已而，乃銘其本系與所行事於墓，銘曰：

厥系在唐，源澄而流。或典三禮，或平九州。封吕於夏，爲師於周。其處於齊，嗣世則侯。支子食菜，克大其名。厥氏以崔，由邑而更。魏晉已還，乃公乃卿。至於　我唐，其誰與京。昔君之初，既沉而深。悌不師師，孝亦因心。力養之餘，思鑒古今。室聚群書，是繹是尋。及其既孤，始卒其業。乃官於衛，乃令於葉。吏以誠待，寮以禮接。臨蒞鞫按，如己經涉。秩滿而歸，幾更寒暑。始掾東府，卑以自處。頽綱墜典，咨咨以舉。苟或吐茹，亦適其所。人以其能，揚於計司。方易陝吏，因命主之。曷示其崇，議郎以基。曷示其威，御史以資。閱賦校程，不遑寧居。既褒其疾，亦誅其徐。使及其期，以足其儲。及歲之終，歲則有餘。主司嘉之，移職洛師。霜露所蒙，筋骸已羸。其於在公，猶不負知。奄然而終，若有其期。惸惸遺孤，言遵先旨。乃筮乃卜，於祁之里。地非延陵，墓實君子。大隧一閉，千秋已矣。

〔一〕據《中華日曆通典》，開成三年十月丁酉日爲十月十三日。

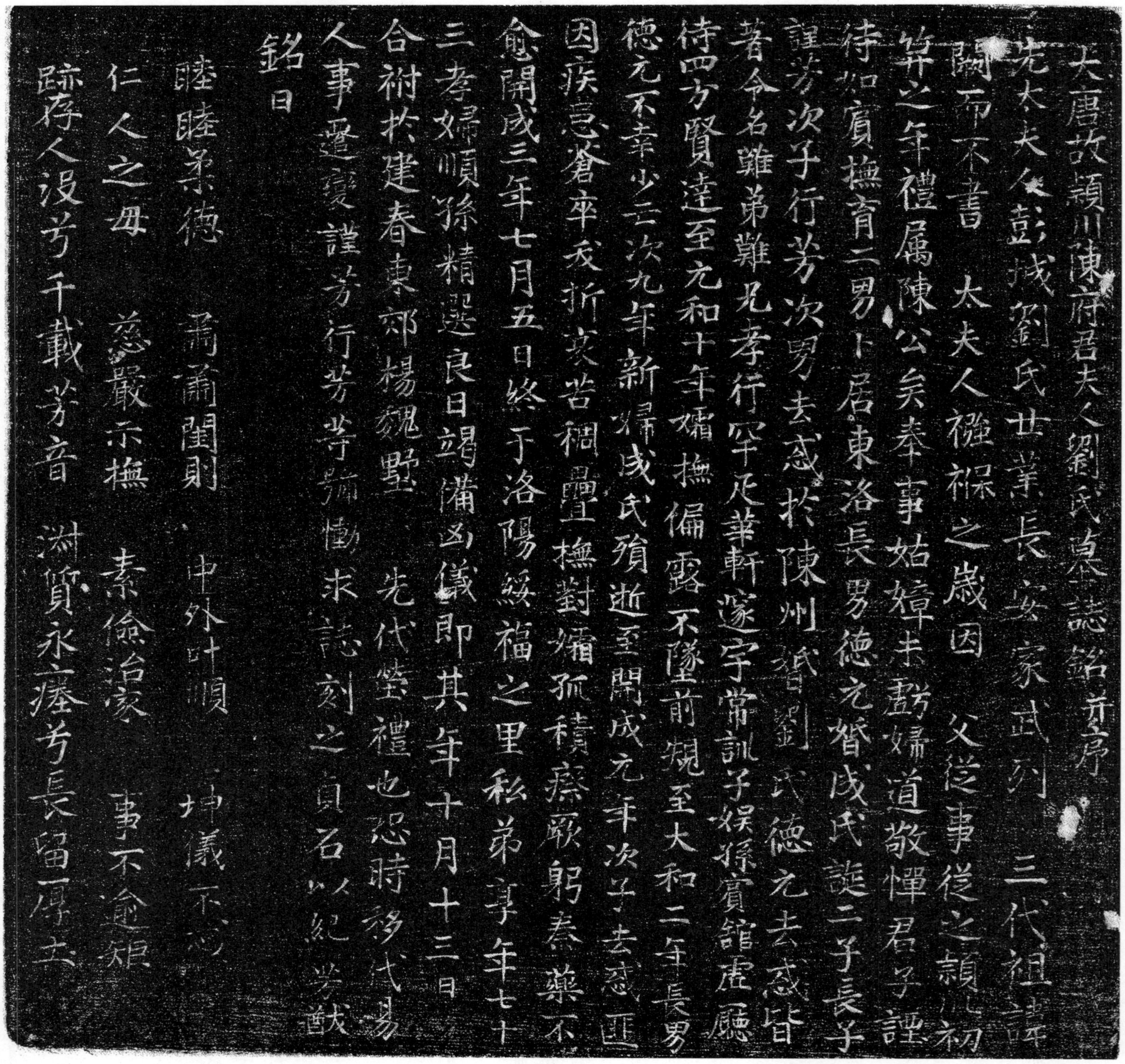
大唐故潁川陳府君夫人劉氏墓誌銘并序
先太夫人彭城劉氏世業長安家武列　三代祖諱
闕而不書　太夫人繈褓之歲因　父從事從之潁川初
笄之年禮屬陳公矣奉事姑嫜未虧婦道敬憚君子諲
待如賓撫育二男卜居東洛長男德元婚成氏誕二子長子
諲芳次子行芳次男去惑於陳州婚劉氏德元去惑皆
著令名雖弟難兄孝行罕足華軒遂宇常訓子娱孫賓館虚廳
待四方賢達至元和十年孀撫偏露不墜前規至大和二年長男
德元不幸少亡次九年新婦成氏殞逝至開成元年次子去惑匪
因疾恙蒼卒夭折哀苦稠疊撫對孀孤積瘵厥躬秦藥不
愈開成三年七月五日終于洛陽綏福之里私弟享年七十
三孝婦順孫精選良日竭備凶儀即其年十月十三日
合祔於建春東郊楊魏墅　先代塋禮也恐時移代易
人事遷變諲芳行芳等痛慟求誌刻之貞石以紀芳猷
銘曰
睦睦柔德　肅肅閨則　中外叶順　坤儀不忒
仁人之母　慈嚴示撫　素儉治家　事不逾矩
跡存人沒兮千載芳音　淑質永瘞兮長留厚土

三三四　大唐故潁川陳府君（宥）夫人劉氏墓誌銘

開成三年（八三八）十月十三日葬。

誌文十八行，滿行字數不等。正書。誌長三十四・五厘米、寬三十四厘米。

大唐故潁川陳府君夫人劉氏墓誌銘并序

先太夫人彭城劉氏，世業長安，家武列。　三代祖諱，闕而不書。　太夫人襁褓之歲，因　父從事，從之潁川。初笄之年，禮屬陳公矣。奉事姑嫜，未虧婦道。敬憚君子，諲待如賓。撫育二男，卜居東洛。長男德元，婚成氏，誕二子：長子謹芳，次子行芳。次男去惑，於陳州婚劉氏。德元、去惑皆著令名，難弟難兄，孝行罕疋。華軒邃宇，常訓子娛孫；賓館虛廳，待四方賢達。至元和十年，孀撫偏露，不墜前規。至大和二年，長男悳元不幸少亡。次九年，新婦成氏殞逝。至開成元年，次子去惑匪因疾患，蒼卒夭折。哀苦稠疊，撫對孀孤。積瘵厥躬，秦藥不愈。開成三年七月五日終於洛陽綏福之里私第，享年七十三。孝婦順孫，精選良日，竭備凶儀，即其年十月十三日　合祔於建春東郊楊魏墅　先代塋，禮也。恐時移代易，人事遷變。謹芳、行芳等號慟求誌，刻之貞石，以紀芳猷。銘曰：

睦睦柔德，肅肅閨則。中外叶順，坤儀不忒。仁人之母，慈嚴示撫。素儉治家，事不逾矩。迹存人没兮千載芳音，淑質永瘞兮長留厚土。

三三五　大唐故彭城府劉府君（和）墓誌銘

開成三年（八三八）十二月十二日葬。

誌文二十行，滿行字數不等。正書。誌長三十九厘米、寬三十八厘米。

田可封撰。

誌蓋正書：大唐故劉府君墓誌銘

大唐故彭城劉府君墓誌銘并序

彭城劉府君諱和，字韜光，問生之士也。開成三年一月十三日終於東都恭安里第，春秋五十。顓頊之裔，炎漢之胤也。至若祖□，或軒裔登仕，或貞遁在野。榮曜顯晦，記乎史經，此而不書也。公丱齔之歲□奇，性以筆硯爲好。及冠，負大志，早立鄉閭，束髮□□，直道知禮。與仲弟植俱從事於三川，孝友忠良，籍□有洛陽之譽。才推幹蠱，投刃皆虚。甘旨扇枕，榮養於晨昏；酒食賓朋，大開於門館，實後來之彦也。天不與善，人其終壽。凡百君□孰不嘆其賢不終吉也。有子二人，長曰遷郎，幼曰迺郎，皆志性毁瘠，哀號過禮。夫人隴西李氏，髦髮銜恤，悲身未亡。撫視提孩，以奉喪紀。令弟植等情深手足，痛切天倫。空懷共被之思，無復陟崗之嘆。酌禮營葬，稱家有無。即以其年十二月十二日卜兆於洛陽縣三川鄉洛南村　先塋之一隅安窆，禮也。雁門田可封，以夙忝中外，素知厥美。授簡叙述，紀名氏於幽泉。銘曰：

英英彭城，心朗如鏡。哀哉閲川，年始知命。先塋之側，洛水之濱。宿草長茂，泉臺不春。紀名氏兮刻貞珉，萬古蒼蒼兮松柏爲鄰。

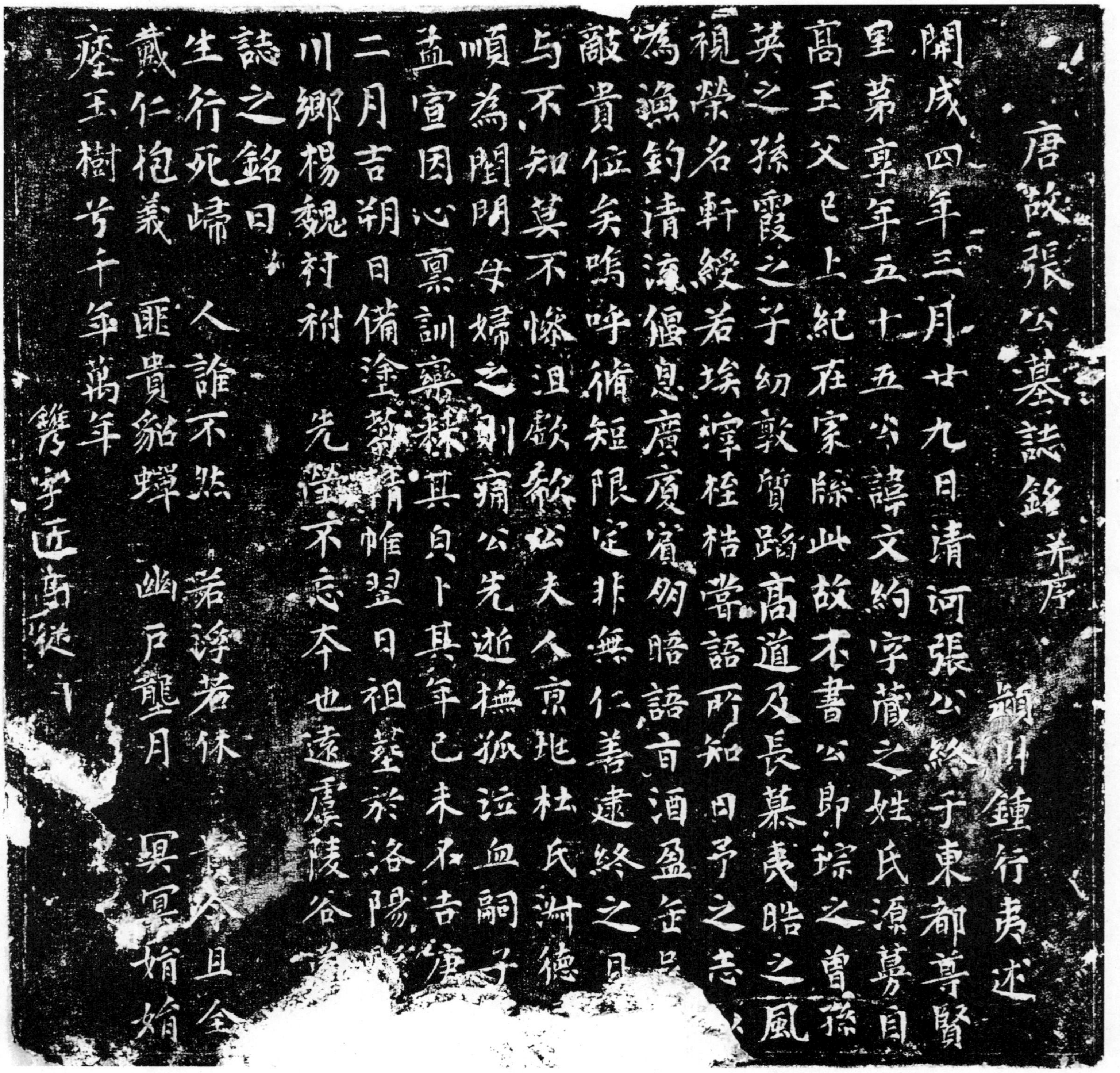

三三六　唐故張公（文約）墓誌銘

開成五年（八四〇）二月二日葬。

誌文十九行，滿行十九字。正書。誌長、寬均三十五厘米。

鍾行夷撰，高從刻。

唐故張公墓誌銘并序

潁川鍾行夷述

開成四年三月廿九日清河張公終於東都尊賢里第，享年五十五。公諱文約，字藏之。姓氏源蔓，自高王父已上紀在家牒，此故不書。公即琮之曾孫，英之孫，霞之子。幼敦質，蹈高道。及長，慕夷皓之風，視榮名軒綬，若埃滓桎梏。嘗語所知曰：「予之志，以爲漁釣清流，偃息廣厦，賓朋晤語，旨酒盈缶，足□敵貴位矣。」嗚呼，脩短限定，非無仁善。逮終之日，□與不知，莫不慘沮歔欷。公夫人京兆杜氏，淑德□順，爲閨門母婦之則。痛公先逝，撫孤泣血。嗣子□孟宣，因心禀訓，欒棘其貌。卜其年己未不吉，庚申二月吉[一]。朔日備塗蒭輤帷。翌日，祖葬於洛陽縣三川鄉楊魏村祔　先塋，不忘本也。遠虞陵谷，遂□誌之，銘曰：

生行死歸，人誰不然。若浮若休，貴令且全。戴仁抱義，匪貴貂蟬。幽户壟月，冥冥娟娟。瘞玉樹兮千年萬年。

鐫字匠高從

〔一〕此處「申」字有損傷。考開成五年爲庚申年，故應爲「庚申」二字。

唐華州華陰縣李主簿墓誌并銘
鄉貢進士 盧谿譔
仁而聰明壽者謂之全其福不壽者謂之不全其福嗚呼
全不全孰爲之孰使之蓋天不可問壽者悅而夭者傷傷
之至者其惟李君與 君諱宗本字子源隴西成紀人也
大王父栢太僕卿王父鷁澤州刺史父悰今任京正少卿 少卿積
德行聞于 當朝君即少卿之第三子也出於彭城劉氏夫人故
壽州盛唐縣令詠其外祖也生而淑美醞藉溫良以 天蔭出
身弱年調補鄭王府參軍次任華州華陰縣主簿雖青春
初冠而提綱佐理白首者不能出其右而又與人言必根本道德
仁義其進退周旋亦未嘗不謹於禮守官尔京國當嵒會五達之要
賓客若流水君一面待之如故人由是親友相賀期於遠途豈
謂光華不永而爲寒暑所中臥疾于江陵開成五年七月十日
竟終于 和平里享年卄 君之二昆皆有長材爲時推擢方
將棣萼連芳榮侍於 積慶之奈何獨萎萃凋零俾攀
龍鱗附鳳翼不見其人矣悲夫以其年十二月十八日歸葬于河
南縣伊汭鄉尹樊里 王父澤州府君之墓左禮也昔顏子短命孔
子哭之漢終軍早夭良史誄之銘嘗沐周旋於君備熟所履將
刻石於泉壤而又君之 元昆以誠請愚又何辭而讓銘曰
甲門宦崇兮代有清風 生而淑美兮光耀其中
孝悌溫良兮人誰與同 長途万里兮轍跡俄窮
今則已矣兮空餘明月青松

三三二七　唐華州華陰縣李主簿（宗本）墓誌

開成五年（八四〇）十二月十八日葬。

誌文二十二行，滿行字數不等。正書。誌長四十一厘米、寬四十·五厘米。

盧谿撰。

誌蓋正書：大唐故李府君墓誌銘

唐華州華陰縣李主簿墓誌并銘

鄉貢進士盧谿譔

仁而聰明，壽者謂之全其福，不壽者謂之不全其福。嗚呼，全不全，孰爲之，孰使之，蓋天不可問。壽者悦而夭者傷，傷之至者，其唯李君與。　君諱宗本，字子源，隴西成紀人也。　大王父栢，太僕卿。王父鷁，澤州刺史。父恬，今任宗正少卿。　少卿積德行，聞於　當朝。君即少卿之第三子也，出於彭城劉氏夫人。故壽州盛唐縣令詠，其外祖也。生而淑美，醖藉温良，以　天蔭出身，髫年調補郯王府參軍，次任華州華陰縣主簿。雖青春初冠，而提綱佐理，白首者不能出其右。而又與人言，必根本道德仁義，其進退周旋，亦未嘗不謹於禮。守官爾京國，當四會五達之要，賓客若流水，君一面待之如故人。由是親友相賀，期於遠途。豈謂光華不永，而爲寒暑所中，卧疾於江陵。開成五年七月十一日竟終於和平里，享年廿四。　君之二昆，皆有長材，爲時推擢。方將棣蕚連芳，榮侍於　積慶之。奈何獨萎萃凋零，俾攀龍鱗，附鳳翼，不見其人矣。悲夫！以其年十二月十八日歸葬於河南縣伊芮鄉尹樊里　王父澤州府君之墓左，禮也。昔顔子短命，孔子哭之。漢終軍早夭，良史誄之。谿嘗沐周旋於君，備熟所履。將刻石於泉壤，而又君之　元昆以誠請愚，又何辭而讓。銘曰：

甲門穹崇兮代有清風，生而淑美兮光耀其中。孝悌温良兮人誰與同，長途萬里兮轍迹俄窮。今則已矣兮空餘明月青松。

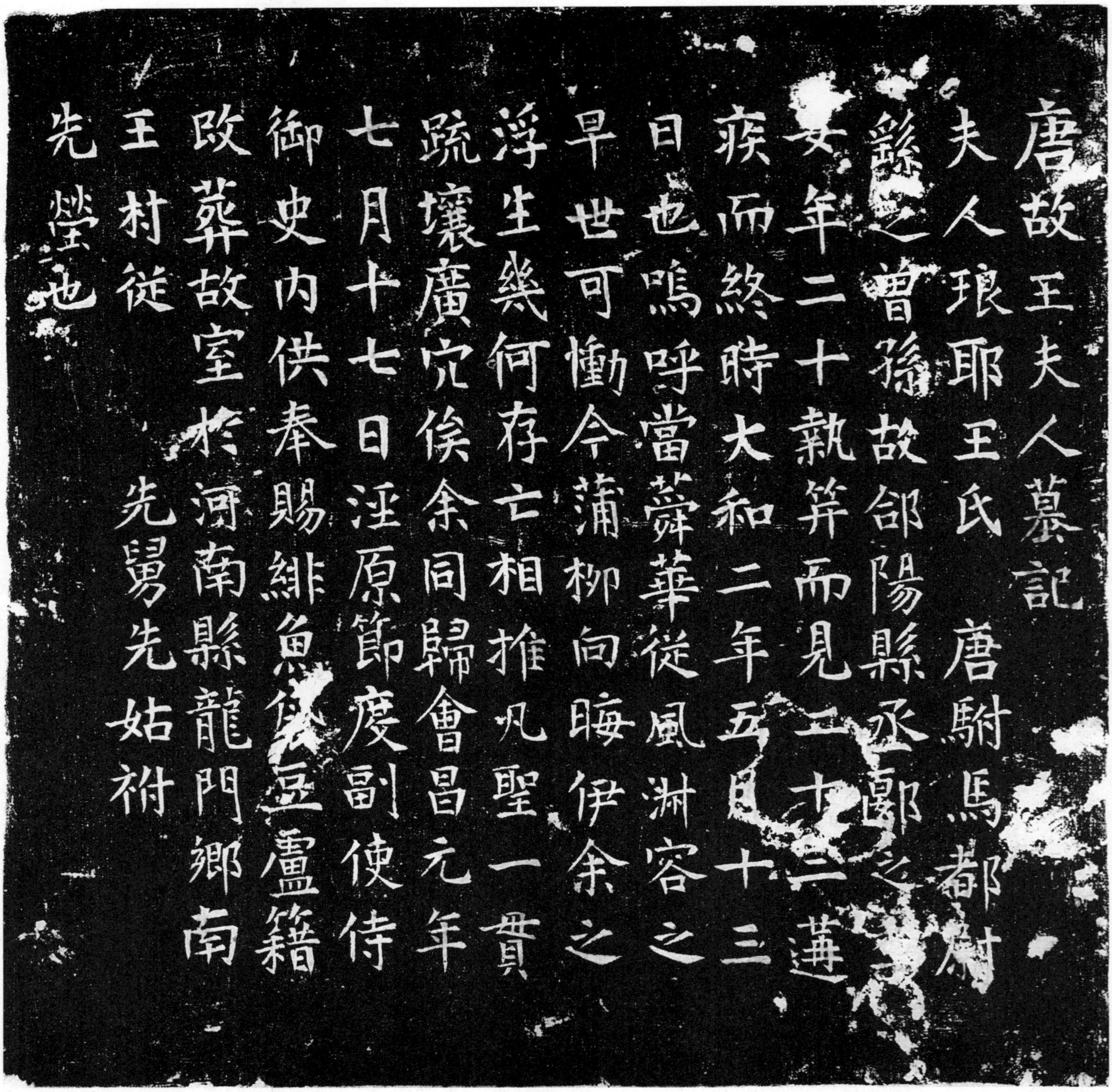
唐故王夫人墓記
夫人琅耶王氏　唐駙馬都尉
繇之曾孫故郃陽縣丞鄭之
女年二十執笄而見二十二遘
疾而終時大和二年五月十三
日也嗚呼當蕣華從風淵容之
早世可慟兮蒲柳向晦伊余之
浮生幾何存亡相推凡聖一貫
踈壤廣穴俟余同歸會昌元年
七月十七日涇原節度副使侍
御史內供奉賜緋魚袋豆盧籍
啟葬故室於河南縣龍門鄉南
王村從　先舅先姑祔
先塋也

三三八　唐故王夫人墓記

會昌元年（八四一）七月十七日葬。

誌文十四行，滿行十二字。正書。誌長、寬均三十六厘米。

豆盧籍撰。

唐故王夫人墓記

夫人琅耶王氏，　唐駙馬都尉繇之曾孫，故郃陽縣丞鄾之季女。年二十，執笄而見。二十三遘疾而終，時大和二年五月十三日也。嗚呼！當蕣華從風，淑容之早世可慟；今蒲柳向晦，伊余之浮生幾何。存亡相推，凡聖一貫。疏壤廣穴，俟余同歸。會昌元年七月十七日涇原節度副使侍御史内供奉賜緋魚袋豆盧籍改葬故室於河南縣龍門鄉南王村，從　先舅先姑，祔　先塋也。

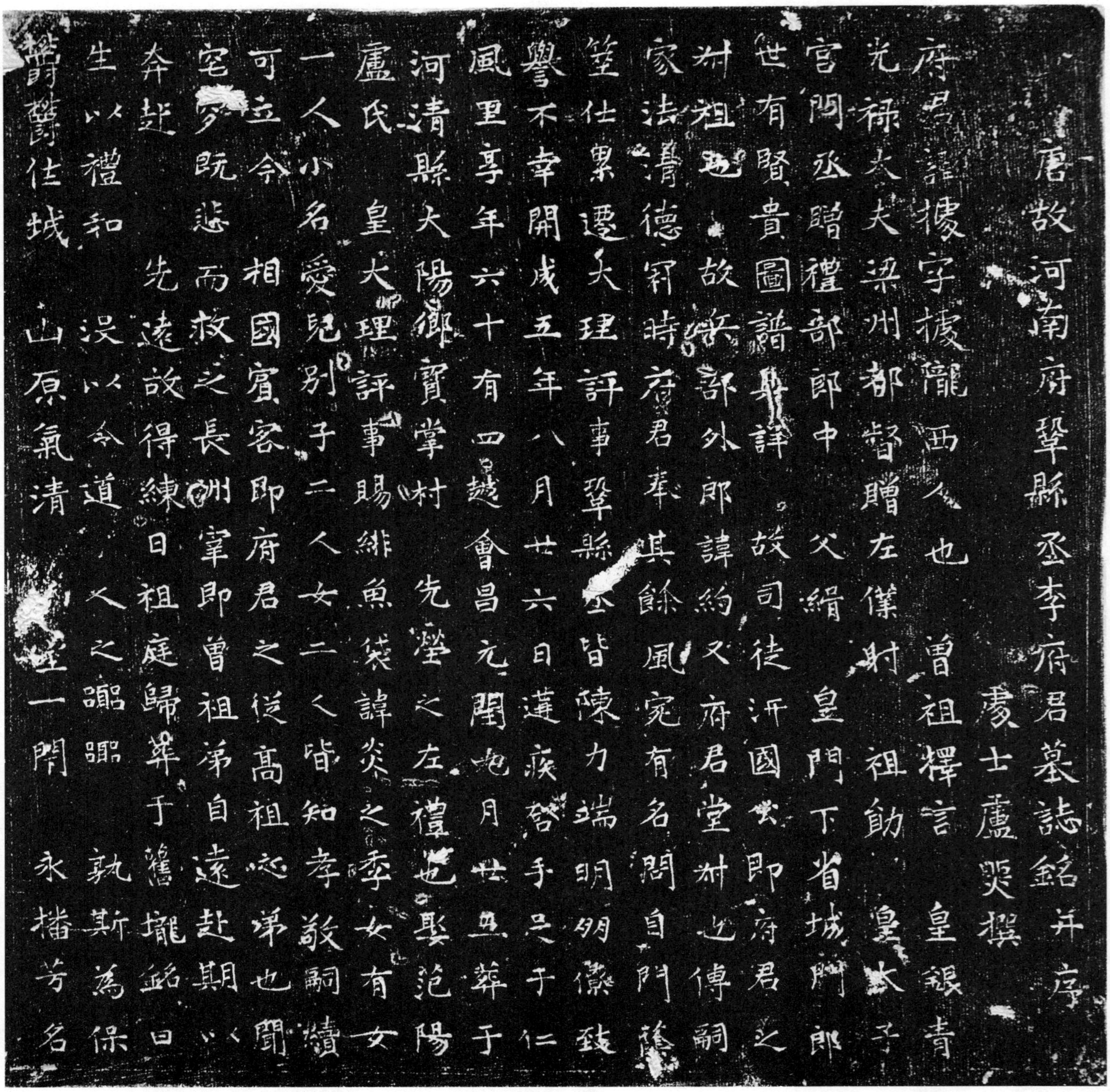
唐故河南府鞏縣丞李府君墓誌銘并序
處士盧㚖撰
府君諱據字據隴西人也　曾祖擇言　皇銀青
光祿大夫梁州都督贈左僕射　祖勔　皇太子
宮門丞贈禮部郎中　父緒　皇門下省城門郎
世有賢貴圖譜具詳　故司徒汧國公即府君之
猶祖也故兵部外郎諱約又府君堂猶也傳嗣
家法清德冠時府君奉其餘風宛有名聞自門蔭
筮仕累遷大理評事鞏縣丞皆陳力端明明儀致
學不幸開成五年八月廿六日遘疾啓手足于仁
風里第年六十有四越會昌元閏九月廿五葬于
河清縣大陽鄉賓掌村　先塋之左禮也娶范陽
盧氏　皇大理評事賜緋魚袋諱炎之季女有女
一人小名愛兒別子二人女二人皆知孝敬嗣續
可立今　相國賓客即府君之從高祖叔弟也聞
宅夕既悲而救之長洲宰即曾祖弟自遠赴期以
奔赴　先遠故得練日祖庭歸葬于舊塋銘曰
生以禮和　沒以令道　人之㗊㗊　孰斯為保
鬱鬱佳城　山原氣清　一閉　永播芳名

三三九　唐故河南府鞏縣丞李府君（據）墓誌銘

會昌元年（八四一）閏九月二十五日葬。

誌文十九行，滿行十九字，正書。誌長、寬均三十七厘米。

盧㚖撰。

唐故河南府鞏縣丞李府君墓誌銘并序

處士盧㬖撰

府君諱據，字據，隴西人也。曾祖擇言，皇銀青光禄大夫、梁州都督，贈左僕射。祖勛，皇太子宫門丞，贈禮部郎中。父緝，皇門下省城門郎。世有賢貴，圖譜具詳。故司徒、汧國公〔一〕，即府君之叔祖也。故兵部外郎諱約，又府君堂叔也。傳嗣家法，清德冠時。府君奉其餘風，宛有名問。自門蔭筮仕，累遷大理評事、鞏縣丞。皆陳力端明，朋僚致譽。不幸開成五年八月廿六日遘疾啓手足於仁風里，享年六十有四。越會昌元閏九月廿五葬於河清縣大陽鄉寶掌村先塋之左，禮也。娶范陽盧氏，皇大理評事，賜緋魚袋諱炎之季女。有女一人，小名愛兒。别子二人、女二人，皆知孝敬，嗣續可立。今相國賓客，即府君之從高祖之弟也，聞窀穸既悲而救之。長洲宰，即曾祖弟。自遠赴期，以奔赴先遠，故得練日祖庭，歸葬於舊壠。銘曰：

生以禮和，没以令道。人之囂囂，孰斯爲保。鬱鬱佳城，山原氣清。□室一閟，永播芳名。

〔一〕「汧國公」即李勉。

大唐故隴西郡君李夫人墓誌
唐會昌四年閏七夕余喪室氏隴西郡君李夫人于西京親仁
里第哭而將絕悼既亡也勉而自理撫猶存也情悲則抑之以
禮心傷則達之以道尚切切思思不能去于懷伊鼓盆而歌者
復何人哉　夫人之父諱芳時為宰歙縣泣官有聞曾祖
愿為給事中北齊尚書左丞徹七世祖也玄元皇帝之與
夫人四十一世矣寶應中丞相杜公鴻漸　夫人之外祖
也始以淑德令儀既余從而追茲四十二年矣撫育慈惠宣仁
導義無一不至者貞元末　夫人丁內外艱前後相差八
九日驚迫號慕一哀一絕以孝以敬殆將奄滅歷旬逾月而水
漿不入於口但追思釋氏精誠祈報心由舌諷靡間停息因是
喪志失魄一旦沮然若大醉者聽其詞觀其狀則倒錯失據
方藥醫而日疾生乎哀攻乎靈臺雖壽且長而神慮不足矣和
與扁亦知其不能理之如初也後果如工之說迨茲幾四十年
夫人之歸馮氏審始成名自進士而歷官給事中其間為郡守
為廉鎮從人之爵亦可言達矣自麻衣而臻乎紫綬為儒者妻
又可去榮矣　夫人之兩封邑從夫之義也復何恨乎
夫人享齡六十有一以其年十月十八日歸葬于東京洛陽縣
邙山之東南禮也生女二人曰璥曰瑤璥適扶風馬文朗瑤適
河南于誠二胥如龍皆一時之名人文士也非女之賢而莫能
配焉有三男曰緘曰鍼曰誠皆修謹業道而緘早昇進士科歷
秘省正字授渭南尉職集賢殿鍼幼誠儁皆酸楚毀瘠充窮
護事盡哀盡敬如慕如疑寔　夫人之德教也噫向之美
迺今之思也向之壽迺今之戚也瞬息至覺寒暑幾罹非插理
者而寧居耶吁其悲也

大唐故
隴西郡
君李夫
人墓誌

三四〇　大唐故隴西郡君李夫人（馮審妻）墓誌

會昌四年（八四四）十月十八日葬。

誌文二十五行，滿行二十四字。正書。誌長五十五・五厘米、寬五十五厘米。

馮審撰。

誌蓋正書：大唐故隴西郡君李夫人墓誌

大唐故隴西郡君李夫人墓誌

唐會昌四年閏七夕，余喪室氏隴西郡君李夫人於西京親仁里第。哭而將絶，悼既亡也；勉而自理，撫猶存也。情悲則抑之以禮，心傷則達之以道。尚切切思思，不能去於懷。伊鼓盆而歌者，復何人哉？　夫人之父諱芳，時爲宰歙縣，莅官有聞。曾祖愿，爲給事中。北齊尚書左丞徹，七世祖也。玄元皇帝之與　夫人四十一世矣。寶應中，丞相杜公鴻漸，　夫人之外祖也。始以淑德令儀，既余從而迨兹四十二年矣。撫育慈惠，宣仁導義，無一不至者。貞元末，　夫人丁内外艱，前後相差八九日。驚迫號慕，一哀一絶。以孝以敬，殆將奄滅。歷旬逾月而水漿不入於口，但追思釋氏，精誠祈報，心由舌諷，靡間停息。因是喪志失魄，一旦沮然，若大醉者。聽其詞，觀其狀，則倒錯失據。捃方藁醫，而曰：「疾生乎哀，攻乎靈臺，雖壽且長，而神慮不足矣。」和與扁亦知其不能理之如初也。後果如工之説，迨兹幾四十年。夫人之歸馮氏審，始成名，自進士而歷官給事中，其間爲郡守、爲廉鎮。從人之爵，亦可言達矣。自麻衣而臻乎紫綬，爲儒者妻，又可云榮矣。　夫人之兩封邑，從夫之義也，復何恨乎？　夫人享齡六十有一，以其年十月十八日歸葬於東京洛陽縣邙山之東南，禮也。生女二人：曰瓛、曰瑤。瓛適扶風馬文朗，瑤適河南于誠。二婿如龍，皆一時之名人文士也。非女之賢而莫能配焉。有三男：曰緘、曰鍼、曰諴，皆修謹業道。而緘早昇進士科，歷秘省正字，授渭南尉，職集賢殿。鍼幼，諴孺，皆酸楚毁瘠，充窮護事。盡哀盡敬，如慕如疑。寔　夫人之德教也。

噫！向之美迺今之思也，向之壽迺今之戚也。瞬息一覺，寒暑幾罹，非棲理者而寧居耶！吁其悲也。

三四一　大唐故雲麾將軍守左金吾衛大將軍上柱國汲縣開國子食邑五百户潁川康公（璀）墓誌銘

會昌五年（八四五）十一月二十九日葬。

誌文三十行，滿行字數不等。正書。誌長、寬均四十六厘米。

張彤撰并書丹。

原石藏洛陽龍門博物館。

誌蓋篆書：大唐故康公墓誌之銘

大唐故雲麾將軍守左金吾衛大將軍上柱國汲縣開國子食邑五百户潁川康公墓誌銘并叙

安定處士張彤纂述并篆

公諱璀，潁川之後也。因　祖從宦，居於中山，今爲高平人矣。裔自姬周之胤，族洎康叔之苗。因封命氏，遂著姓焉。歷乎漢、魏，迄我　聖唐，公侯不絶。九代祖隋朝中山太守、潁川公諱詠，子孫承業，因遂家焉。爰　曾及　祖，皆文武顯達，並著於簡册，故不具載。　烈考故昭義軍都知兵馬使兼監察御史，賜紫金魚袋。藴文業以脩身，效武功而報國。是以特承　恩旨，賜以憲秩，娶　隴西李氏夫人。是生於　公之昆季，其弟　兄早年喪逝，葬於　先塋。公即　侍御之次子也。　公廉讓自處，倜黨不群。以禮義而脩身，竭色養而孝理。負孫吴静難之略，奥黄石受律之謀。令譽播於人倫，聞望顯於鄉黨。故得公侯徵命，致於武幕。元和之初，　憲宗臨軒問罪成德，昭義奉　命以討兇敵。　公每陳策，應略皆捷。諸將推於上功，高名聞於　闕下。恩詔封於功臣，乃授雲麾將軍、試殿中監。八年，加游擊將軍，守左武衛大將軍。　穆宗統極，優勞勲業。又授雲麾將軍、上柱國、汲縣開國子，食邑五百户，充横海軍同節度副使。　敬宗臨御，恩拜銀青光禄大夫。　文宗即位，優效勳臣，加太子賓客，遷天平軍節度副使。開成之初，陳以髦齒，請退丘園，詔允所請。嗟乎！功成名遂，知進知退，誠君子之遠謀也。何圖蒼穹不造，天喪賢良。染疾於旬，奄遘斯禍。薨於河南嘉善里之第宅，享年八十，即會昌五年太歲乙丑七月廿五日庚午。嗣子等　丁此凶憂，肝心毁裂，攀慕　罔極，昊天匪報。　夫人信都甄氏，執莊敬之儀，以奉　舅姑之養。奈何仁而不壽，喪兹賢淑，遘疾崩背。昔大和五年十一月廿九日終於嘉善之宅，享年五十二，卜葬於大和六年壬子歲正月廿六日，安厝於河南府洛陽縣三川鄉北楊魏村。有男四人：長男公液，娶安氏。有男二人，長曰昭郎，幼曰會郎。次男公度，娶王氏。有男一人，字端郎。次男公政，會昌三年無疾而逝，附葬於　先塋。幼男公約。有女二人，長適何氏，四年而喪。幼女十三娘。嗣子等再羅〔一〕此禍，荒迷失次。行號坐哭，營奉　大事。敬遵古典，擇兆安厝。卜筮其年十一月廿九日壬申葬於　舊塋之禮也。未遇大通之歲，今乃同塋别墓，從龜筮也。　窀穸之事，禮崇封樹。其官冤〔二〕德行，及與郡邑，非文記無以示於後裔。尚慮川原變易，無以光顯。故刻於石，昭於玄堂，彰於千古。乃爲銘曰：

耿耿君子，衆傳美聲。轅門效節，功業剋成。退繁樂静，弃罷顯榮。生居趙地，傾喪洛京。體貌翻爲泉下人，高墳鎮守三川月。貞石永記於　玄堂，寂寂長幽松柏闕。

〔一〕「羅」應爲「罹」之誤。

〔二〕「冤」應爲「冕」之誤。

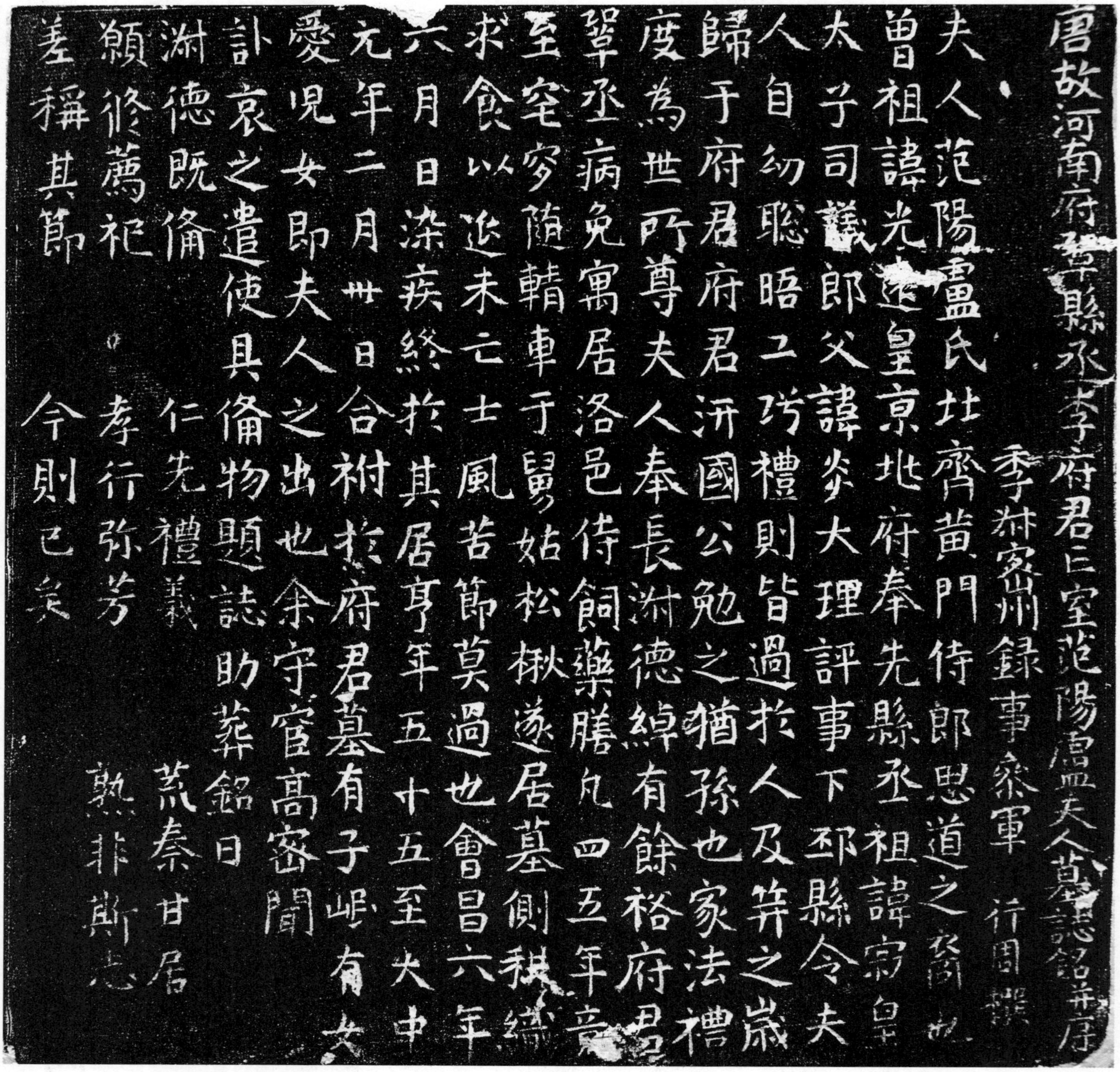

三四二　唐故河南府鞏縣丞李府君（據）亡室范陽盧夫人墓誌銘

大中元年（八四七）二月三十日葬。

誌文十八行，滿行十七字，正書。誌長三十厘米、寬二十九厘米。

盧行周撰。

唐故河南府鞏縣丞李府君亡室范陽盧夫人墓誌銘并序

季叔密州録事參軍　行周撰

夫人范陽盧氏，北齊黄門侍郎思道之裔也。曾祖諱光遠，皇京兆府奉先縣丞。祖諱寂，皇太子司議郎。父諱炎，大理評事、下邳縣令。夫人自幼聰晤，工巧禮則，皆過於人。及笄之歲，歸於府君。府君，汧國公勉之猶孫也。家法禮度，爲世所尊。夫人奉長淑德，綽有餘裕。府君鞏丞，病免寓居洛邑。侍飼藥膳，凡四五年，竟至窀穸。隨輤車於舅姑松楸，遂居墓側。耕織求食，以延未亡。士風苦節，莫過也。會昌六年六月日染疾，終於其居，享年五十五，至大中元年二月卅日合祔於府君墓。有子岷，有女愛兒。女即夫人之出也。余守宦高密，聞　訃哀之，遣使具備物，題誌助葬。銘曰：

淑德既備，仁先禮儀。荒秦甘居，願修薦祀。孝行彌芳，熟非斯志。差稱其節，今則已矣。

三四三　唐故天水尹府君（審則）墓誌銘

大中元年（八四七）四月九日葬。
誌文三十行，滿行三十字。正書。誌長、寬均四十六厘米。
李景伸撰。

唐故天水尹府君墓誌銘并序

鄉貢進士隴西李景仲譔

尹審則，字可之，漢河東太守翁歸廿六代孫。　曾祖應時，爲　唐給事中，與蘇瓌、李嶠同時，頗有令名振於世。　朝庭屬因歸心，以動作必合於典彝。至於相政不循其道者，論駁無避憚，人亦益畏之。　祖忠，　皇朝代州別駕。卒官、清資、歷仕，皆有令譽，不能具載。　皇父宏，不縈世禄。　公七歲，訟詩百篇。及冠，好學不倦，多奇略，聞於人。會潞帥范陽公從史〔一〕知之，日延於便室，議當代之事，咸有所得。賦詞發策，人莫不驚。范陽公加愛之，與論古道，節概甚高，潛蘊駐繫之意。以　公材峻氣英，遂名職於戎間。付殊權，厚俸給。旋總兵馬事，　奏誠憲　太子詹事。值護軍誣惡，以叛狀　奏，其從史竟以此負讒而終。公嘆曰：「吾始以范陽公之知我也。公今已矣，子何向焉？」遂弃職，歸洛陽別業。嗚嘑！時不時，俾　公志未宣，名不揚於後，其不恨哉！儻居得位，遭其時，使之籌畫無下於子房，使之破敵不愧於韓信，使之規度何謝於酇侯。計其用不用，遇不遇也。所以前代論者以　漢高爲得時之人。俾　秦皇二世崇穆公、孝公之道，漢祖乃沛上一翁耳，此豈虚語哉！是以士之産於世，苟不得行其道，遂其志。亦時耶！命耶！使　公以儒術立身，則又必能繼孟軻、荀鄉〔二〕、楊雄之旨，力持章句，闡聖人之道，光賢人之業，爲仁義之本固也。矧　公以文武兼才，不爲世之大用。遂樂山水、耽翫遊，不復志於名禄之内。縱逸自任，雅有晉代胡、劉、阮、蔡之風。迹符聖人進退之道耳，其所可謂達伯者也。以會昌二年壬戌歲三月廿八日亡於龍城郡馬平縣安定里，享年六十有五。以其年四月十八日權厝當州。至會昌六年正月廿七日重啓舉發引歸故鄉，葬於河南府洛陽縣感德鄉伊川里之源〔三〕，禮也。娶　夫人太原王氏，　夫人不幸以元和三年戊子歲八月十五日先没，早葬於兹。大中元年歲次丁卯四月乙未朔九日癸卯在　大塋之内，乃合祔焉。有子三人。長曰行已，應進士舉，甚有人望。仲曰行本，香〔四〕曰行章。並皆號訴殞絶，哀慼行人。　公後娶瑯琊王氏，先　公而卒，亦葬　大塋東邊。生女一人，適濮陽　吴氏，之先　公而亡。景仲才拙智愚，承　公久念。謹直書其事，無愧陋辭。乃爲銘曰：

天有大道，無軌無轍。公能履之，不磨不滅。茹義涵仁，唯所施設。如珪如璋，非毀安折。公今永歸，克有休烈。噫嘻萬年，耿光誌碣。

〔一〕「范陽公從史」即盧從史。
〔二〕「鄉」應爲「卿」之訛誤。
〔三〕「源」應爲「原」之訛誤。
〔四〕「香」應爲「季」之訛誤。

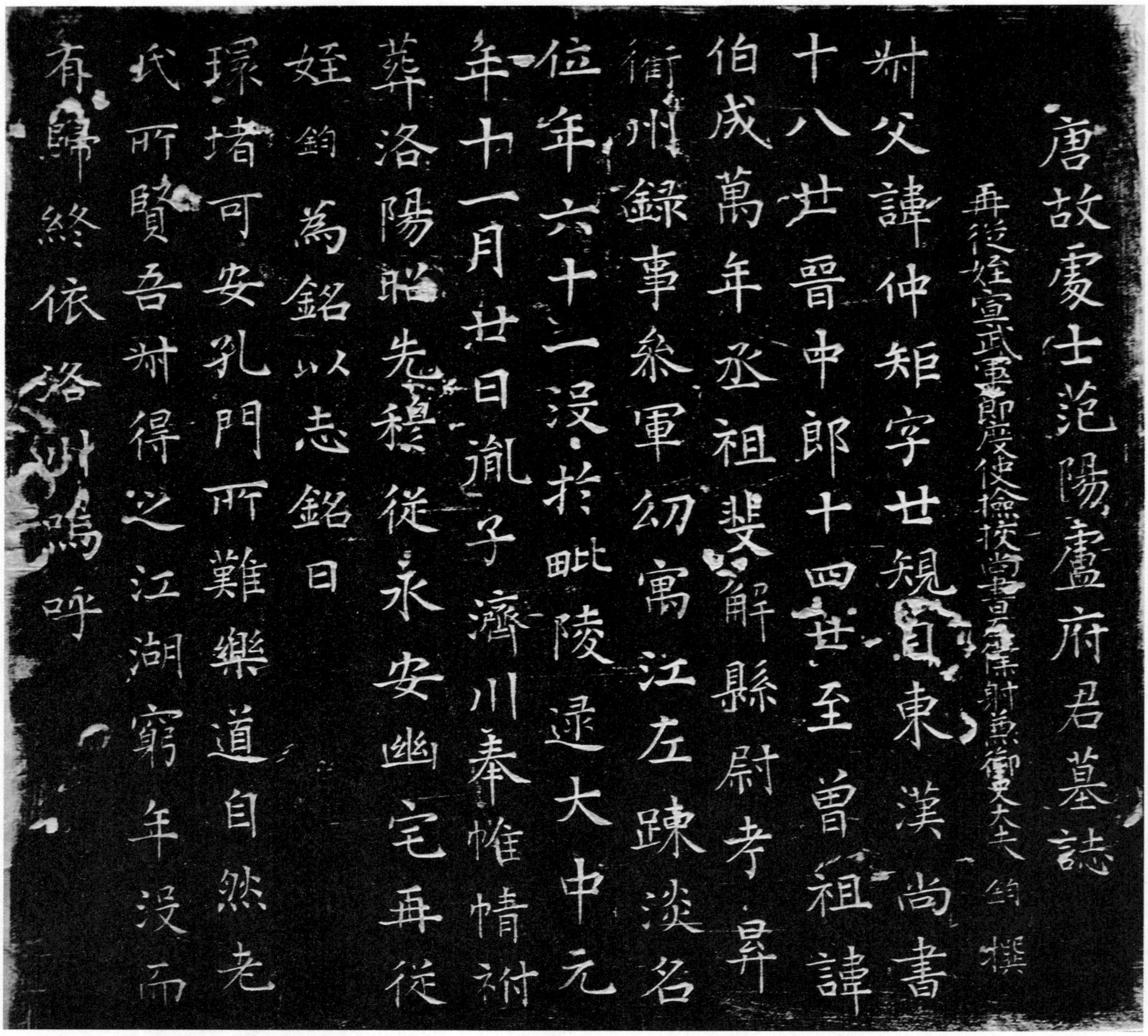
唐故處士范陽盧府君墓誌
再從姪宣武軍節度使檢校尚書左僕射兼御史大夫 鈞 撰
府君諱仲矩字廿規自東漢尚書
十八廿晉中郎十四廿至曾祖諱
伯成萬年丞祖斐解縣尉考昇
衛州錄事參軍幼寓江左踈淡名
位年六十二沒於毗陵逮大中元
年十一月廿日胤子濟川奉帷情祔
葬洛陽昭先穆從永安幽宅再從
姪鈞為銘以志銘曰
琢堵可安孔門所難樂道自然老
氏所賢吾府得之江湖窮年沒而
有歸終依洛陽嗚呼

三四四 唐故處士范陽盧府君（仲矩）墓誌

大中元年（八四七）十一月二十日葬。

誌文十三行，滿行字數不等。正書。誌長三十五厘米、寬三十三·五厘米。

盧鈞撰。

唐故處士范陽盧府君墓誌

再從姪宣武軍節度使檢校尚書左僕射兼御史大夫鈞撰

叔父諱仲矩，字世規。自東漢尚書十八世，晉中郎十四世。至曾祖諱伯成，萬年丞。祖斐，解縣尉。考昇，衢州録事參軍。幼寓江左，疏淡名位。年六十一，没於毗陵。逮大中元年十一月廿日，胤子濟川奉帷幄祔葬洛陽。昭先穆從，永安幽宅。再從姪鈞，爲銘以志。銘曰：

環堵可安，孔門所難。樂道自然，老氏所賢。吾叔得之，江湖窮年。没而有歸，終依洛川。嗚呼！

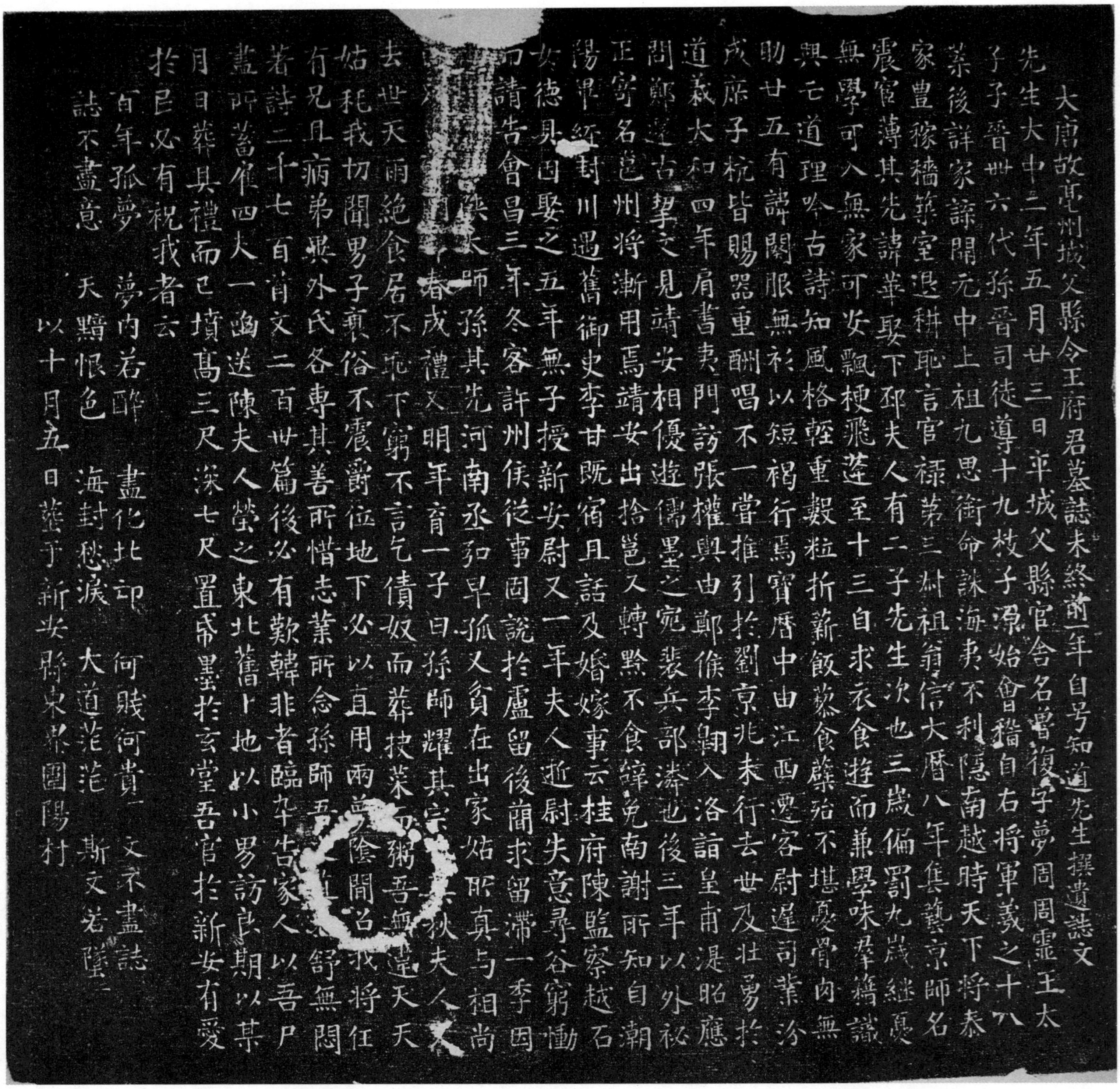
大唐故亳州城父縣令王府君墓誌未終前一年自号知道先生撰遺誌文
先生大中二年五月廿三日卒城父縣官舍名魯復字夢周周靈王太
子子晉卌六代孫晉司徒尊十九枝子源始會稽自右將軍羲之十八
葉後詳家諜開元中上祖九思銜命誅海夷不利隱南越時天下將泰
家豐稼穡第室退耕恥言官祿第三村祖翁信大曆八年集藝京師名
震官薄其先諱華娶下邳夫人有二子先生次也三歲偏罰九歲繼憂
無學可入無家可安飄梗飛蓬至十三自求衣食遊而兼學味章觽識
興亡道理吟古詩知風格輕重穀粒折薪飯蔡食蘖殆不堪憂骨肉無
助廿五有諱闋服無衣以短褐行焉寶曆中由江西還容尉遲司業汾
戍庶子柷皆賜器重酬唱不一嘗推引於劉京兆未行去世及壯勇於
道義太和四年肩書夷門謁張權輿由鄭條李翺入洛詣皇甫湜昭應
問鄭逢古挈之見靖安相優遊儒墨之宛裴兵部濤迎後三年以外祝
正寄名邕州將漸用焉靖安出捨邕又轉黔不食漳免南謝所知自潮
陽界經封川遇舊御史李甘既宿且話及婚嫁事云桂府陳監察越石
女德具因娶之五年無子授新安尉又一年夫人逝尉失意尋谷窮慟
叩請告會昌三年冬客許州侯從事固說於盧留後留求留滯一季因
[illegible]陳大師孫其先河南丞弘早孤又貧在出家姑所真与相尚
[illegible]春成禮又明年育一子曰孫師耀其宗[illegible]秋夫人[illegible]
去世天雨絕食居不恥下窮不言乞債奴而葬挾菜[illegible]粥吾無還天天
姑托我切聞男子襄俗不震爵位地下必以直用兩曹陰間召我將任
有兄且病弟典外氏各專其善所惜志業所念孫師吾[illegible]舒無悶
著詩二十七首文二百卌篇後必有歎韓非者臨卒告家人以吾尸
盡所蓄作四大一函送陳夫人塋之東北舊卜地以小男訪良期以某
月日葬具禮而已墳高三尺深七尺置帋墨於玄堂吾官於新安有愛
於邑必有祝我者云
百年孤夢　夢內若醉　盡化北邙　何賤何貴　文不盡誌
誌不盡意　天黯恨色　海封愁淚　大道茫茫　斯文若墜
以十月五日葬于新安縣東界圖陽村

三四五　大唐故亳州城父縣令王府君（魯復）墓誌

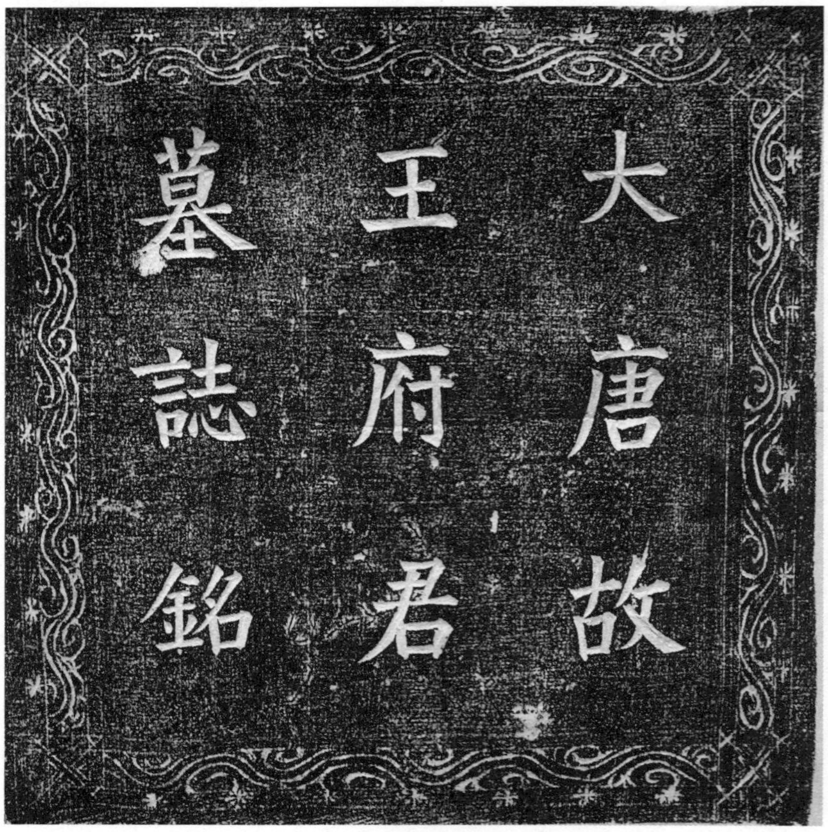
大唐故王府君墓誌銘

大中二年（八四八）十月五日葬。
誌文二十八行，滿行二十七字。正書。誌長、寬均四十厘米。
王魯復撰。
原石藏鞏義馬氏一葦草堂。
誌蓋正書：大唐故王府君墓誌銘

大唐故亳州城父縣令王府君墓誌

未終前一年自號知道先生撰遺誌文

先生大中二年五月廿三日卒城父縣官舍，名魯復，字夢周。周靈王太子晉卌六代孫，晉司徒導十九枝子。源始會稽，自右將軍羲之十八葉，後詳家諜。開元中，上祖九思，銜命誅海夷不利，隱南越。時天下將泰，家豐稼穡，築室退耕，恥言官禄。第三叔祖翁信，大曆八年集藝京師，名震宦簿。其先諱華，娶下邳夫人，有二子，先生次也。三歲偏罰，九歲繼憂。無學可入，無家可安，飄梗飛蓬至十三。自求衣食，遊而兼學。味群籍，識興亡道理；吟古詩，知風格輕重。數粒折薪，飯藜食蘖，殆不堪憂，骨肉無助。廿五有諱，闋服無衫，以短褐行焉。寶曆中，由江西還客。尉遲司業汾，成庶子杭皆賜器重，酬唱不一。嘗推引於劉京兆[一]，未行去世。及壯，勇於道義。大和四年，肩書夷門，訪張權輿。由鄭侯李翱入洛詣皇甫湜，昭應問鄭還古，挈文見靖安相[二]，優游儒墨之苑，裴兵部潾也。後三年，以外秘正寄名邕州，將漸用焉。靖安出捨邕，又轉黔。不食，辭免，南謝所知。自潮陽畢經封川，遇舊御史李甘。既宿，且話及婚嫁事，云桂府陳監察越石女德具，因娶之，五年無子。授新安尉。又一年，夫人逝。尉失意，尋谷窮慟而請告。會昌三年冬，客許州。侯從事固説於盧留後簡求，留滯一季。因□□□陝太師孫，其先河南丞弘，早孤又貧，在出家姑所，真與相尚，□□□□□春，成禮。又明年，育一子曰孫師，耀其宗□。□秋，夫人□去世。天雨絶食，居不恥下，窮不言乞。債奴而葬，抉菜而粥。吾無違天，天姑耗我。切聞男子，衰俗不震。爵位地下，必以直用。兩夢陰間，召我將任。有兄且病，弟異外氏。各專其善，所惜志業。所念孫師，吾□□舒無悶。著詩二千七百首，文二百卅篇，後必有嘆韓非者。臨卒，告家人以吾尸盡所蓄，雇四夫一函，送陳夫人塋之東北舊卜地。以小男訪良期，以某月日葬，具禮而已。墳高三尺，深七尺，置紙墨於玄堂。吾官於新安，有愛於民，必有祝我者云：

百年孤夢，夢内若醉。盡化北邙，何賤何貴。文不盡誌，誌不盡意。天黯恨色，海封愁淚。大道茫茫，斯文若墜。

以十月五日葬於新安縣東界圍陽村

[一] 據《唐刺史考全編》卷二《京兆府下》，此「劉京兆」即劉栖楚。

[二] 「靖安相」即文宗朝宰相李宗閔，因居住長安靖安坊，以坊望稱。

唐故宣州旌德縣丞崔府君墓誌銘并序
堂外甥前荊南節度推官朝散郎試太常寺太祝盧超撰
公諱鄭字魯卿清河小房神農之裔代著德業克保官婚史傳譜
諜榮美具載曾祖紹皇鄆州刺史祖顏皇大理正贈秘書監
父義皇洛陽縣令妣范陽盧夫人其先汝州長史諱蒙夫人生
三子皆早謝役實公之先不傳嫡嗣公性退靜不競浮華處家極
嚴臨事奉敬雖歷官秩如在山野之趣出曾領務復無曠闕之虞
蔭補三衛釋褐徐州滕縣尉選授杭州餘杭尉秩滿旅遊宣城廉
察崔公龜從重公器能籍公佐理假尉旌德因寓居焉大中元年
復調選求便於家請授旌德縣丞親愛非其叙遷而公欣然自得
蓋不以才進為意苟吾泰而已矣公清白明幹立身揚名寬以申
覽必息孜孜勤恪如理家焉大中三年主領貢賦五萬獻于京師
迴駕歸官道路遘疾備服百藥竟至不痊十月廿二日卒於東都
長夏門外堂子姪莊享年六十六明年四月廿四日歸葬偃師縣
亳邑鄉祁原祔先塋禮也夫人滎陽鄭氏其先洛陽縣令諱鈞
先公下世已二周歲權厝旌德縣未克合祔夫人生男五人皆早
亡生女二人長女適前河南府功曹參軍李幢次女楮兒別女二
人長曰嫣娘次曰宣兒別子二人長子方壯不幸早殁少子先於
公前一月而亡嗚呼公善善無報何負神明惣絕胤嗣從祖諸姪
商較命孫璟加麻主奠公自奉使抵于京都從校輿侍湯藥唯
孝唯謹及公捐館泣血在旁其孫也大事無不周即子胥趙郡
李幢主辦以申半子之禮託超紀其事實超列在甲行得以銜哀
為誌銘曰　陶陶山野得丞之真何慮何營心樂道伸緌纓有
子男無人孫主奠兮麻其巾孰不哀兮心酸辛
大中四年四月十五日堂子姪文林郎前越州蕭山縣尉坡書

三四六　唐故宣州旌德縣丞崔府君（鄭）墓誌銘

大中四年（八五〇）四月二十四日葬。

誌文二十五行，滿行二十五字。正書。誌長、寬均四十七厘米。

盧超撰，崔坡書。

誌蓋正書：唐故旌德崔府君墓銘

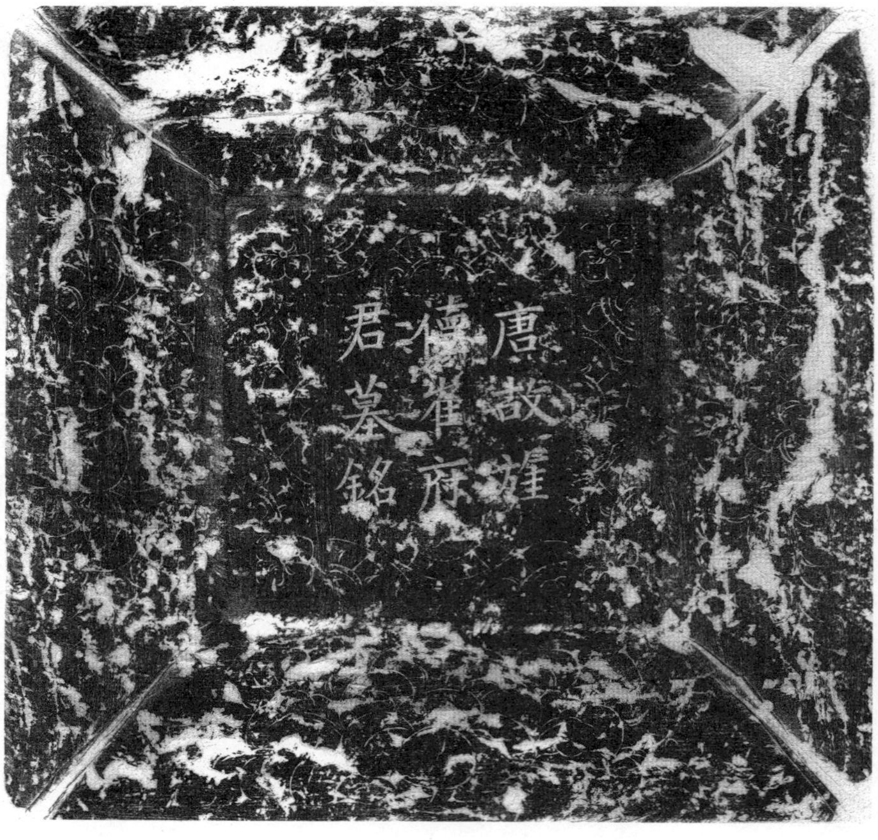

唐故宣州旌德縣丞崔府君墓誌銘并序

堂外甥荊南節度推官朝散郎試太常寺太祝盧超撰

公諱鄲，字魯卿，清河小房，神農之裔。代著德業，克保官婚。史傳譜諜，榮美具載。曾祖紹，皇鄆州刺史。祖顔，皇大理正、贈秘書監。父義，皇洛陽縣令，妣范陽盧夫人，其先汝州長史諱寰。夫人生三子，皆早謝殁。實公之先，不傳嫡嗣。公性退静，不競浮華。處家極嚴，臨事至敏。雖歷官秩，如在山野之趣；坐曹領務，復無曠闕之虞。蔭補三衛，釋褐徐州滕縣尉，選授杭州餘杭尉。秩滿，旅遊宣城。廉察崔公龜從重公器能，籍公佐理，假尉旌德，因寓居焉。大中元年，復調選，求便於家，請授旌德縣丞。親愛非其叙遷，而公欣然自得，蓋不以寸進爲意，苟吾泰而已矣。公清白明幹，立身揚名。冤必申，濫必息。孜孜勤恪，如理家焉。大中三年，主領貢賦五萬，獻於京師。返駕歸官，道路遘疾，備服百藥，竟至不痊。十月廿二日卒於東都長夏門外堂子姪莊，享年六十六。明年四月廿四日歸葬偃師縣亳邑鄉祁原，祔　先塋，禮也。夫人滎陽鄭氏，其先洛陽縣令諱鈁。先公下世，已二周歲，權厝旌德縣，未克合祔。夫人生男五人，皆早亡。生女二人，長適前河南府功曹參軍李懽，次女赭兒。別女二人，長曰嬌娘，次曰宣兒。別子二人，長子方壯，不幸早殁；少子先於公前一月而亡。嗚呼！公善善無報，何負神明。總絶胤嗣，從祖諸姪商較命孫璟，加麻主奠。公自奉使，抵於京都。　從板輿，侍湯藥，唯孝唯謹。及公捐館，泣血在旁，其孫也。大事事無不周，即子婿趙郡李懽。主辦以申半子之禮，託超紀其事實。超列在卑行，得以銜哀爲誌。銘曰：

陶陶山野，得天之真。何慮何營，心樂道伸。緹纓有兮男無人，孫主奠兮麻其巾，孰不哀兮心酸辛。

大中四年四月十五日堂子姪文林郎前越州蕭山縣尉坡書

三四七　唐河南府陽翟縣麥秀鄉龍懷村故京兆杜府君（浪）墓誌銘

大中四年（八五〇）十月五日葬。

誌文二十二行，滿行字數不等。正書。誌長三十九厘米、寬三十七厘米。

唐河南府陽翟縣麥秀鄉龍懷村故京兆杜府君墓誌銘

府君杜氏，名浪，字孝悌，京兆人也。始自陶唐之胤嗣，由是興焉。績熙清崇，學深千古。討論魯史，議引《春秋》。序宣聖之輝猷，樹齊晉之藩屏。 府君即注《春秋》之後諸孫也。自 高祖三代並匡社稷，燮贊陰陽，載乎史册。 皇考泆，文通三禮，諸子百家，無不該覽。利詞辯口，高其性情。夙無弟兄，獨承 嚴訓。時屬兩都騰沸， 鑾駕移京， 侍於甘旨。 府君即其次子也。以家門不仕，播植丘園。唯孝友于，是與爲政同也。夫世之事，有學而知之者有矣，夫知而不行者有矣夫。 府君心靈即異於是，知而能行之，行而能用之。故曰：知名而不名，知利而不利，道者歟。 府君固能而全之矣。不名不利，不辱其身。見義而有勇，有急難濟時之諒。

府君永襲德門，崇隆炳煥。文武冠劍，代有人焉。守道而安，唯公圖已哉。禍之與福，苦於天命。富之與貴，不□道得之不處。宗族稱孝焉，朋友稱悌焉。嗚呼！大夜有涯，纏瘵累月，百藥無愈。以大中初祀十二月十八日奄逝於私第，享年六十有九。有子二人，長曰繕，仲曰縝。咸俱仁孝，幾於滅性。府君存日，因卜崗原。二子敬□□依 先旨，悉禮咸備。故曰：三年無改於父之道，孝之終也。以大中季歲十月五日葬於玆地。余即府君之手足，同氣連友。聊彰言行於生前，紀幽冥於身後，其銘曰：

門生傑人，名芳德盛。含弘其心，豁達其性。利物濟時，江山可並。布惠施情，中外承慶。宗族光華，閭閻龜鏡。大夜有涯，蒼穹無恙。復魄土中，歸魂天上。行路悲嗟，親族悽愴。執手垂淚，銜哀會葬。龍掌徘徊，蟬聯阜堆。乾崗舊卜，庚穴新開。孤嗣匍匐，敬獻如謀。月色長苦，松風轉哀。留一名於千古，題八字於泉臺。

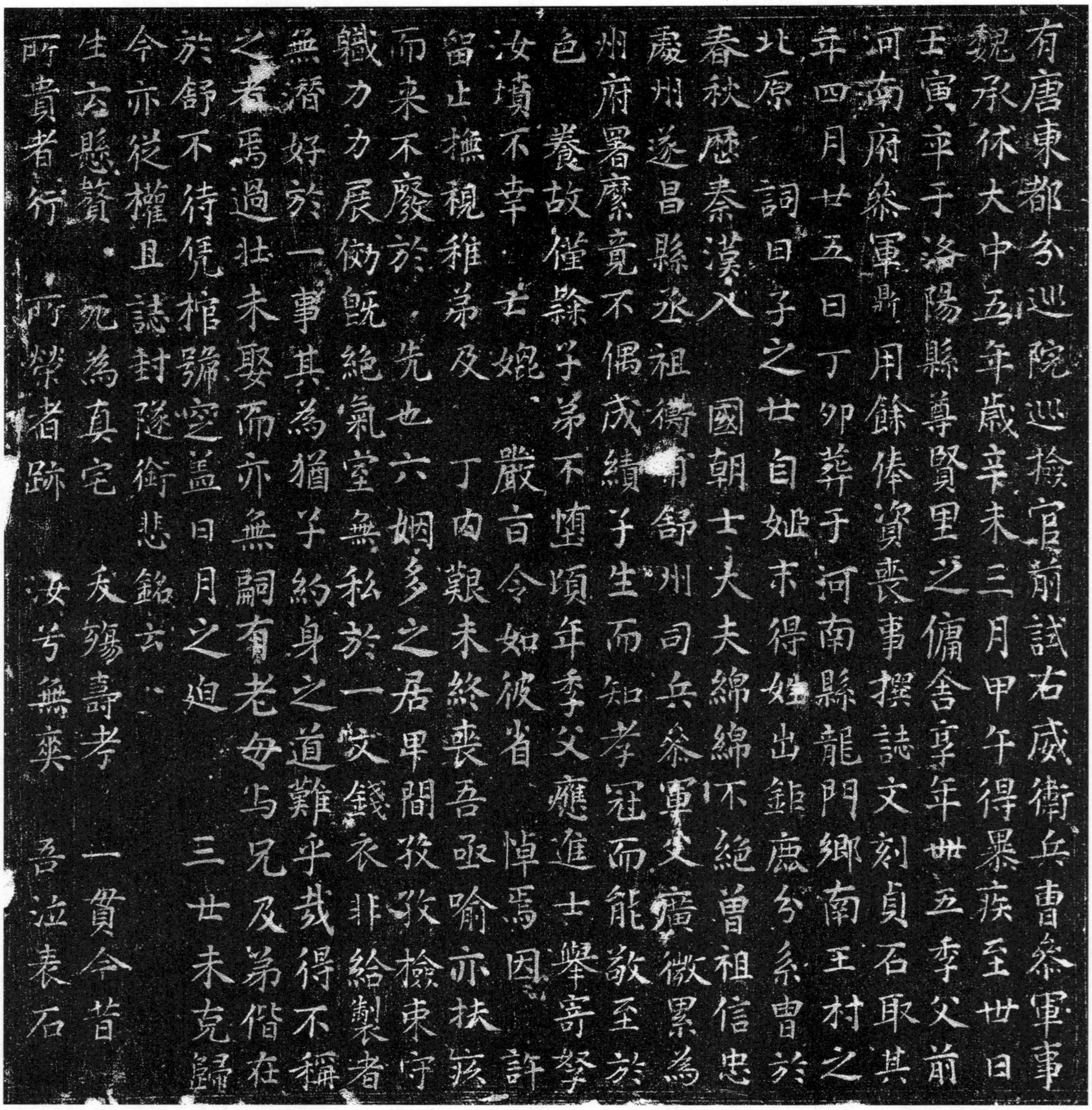
有唐東都分巡院巡檢官前試右威衛兵曹參軍事
魏承休大中五年歲辛未三月甲午得纍疾至廿日
壬寅卒于洛陽縣尊賢里之傭舍享年卌五季父前
河南府參軍鼎用餘俸資喪事撰誌文刻貞石取其
年四月廿五日丁卯葬于河南縣龍門鄉南王村之
北原　詞曰子之廿自姚末得姓出鉅鹿分系曹於
春秋歷秦漢入　國朝士大夫綿綿不絕曾祖信忠
處州遂昌縣丞祖衛□鄧州司兵參軍父廣微累為
州府署纍竟不偶成績子生而知孝冠而能敬至於
色養故僅餘子弟不墮頃年季父應進士舉寄孥
汝墳不幸　亡妣　嚴旨令如彼省悼焉因許
留止撫視稚弟及　丁内艱未終喪吾亟喻亦扶疚
而來不廢於先也六姻多之居畢間孜孜檢束守
職力力展効既絕氣室無私於一文錢衣非給製者
無濟好於一事其為猶子約身之道難乎哉得不稱
之者焉過壯未娶而亦無嗣有老母与兄及弟偕在
於鄧不待凭棺歸窆蓋日月之迫　三世未克歸
令亦從權且誌封隧銜悲銘云　友殤壽考　一貫今昔
生有懸贅　死為真宅　汝兮無爽　吾泣表石
所貴者行　所榮者跡

三四八　唐東都分巡院巡檢官前試右威衛兵曹參軍事魏承休墓誌

大中五年（八五一）四月二十五日葬。

誌文二十行，滿行二十字。正書。誌長三十五厘米、寬三十六厘米。魏鼎撰。

誌蓋篆書：大唐鉅鹿魏府君墓銘

有唐東都分巡院巡檢官、前試右威衛兵曹參軍事魏承休大中五年歲辛未三月甲午得暴疾，至卅日壬寅卒於洛陽縣尊賢里之傭舍，享年卌五。季父前河南府參軍鼎，用餘俸資喪事，撰誌文，刻貞石。取其年四月廿五日丁卯葬於河南縣龍門鄉南王村之北原。詞曰：子之世自姬末得姓，出鉅鹿，分系胄於春秋，歷秦漢入　國朝，士大夫綿綿不絶。曾祖信忠，處州遂昌縣丞。祖衡甫，舒州司兵參軍。父廣微，累爲州府署縻，竟不偶成績。子生而知孝，冠而能敬。至於色　養，故僅隸子弟不墮。頃年，季父應進士舉，寄孥汝墳，不幸　亡媿。　嚴旨令如彼省　悼焉。因許留止，撫視稚弟。及　丁内艱，未終喪，吾亟喻，亦扶疚而來，不廢於　先也，六姻多之。居卑問，孜孜檢束守職，力力展傚。既絶氣，室無私於一文錢，衣非給製者，無濳好於一事。其爲猶子，約身之道，難乎哉！得不稱之者焉？過壯未娶，而亦無嗣。有老母與兄及弟偕在於舒，不待憑棺號窆，蓋日月之迫，　　三世未克歸，今亦從權。且誌封隧，銜悲銘云：

生云懸贅，死爲真宅。夭殤壽考，一貫今昔。所貴者行，所榮者迹。汝兮無爽，吾泣表石。

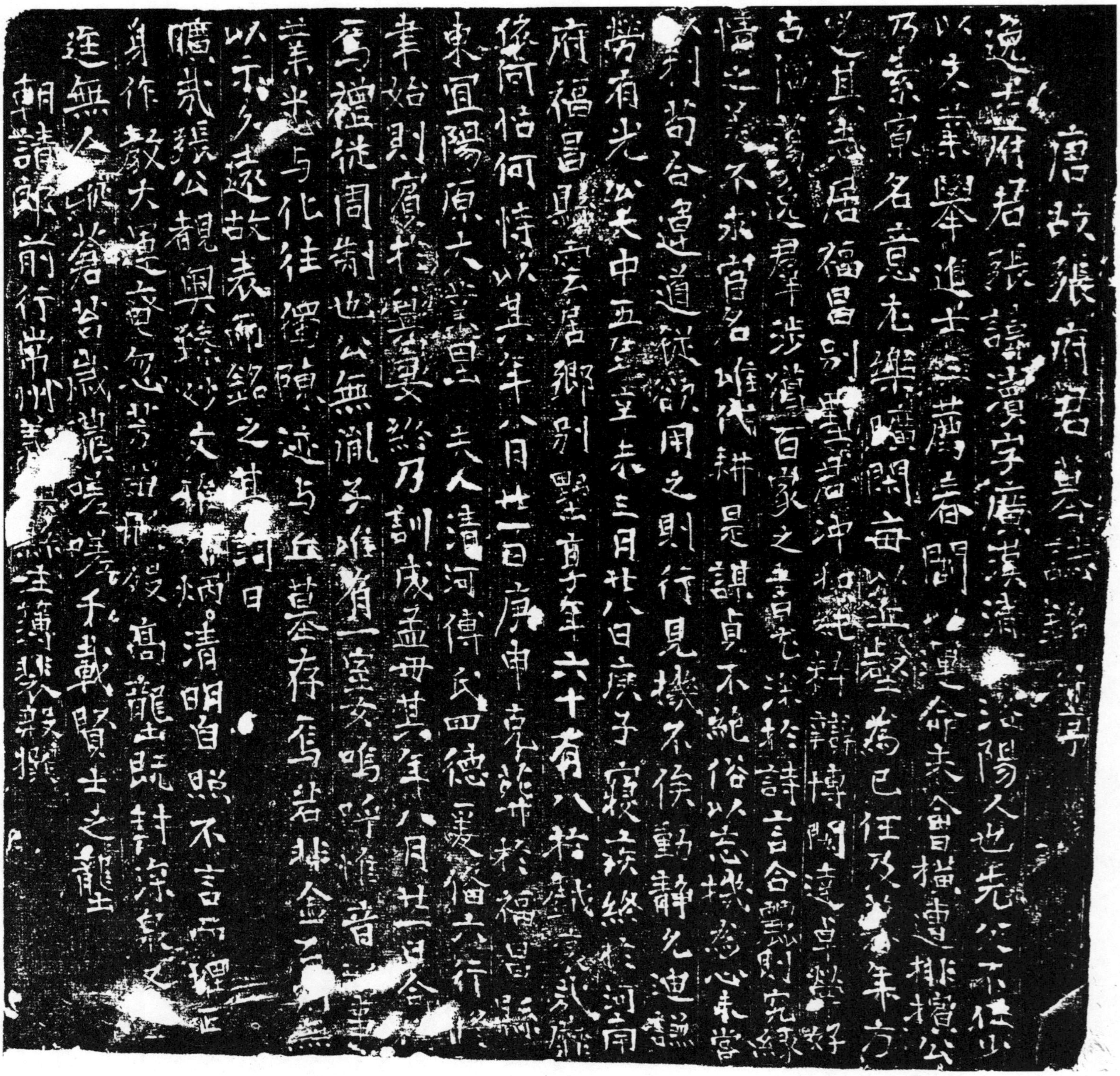

三四九　唐故張府君（瀆）墓誌銘

大中五年（八五一）八月二十一日葬。

誌文二十行，滿行字數不等。正書。誌長、寬均三十六厘米。裴殷撰。

誌蓋篆書：唐故清河張府君墓誌

唐故張府君墓誌銘并序

逸士府君張諱濆，字廣漢，清□洛陽人也。先父不仕，少以文業舉進士，三薦春闈以運命未會，橫遭排擯，公乃素寡名意，尤樂曠閑。每以丘壑爲己任。及暮年方圖其志，居福昌別墅。君沖和純粹，辯博閎達。卓犖好古，儻蕩逸群。涉獵百家之書，尤深於詩。言合麗則，究緣情之美。不求宦名，唯代耕是謀，貞不絶俗，以忘機爲心。未嘗以利苟合，違道從欲。用之則行，見機不俟。動静允迪，謙勞有光。公大中五年辛未三月廿八日庚子寢疾終於河南府福昌縣雲居鄉別墅，享年六十有八。於戲！哀哉靡依，何怙何恃。以其年八月廿一日庚申克葬於福昌縣東宜陽原大業里。　夫人清河傅氏，四德爰備，六行修聿。始則賓於冀妻，終乃訓成孟母。其年八月廿一日合祔焉，禮從周制也。公無胤子，唯有一室女。嗚呼！惟音□事業，悉與化往，獨陳迹與丘墓存焉。若非金石則無以示久遠，故表而銘之。其詞曰：

曠哉張公，睹奥臻妙。文雅□炳，清明自照。不言而理，正身作教。大運奄忽，芳留形殁。高壟既封，深泉又□。徑無人蹤，蒼苔歲濃。嗟嗟千載，賢士之壟。

朝請郎前行常州義興縣主簿裴殷撰

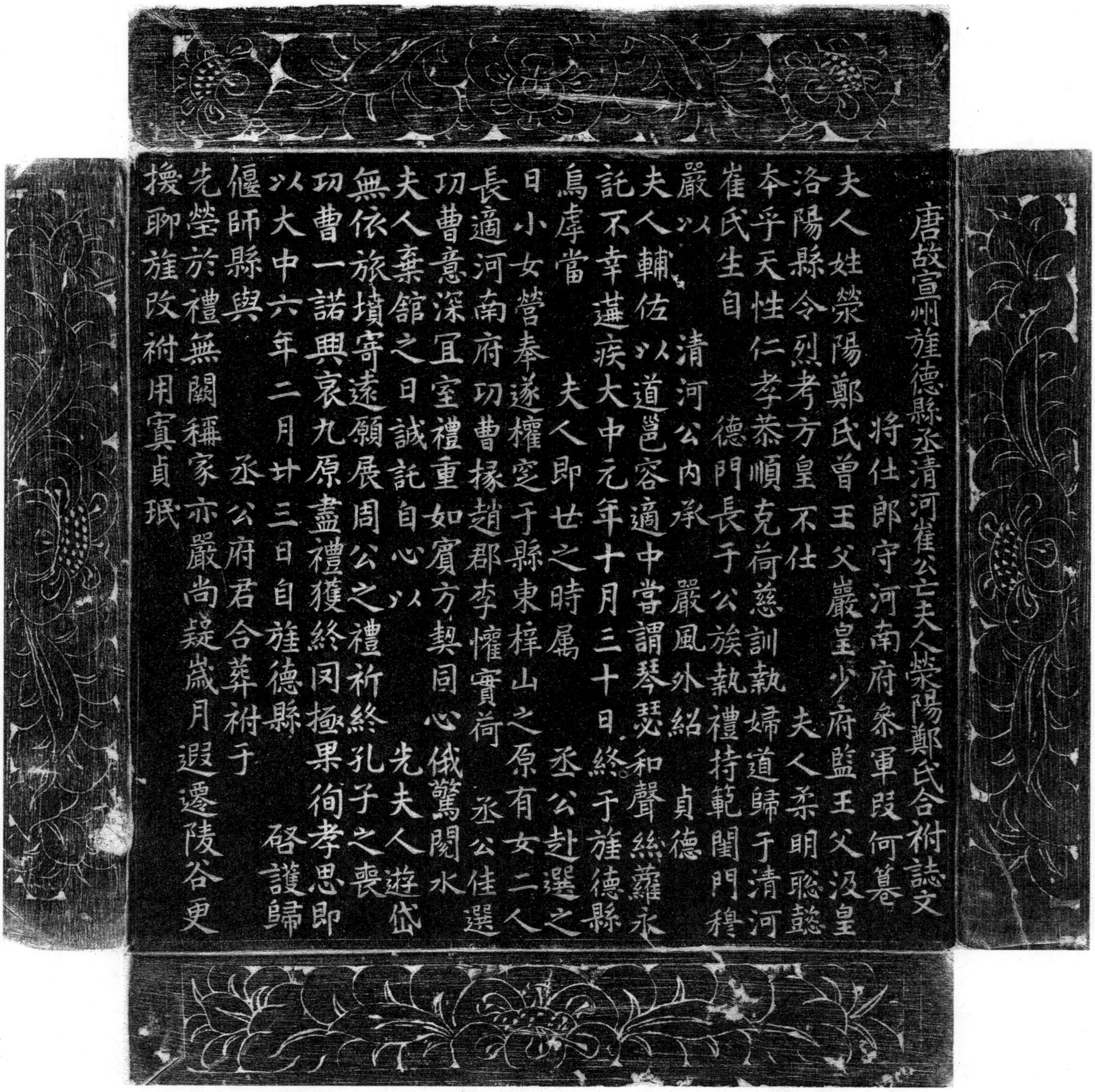

三五〇　唐故宣州旌德縣丞清河崔公（鄭）亡夫人滎陽鄭氏合祔誌

大中六年（八五二）二月二十三日葬。

誌文二十行，滿行十九字。正書。誌長、寬均四十厘米。段何撰。

誌蓋正書：唐故旌德縣崔丞亡夫人滎陽鄭氏墓誌

唐故宣州旌德縣丞清河崔公亡夫人滎陽鄭氏合祔誌文

將仕郎守河南府參軍段何纂

夫人姓滎陽鄭氏，曾王父巖，皇少府監。王父汲，皇洛陽縣令。烈考方，皇不仕。

夫人柔明聰懿，本乎天性，仁孝恭順，克荷慈訓。執婦道，歸於清河崔氏。生自　德門，長於公族。執禮持範，閨門穆嚴。以　清河公內承　嚴風，外紹　貞德。　夫人輔佐以道，邕容適中。嘗謂琴瑟和聲，絲蘿永託，不幸遘疾，大中元年十月三十日終於旌德縣。烏虖！當　夫人即世之時，屬　丞公赴選之日，小女營奉，遂權窆於縣東梓山之原。有女二人，長適河南府功曹掾趙郡李懽，實荷　丞公佳選。功曹意深宜室，禮重如賓。方契同心，俄驚閱水。夫人弃館之日，誠託自心。以　先夫人游岱無依，旅殯寄遠。願展周公之禮，祈終孔子之喪。　功曹一諾興哀，九原盡禮，獲終罔極，果徇孝思。即以大中六年二月廿三日自旌德縣　啓護歸偃師縣，與　丞公府君合葬，祔於　先塋。於禮無闕，稱家亦嚴。尚疑歲月遐邅，陵谷更換，聊旌改祔，用寘貞珉。

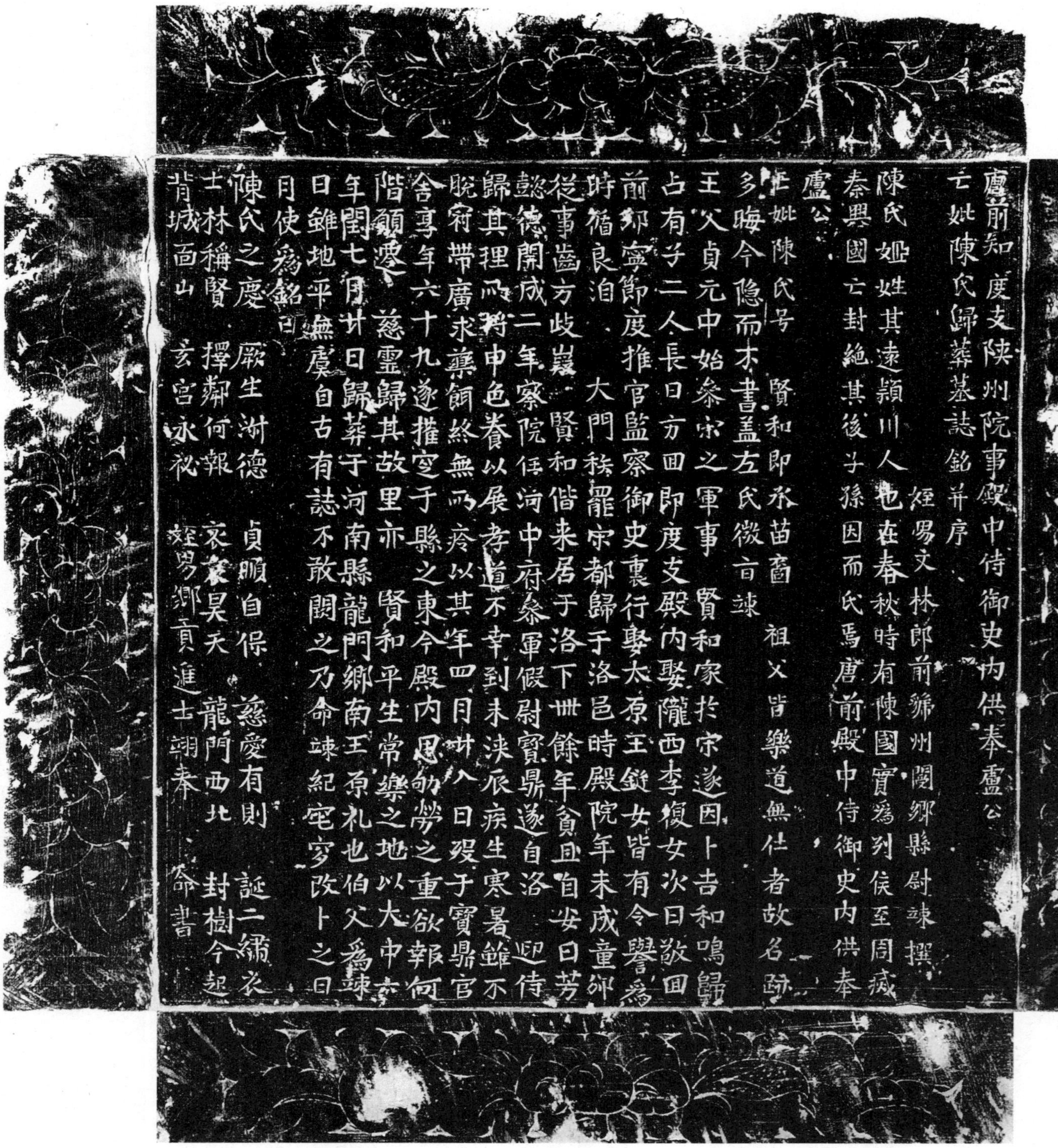

三五一　唐前知度支陝州院事殿中侍御史内供奉盧公亡妣陳氏歸葬墓誌銘

大中六年（八五二）閏七月二十日葬。

誌文二十四行，滿行二十四字。正書。誌長三十七厘米、寬三十六・五厘米。

盧竦撰，盧翊書。

原石藏洛陽張存才唐誌精品館。

唐前知度支陝州院事殿中侍御史内供奉盧公亡妣陳氏歸葬墓誌銘并序

姪男文林郎前虢州閿鄉縣尉竦撰

陳氏，姬姓其遠，穎川人也。在春秋時有陳國，實爲列侯。至周滅秦興，國亡封絶。其後子孫，因而氏焉。唐前殿中侍御史内供奉盧公　亡妣陳氏，號　賢和，即承苗裔。祖、父皆樂道無仕者，故名迹多晦，今隱而不書，蓋左氏微旨。竦　王父，貞元中，始參宋之軍事。　賢和家於宋，遂因卜吉，和鳴歸占。有子二人，長曰方回，即度支殿内，娶隴西李復女。次曰敬回，前邠寧節度推官、監察御史裏行，娶太原王鋋女。皆有令譽，爲時循良。洎　大門秩罷宋都，歸於洛邑。時殿院年未成童，邠從事齒方歧嶷。　賢和偕來，居於洛下卌餘年，貧且自安，日芳懿德。開成二年，察院任河中府參軍，假尉寶鼎。遂自洛　迎侍，歸其理所。將申色養，以展孝道。不幸到未浹辰，疾生寒暑。雖不脱冠帶，廣求藥餌，終無所痊。以其年四月廿八日殁於寶鼎官舍，享年六十九，遂權窆於縣之東。今殿内思劬勞之重，欲報何階？願遷　慈靈，歸其故里，亦賢和平生常樂之地。以大中六年閏七月廿日歸葬於河南縣龍門鄉南王原，禮也。伯父爲竦曰：「雖地平無虞，自古有誌，不敢闕之。」乃命竦紀窀穸改卜之日月，使爲銘曰：

陳氏之慶，厥生淑德。貞順自保，慈愛有則。誕二繡衣，士林稱賢。擇鄰何報，哀哀昊天。龍門西北，封樹今起。背城面山，玄宮永祕。

姪男鄉貢進士翊奉　命書

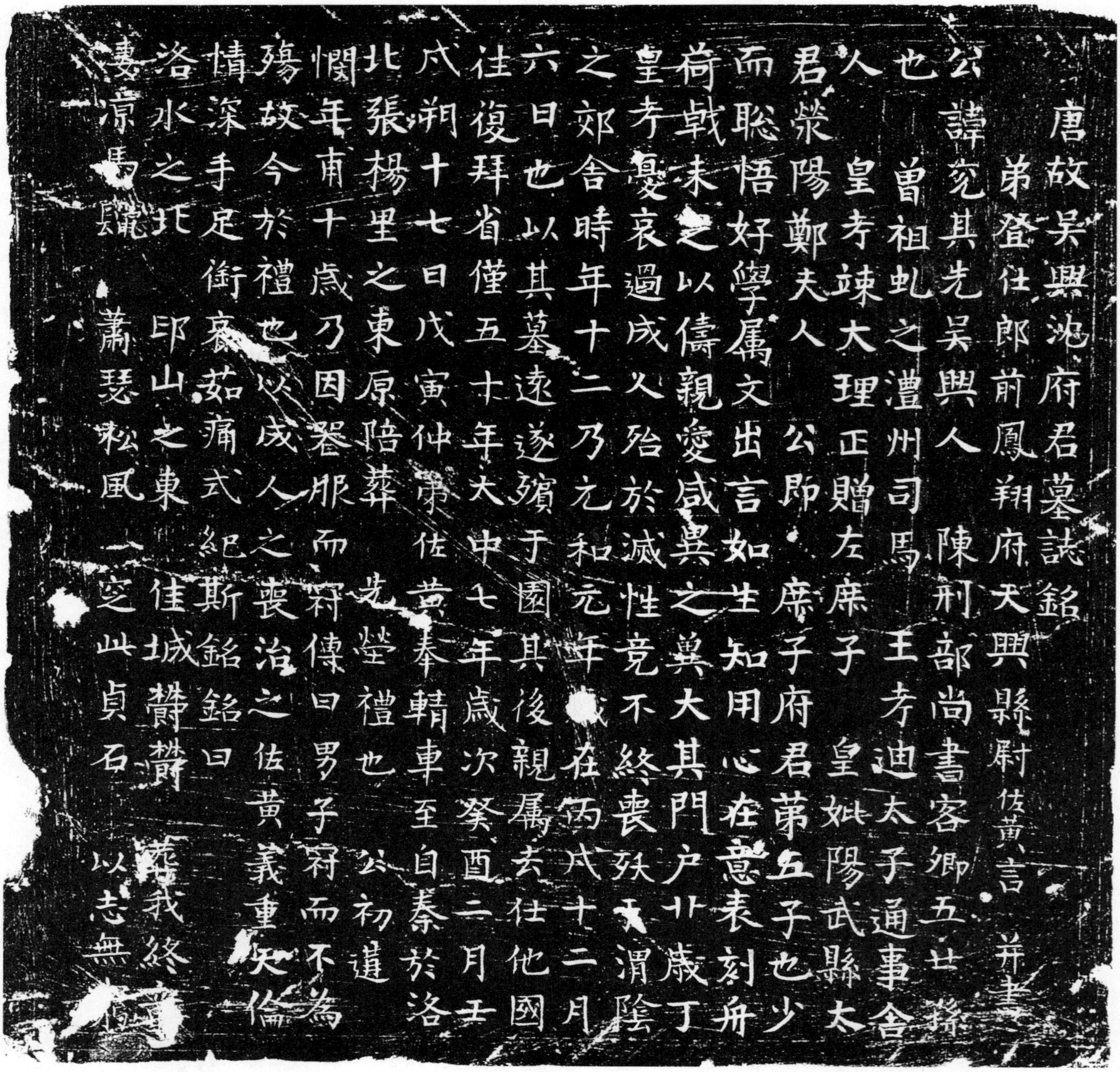
唐故吳興沈府君墓誌銘
弟登仕郎前鳳翔府天興縣尉佐黃撰并書
公諱究其先吳興人　陳刑部尚書客卿五廿孫
也　曾祖虬之澧州司馬　王考迪太子通事舍
人　皇考竦大理正贈左庶子　皇妣陽武縣太
君滎陽鄭夫人　公即庶子府君第五子也少
而聰悟好學屬文出言如生知用心在意表刻冊
荷戟未之以倚親愛感異之莫大其門戶廿歲丁
皇考憂哀過成人殆於滅性竟不終喪殁于渭陰
之郊舍時年十二乃元和元年歲在丙戌十二月
六日也以其墓遠遂殯于國其後親屬去仕他國
往復拜省僅五十年大中七年歲次癸酉二月壬
戌朔十七日戊寅仲弟佐黃奉精車至自秦於洛
北張楊里之東原陪葬先塋禮也　公初遣
憫年甫十歲乃因習服而冠傳曰男子冠而不爲
殤故今於禮也以成人之喪治之佐黃義重天倫
情深手足銜哀茹痛式紀斯銘銘曰
洛水之北　邙山之東　佳城鬱鬱　葬我終童
淒涼馬鬣　蕭瑟松風　一窆此貞石　以志無窮

三五二一　唐故吳興沈府君（究）墓誌銘

大中七年（八五三）二月十七日葬。

誌文十九行，滿行十九字。正書。誌長三十七・五厘米、寬三十六厘米。

沈佐黃撰并書。

唐故吳興沈府君墓誌銘

弟登仕郎前鳳翔府天興縣尉佐黃言　并書

公諱究，其先吳興人。陳刑部尚書客卿五世孫也。曾祖虬之，澧州司馬。王考迪，太子通事舍人。皇考竦，大理正，贈左庶子。皇妣陽武縣太君滎陽鄭夫人。公即庶子府君第五子也。少而聰悟好學，屬文出言如生知。用心在意表，刻舟荷戟，未之以儔。親愛咸異之，冀大其門户。丱歲丁皇考憂，哀過成人。殆於滅性，竟不終喪，殀於渭陰之郊舍。時年十二，乃元和元年歲在丙戌十二月六日也。以其墓遠，遂殯於園。其後親屬去仕他國，往復拜省僅五十年。大中七年歲次癸酉二月壬戌朔十七日戊寅仲弟佐黃奉輤車至自秦，於洛北張楊里之東原，陪葬　先塋，禮也。公初遘　憫，年甫十歲，乃因喪服而冠。傳曰：男子冠而不爲殤。故今於禮也，以成人之喪治之。佐黃義重天倫，情深手足。銜哀茹痛，式紀斯銘。銘曰：

洛水之北，邙山之東。佳城鬱鬱，葬我終童。凄凉馬鬣，蕭瑟松風。窆此貞石，以志無窮。

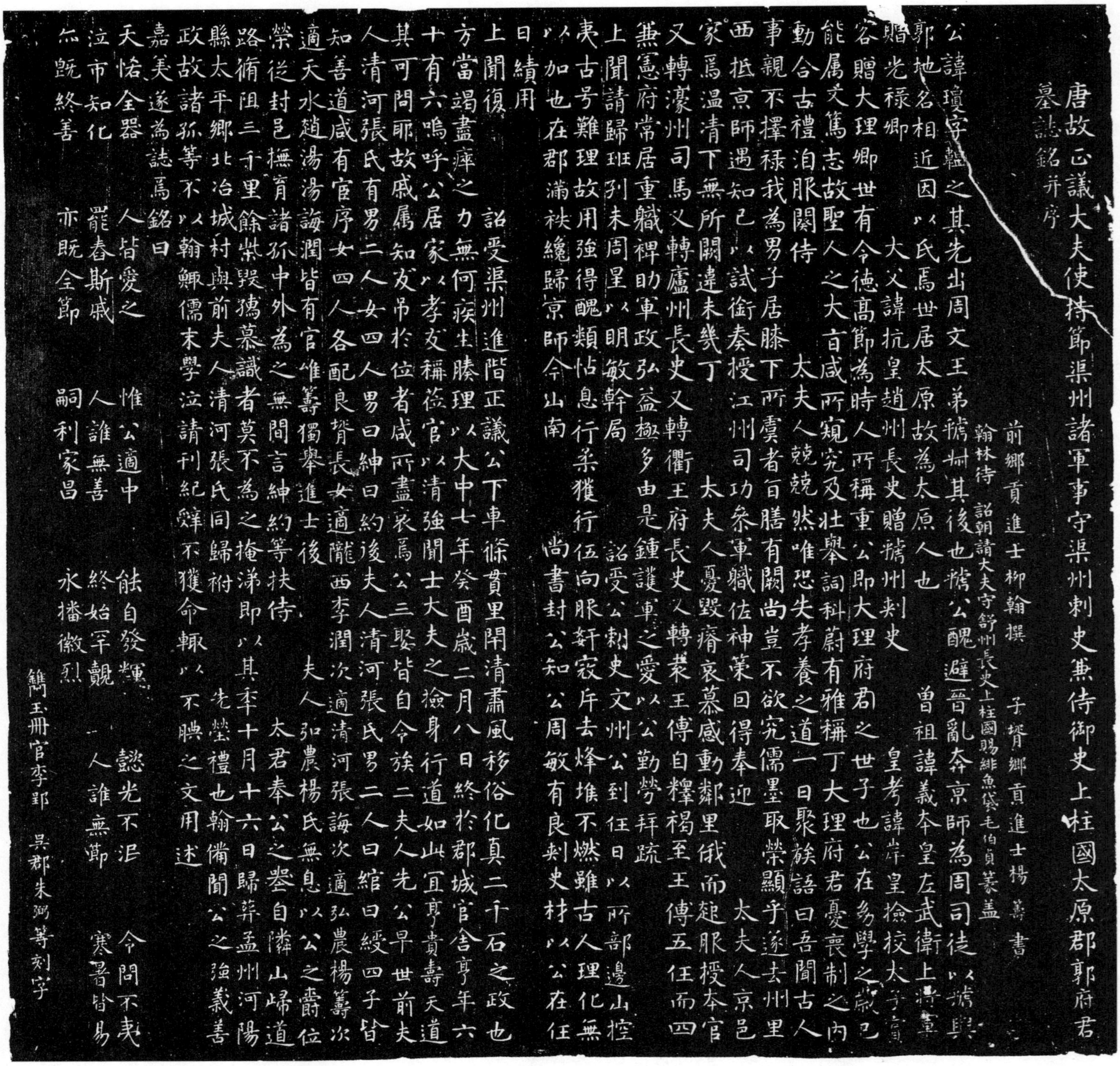

三五三　唐故正議大夫使持節渠州諸軍事守渠州刺史兼侍御史上柱國太原郡郭府君（瓊）墓誌銘

大中七年（八五三）十月十六日葬。

誌文三十五行，滿行三十四字。正書。誌長七十三厘米、寬七十二厘米。

柳翰撰，楊籌書，毛伯貞篆蓋，李郢、朱弼等刻字。

誌蓋篆書：唐故渠州刺史郭府君墓誌銘

唐故正議大夫使持節渠州諸軍事守渠州刺史兼侍御史上柱國太原郡郭府君墓誌銘并序

前鄉貢進士柳翰撰

子壻鄉貢進士楊籌書

翰林待　詔朝請大夫守舒州長史上柱國賜緋魚袋毛伯貞篆蓋

公諱瓊，字韞之，其先出周文王弟虢叔。其後也，虢公醜避晉亂，奔京師爲周司徒，以虢與郭，地名相近，因以氏焉。世居太原，故爲太原人也。曾祖諱義本，皇左武衛上將軍，贈光禄卿。　大父諱抗，皇趙州長史，贈虢州刺史。　皇考諱岸，皇檢校太子賓客，贈大理卿。世有令德高節，爲時人所稱重。公即大理府君之世子也。公在幼學之歲，已能屬文篤志。故聖人之大旨，咸所窺究。及壯，舉詞科，蔚有雅稱。丁大理府君憂，喪制之內，動合古禮。洎服闋，侍　太夫人兢兢然，唯恐失孝養之道。一日聚族語曰：「吾聞古人事親不擇禄。我爲男子居膝下，所虞者旨膳有闕，尚豈不欲究儒墨，取榮顯乎。」遂去州里，西抵京師。遇知己以試銜，奏授江州司功參軍。職佐神策，因得奉迎　太夫人京邑家焉。温清下無所闕違。未幾，丁　太夫人憂，毀瘠哀慕，感動鄰里。俄而起服，授本官。又轉濠州司馬，又轉廬州長史，又轉衢王府長史，又轉袁王傅。自釋褐至王傅，五任而四兼憲府，常居重職。裨助軍政，弘益極多。由是鍾護軍之愛，以公勤勞，拜疏　上聞，請歸班列。未周星以明敏幹局，　詔受公刺史文州。公到任日，以所部邊山控夷，古號難理。故用强得醜類怙息，行柔獲行伍向服，奸寇斥去，烽堠不燃。雖古人理化，無以加也。在郡滿秩，纔歸京師。今山南尚書封公[一]知公周敏，有良刺史材。以公在任日績用　上聞，復　詔受渠州，進階正議。公下車條貫，里閈清肅，風移俗化，真二千石之政也。方當竭盡瘁之力，無何疾生腠理。以大中七年癸酉歲二月八日終於郡城官舍，享年六十有六。嗚呼！公居家以孝友稱，莅官以清强聞。士大夫之撿身行道如此，宜享貴壽，天道其可問耶。故戚屬知友吊於位者，咸所盡哀焉。公三娶皆自令族，二夫人先公早世。前夫人清河張氏，有男二人，女四人。男曰紳，曰約。後夫人清河張氏，男二人，曰綰、曰綬。四子皆知善道，咸有宦序。女四人，各配良壻。長女適隴西李潤。次適清河張誨。次適弘農楊籌。次適天水趙湯。湯、誨、潤皆有官，唯籌獨舉進士。後　夫人弘農楊氏，無息。以公之爵位榮從封邑。撫育諸孤，中外爲之無間言。紳、約等扶侍太君，奉公之喪，自鄴山歸道路倏阻三千里餘，柴毀孺慕，識者莫不爲之掩涕。即以其年十月十六日歸葬孟州河陽縣太平鄉北冶城村，與前夫人清河張氏同歸祔　先塋，禮也。翰備聞公之强義善政，故諸孤等不以翰鯫儒末學，泣請刊紀。辭不獲命，輒以不腆之文。用述　嘉美，遂爲誌焉。銘曰：

天吝全器，人皆愛之。惟公適中，能自發輝。懿光不泯，令問不夷，泣市知化，罷春斯戚。人誰無善，終始罕覯。人誰無節，寒暑皆易。亦既終善，亦既全節。嗣利家昌，永播徽烈。

鐫玉册官李郢

吴郡朱弼等刻字

[一]「封公」即封敖。

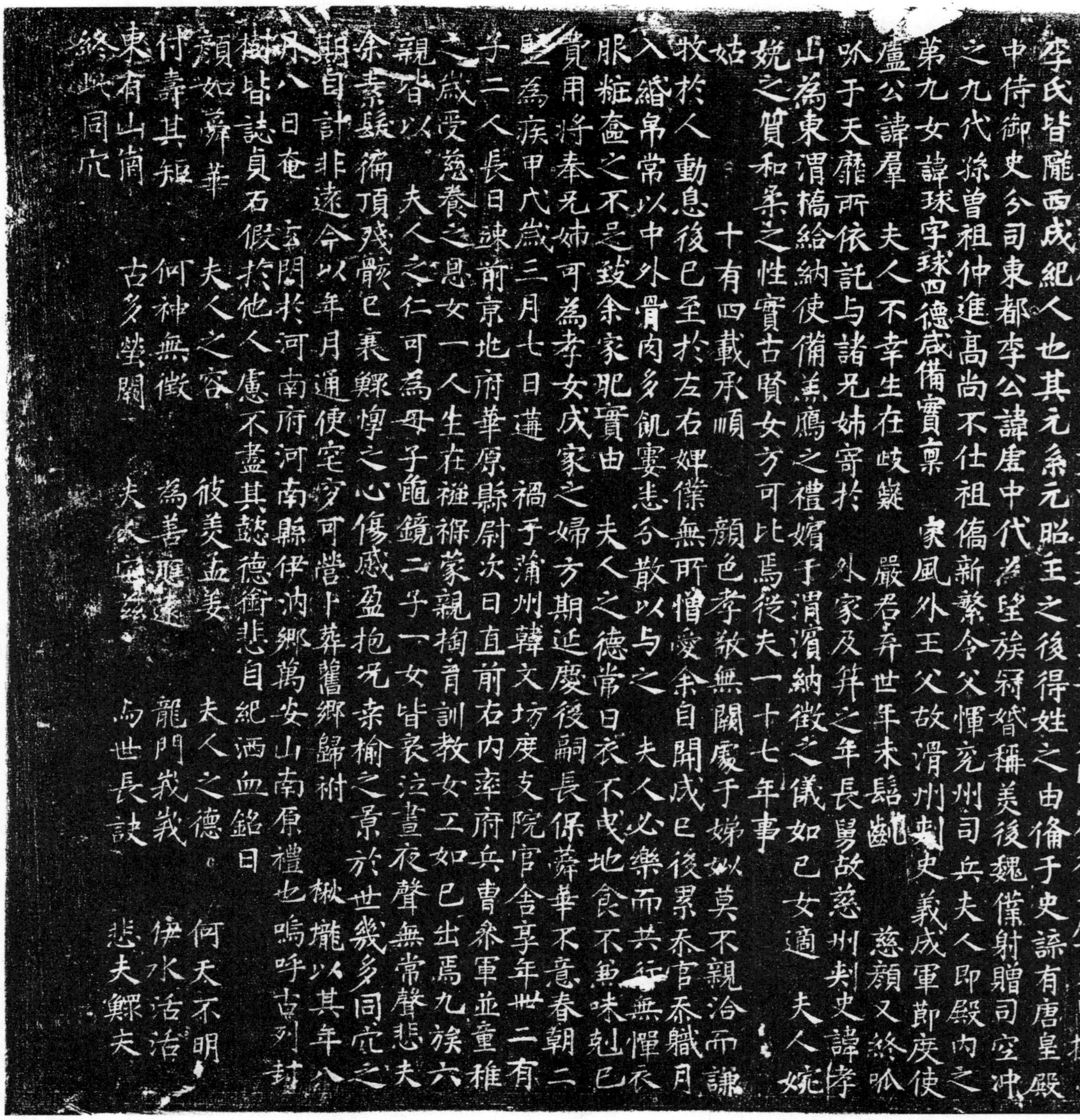
唐盧氏隴西李夫人墓誌銘并序
鰥夫知度支河中院事朝議郎檢校尚書水部員外郎兼侍御史盧　望回　撰
李氏皆隴西成紀人也其元系元昭王之後得姓之由倫于史諜有唐皇殿
中侍御史分司東都李公諱虚中代為望族冠婚稱美後魏僕射贈司空沖
之九代孫曾祖仲進高尚不仕祖僑新繁令父惲兗州司兵夫人即殿內之
第九女諱球字球四德咸備實稟　家風外王父故滑州刺史義成軍節度使
盧公諱羣　夫人不幸生在歧嶷　嚴君弃世年未齠齔　慈顏又終咏
咏于天靡所依託与諸兄姊寄於　外家及笄之年長舅故慈州刺史諱湊
山為東渭橋給納使備羔鴈之禮嫁于渭濱納徵之儀如己女適　夫人婉
婉之質和柔之性實古賢女方可比焉從夫一十七年事
姑　十有四載承順　顏色孝敬無闕處于娣姒莫不親洽而謙
牧於人動息後己至於左右婢僕無所憎愛余自開成已後累忝官忝職月
入緡帛常以中外骨肉多飢寒悲分散以与之　夫人必樂而共行無憚衣
服粧奩之不足致余家肥實由　夫人之德常日衣不曳地食不兼味尅己
覺用將奉兄姊可為孝女成家之婦方期延慶後嗣長保蕣華不意春朝二
豎為疾甲戌歲三月七日遘　禍于蒲州韓文坊度支院官舍享年卅二有
子二人長曰諫前京兆府華原縣尉次曰直前右內率府兵曹參軍並童稚
之歲愛慈養之恩女一人生在襁褓蒙親掬育訓教女工如己出焉九族六
親皆以　夫人之仁可為母子龜鏡二子一女皆哀泣晝夜聲無常聲悲夫
余素髮徧頂殘骸已衰鰥惸之心傷感盈抱況桑榆之景於世幾多同穴之
期自計非遠今以年月通便宅兆可營卜葬舊鄉歸祔　楸檟以其年八
月八日奄窆閟於河南府河南縣伊汭鄉萬安山南原禮也嗚呼古列封
樹皆誌貞石假於他人慮不盡其懿德銜悲自紀灑血銘曰
顏如蕣華　夫人之容　彼美孟姜　夫人之德　何天不明
付壽其短　何神無徵　為善應遠　龍門峩峩　伊水活活
東有山崗　古多塋闕　夫人安茲　爲世長訣　悲夫鰥夫
終此同穴

三五四　唐盧氏隴西李夫人（球）墓誌銘

大中八年（八五四）八月八日葬。

誌文二十七行，滿行二十九字。正書。誌長四十六厘米、寬四十七厘米。

盧望回撰。

原石藏洛陽張存才唐誌精品館。

唐盧氏隴西李夫人墓誌銘并序

鰥夫知度支河中院事朝議郎檢校尚書水部員外郎兼侍御史盧望回撰

李氏皆隴西成紀人也。其元系元昭王之後，得姓之由，備於史諜。有唐皇殿中侍御史分司東都，李公諱虚中，代爲望族，冠婚稱美。後魏僕射贈司空冲之九代孫。曾祖仲進，高尚不仕。祖僑，新繁令。父惲，兖州司兵。夫人即殿内之第九女，諱球，字球。四德咸備，實禀 家風。外王父故滑州刺史義成軍節度使盧公諱羣。 夫人不幸，生在岐嶷， 嚴君弃世。年未髫亂， 慈顔又終。呱呱於天，靡所依託。與諸兄姊寄於 外家。及笄之年，長舅故慈州刺史諱孝山爲東渭橋給納使，備羔雁之禮，嬪於渭濱，納徵之儀，如己女適。 夫人婉娩之質，和柔之性，實古賢女方可比焉。從夫一十七年，事 姑十有四載。承順 顔色，孝敬無闕。處於娣姒，莫不親洽而謙牧於人，動息後已。至於左右婢僕，無所憎愛。余自開成已後，累忝官忝職，月入緡帛。常以中外骨肉多饑寠，悉分散以與之。

夫人必樂而共行，無憚衣服粧奩之不足。致余家肥，實由 夫人之德。常日衣不曳地，食不兼味。剋己費用，將奉兄姊，可爲孝女成家之婦。方期延慶後嗣，長保蕣華。不意春朝，二豎爲疾。甲戌歲三月七日遘 禍於蒲州韓文坊度支院官舍，享年卌二。有子二人：長曰竦，前京兆府華原縣尉。次曰直，前右内率府兵曹參軍。並童稚之歲，受慈養之恩。女一人，生在襁褓，蒙親掬育，訓教女工，如己出焉。九族六親，皆以 夫人之仁，可爲母子龜鏡。二子一女，皆哀泣晝夜，聲無常聲。悲夫！余素髮徧頂，殘骸已衰。鰥惸之心，傷慼盈抱。况桑榆之景，於世幾多。同穴之期，自計非遠。今以年月通便，窀穸可營。卜葬舊鄉，歸袝 楸壠。以其年八月八日奄 玄門於河南府河南縣伊汭鄉萬安山南原，禮也！嗚呼！古列封樹，皆誌貞石。假於他人，慮不盡其懿德。銜悲自紀，灑血銘曰：

顔如蕣華，夫人之容。彼美孟姜，夫人之德。何天不明，付壽其矩。何神無徵，爲善應遠。龍門峩峩，伊水活活。東有山崗，古多塋闕。夫人宅兹，與世長訣。悲夫鰥夫，終此同穴。

唐東都防禦巡官獨孤君故夫人京兆韋氏墓誌
士之脩已聖不求備行難全也況以仁問女用德觀婦
苟有兼美其孰肯信始吾亦疑之今於 吾妻信矣
夫人諱緩字紳之其先自殷授氏歷世巨顯以至于
龍門公為房之冡 曾大父諱迢韶州刺史 王父諱
正卿尚書都官郎中 郎中即 我外祖 皇考諱瓘
纔冠升第甫壯立朝其名其實相顧相符以是年雖富
而望已碩差由北省南臺遂掌 誥詰其後廣問桂林
終祕書監贈工部尚書 皇妣河東裴氏 尚書即
我季舅 夫人即 尚書第六女也初 尚書分務在
洛余來覲侍遂以 夫人許余為配又二年余始成
名將議吉卜而 尚書薨夫人與伯仲持喪于洛明
年余從事留守府 夫人易初祥之縗逾歲乃以其夏
即 親凡九月始其居室蘊疾歸我寢劉以大中九年
二月十二日卒于旌善里官舍年廿七三月甲申葬于
建春門之東南七里任權道也 夫人不嗜群處不浪
哂不游語常止一室人不知其在也每見搖扶如膚之
破每聞疾呻若骨之痛其仁如此不以燠衣炫翫鮮飪
為好不以目趄心忌耳浸為慮視幕妾如家妹撫孽子
如己出其德如此系曰
余嘗着論以為天道不可執恃則 我夫人有如此仁
有如此德吾前知其不壽

三五五　唐東都防禦巡官獨孤君故夫人京兆韋氏（緩）墓誌

大中九年（八五五）三月五日葬。

誌文二十二行，滿行二十一字。正書。誌長、寬均四十七厘米。

誌蓋篆書：唐故京兆韋夫人墓誌

唐東都防禦巡官獨孤君故夫人京兆韋氏墓誌

士之脩己，聖不求備，行難全也。況以仁問女，用德觀婦。苟有兼美，其孰肯信。始吾亦疑之，今於　吾妻信矣。　夫人諱緩，字紳之。其先自殷授氏，歷世巨顯，以至於　龍門公爲房之最。　曾大父諱迢，韶州刺史。王父諱正卿，尚書都官郎中。　郎中即　我外祖。　皇考諱瓘，纔冠升第，甫壯立朝。其名其實，相顧相符。以是年雖富，而望已碩。考由北省，南臺遂掌。　詔誥其後，廉問桂林。終秘書監，贈工部尚書。　皇妣河東裴氏，尚書即　我季舅。　夫人即　尚書第六女也。初　尚書分務在洛，余來　覲侍，遂以　夫人許余爲配。又二年，余始成名，將議吉卜，而　尚書薨，　夫人與伯仲持喪於洛。明年，余從事留守府，　夫人易初祥之縗。逾歲，乃以其夏即　親，凡九月。始其居室蘊疾，歸我浸劇，以大中九年二月十二日卒於旌善里官舍，年廿七。三月甲申〔一〕，葬於建春門之東南七里任權道也。　夫人不嗜群處，不浪哂，不游語。常止一室，人不知其在也。每見捶抶，如膚之破。每聞疾呻，若骨之痛，其仁如此。不以焕衣、炫翫、鮮飪爲好，不以目翹、心忌、耳浸爲慮。視箒妾如家妹，撫孽子如己出，其德如此。系曰：

余嘗著論以爲天道不可執恃，則　我夫人有如此仁，有如此德，吾前知其不壽。

〔一〕大中九年三月甲申，據《中華日曆通典》即爲大中九年三月初五。

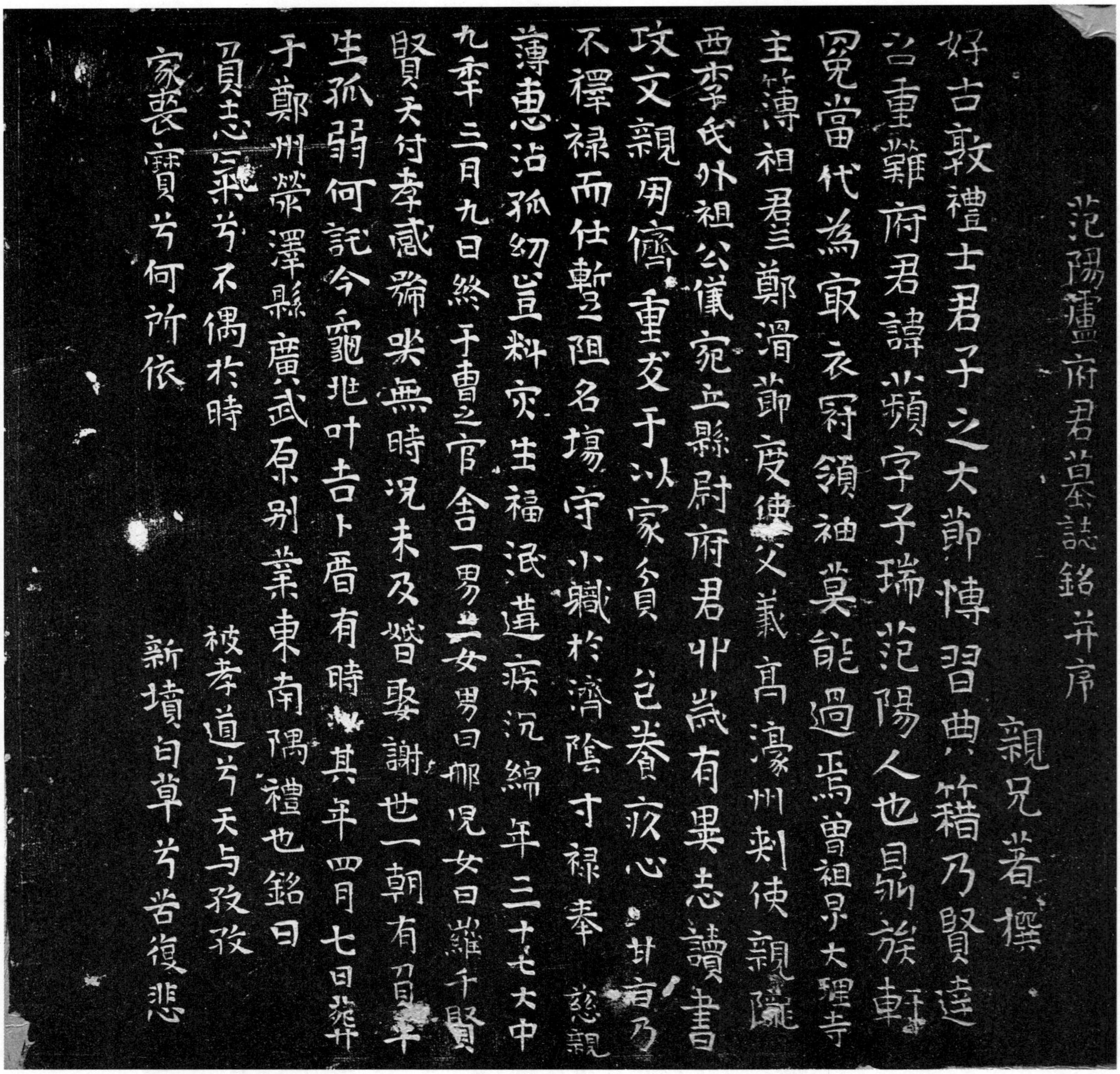

三五六　范陽盧府君（蘋）墓誌銘

大中九年（八五五）四月七日葬。

誌文十六行，滿行字數不等。正書。誌長四十六·五厘米、寬四十六厘米。

盧著撰。

誌蓋正書：范陽盧府君墓誌之銘

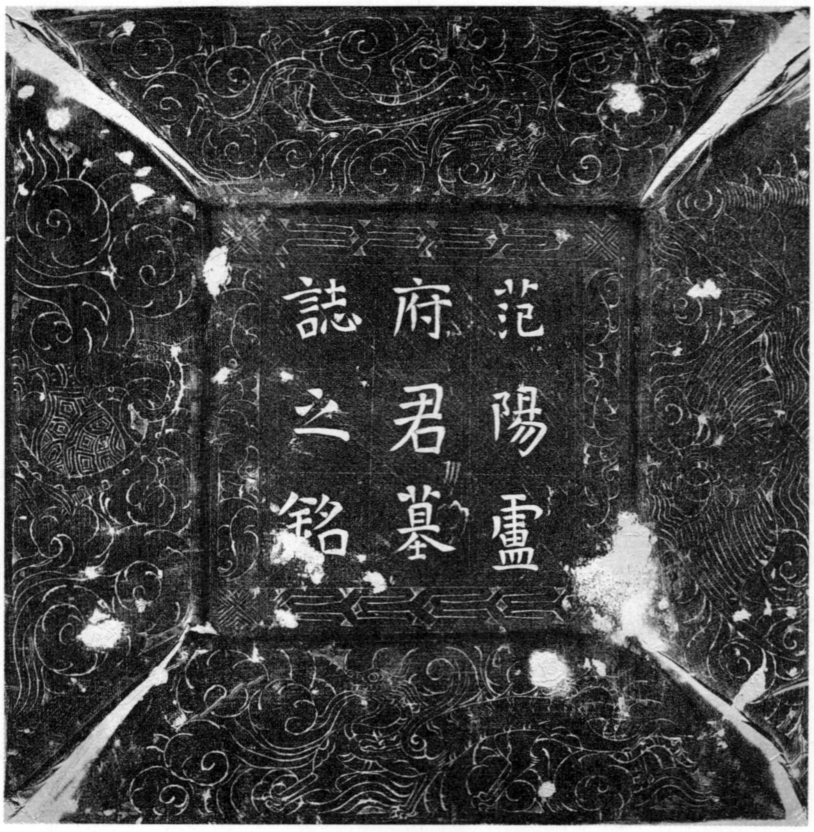

范陽盧府君墓誌銘并序

親兄著撰

好古敦禮，士君子之大節；博習典籍，乃賢達之重難。府君諱蘋，字子瑞，范陽人也。鼎族軒冕，當代爲最。衣冠領袖，莫能過焉。曾祖炅，大理寺主簿。祖羣，鄭、滑節度使。父義高，濠州刺史。親隴西李氏。外祖公儀，宛丘縣尉。府君丱歲有異志，讀書攻文，親朋儕，重友于。以家貧 色養，疚心 甘旨，乃不擇禄而仕，暫阻名場，守小職於濟陰。寸禄奉 慈親，薄惠沾孤幼。豈料灾生福泯，遘疾沉綿。年三十七，大中九年三月九日終於曹之官舍。一男二女，男曰那兒，女曰羅千、賢賢。天付孝感，號哭無時。况未及婚娶，謝世一朝，有負平生，孤弱何託？今龜兆叶吉，卜厝有時。以其年四月七日葬於鄭州滎澤縣廣武原別業東南隅，禮也。銘曰：

負志氣兮不偶於時，被孝道兮天與孜孜。家喪寶兮何所依，新墳白草兮苦復悲。

三五七　唐故宣州團練巡官李府君（循）墓誌銘

大中九年（八五五）閏四月十八日葬。

誌文二十七行，滿行二十七字。正書。誌長、寬均四十八厘米。李珏撰。

誌蓋正書：大唐故李府君墓誌銘

唐故宣州團練巡官李府君墓誌銘

季父朝議郎守郢州刺史玨撰

隴西李循，字頤晦，實余　兄仲，　皇朝京兆府奉天縣主簿諱琝之長子。　奉天府君娶滎陽鄭氏，故宰相尚書右僕射覃之女，生頤晦及季範。晦早失　怙恃，年十一，勝縗絰，哭踴至性，鄰於古人，識者以爲　奉天懿德茂行，宜於有後。既而季父挈於褒中，又挈於蜀，來於蒲，移於洛師，荏苒十載，且誨且勉。一旦以文授於季父。則追琢健舉，攀駕揚馬，爾後往往爲先達者鑒裁。不數年，季父與娶婦華州別駕清河崔逢女，既有室，又文章翕翕爲人知，以爲取世上名，如拾地芥。後季父仕於　朝，貶於遂寧，始留師俾就鄉賦。晦性沉雅勇退，雖年少不以名利爲胸中梗。由是六試於有司，以大中八年春登上第，時年卅三。季父始爲尚郎，分司東都。賓客賀者盈門，且曰：晦之名聞於時久矣，今之得宜無愧色。無何，余出爲郢州牧，晦因來郢中。到未幾，而爲　宣州博陵公辟署，方榮得地，將治去棹。而季範被疾，晦性友孝，不解巾帶而視藥膳，凡卌晝夕。範既愈而晦疾作，不數日病且革，雖瀝血，醫巫拳手。以其年十二月十三日卒於郢之官舍。嗚呼！天之不祐善如是耶！爲適來適往之偶然耶！不然，何人之厄凶困憫，皆萃余之門耶？余不得知，且號而叙之。晦有女二人：曰海客、髻珠。男一人，曰岳郎。皆幼艾之歲，而知罔極之慕。每一哭一仆，前後左右，歔戲流涕。嗚呼！孝友之性，固有所襲耶。既斂之明年，以二月廿一日啓引郢州城，粤閏四月十八日歸窆於洛京偃師縣之北原，祔於我　先君府君松檟之北，　仲兄奉天府君松檟之左，禮也。猶懼陵谷之變，刻石納於墓之玄堂。泣而銘曰：

謂生之有涯兮，胡爲其壽考而華，胡爲其折短而嗟耶。謂天之有宰兮，胡爲爲善而不享其泰，爲不善而不賈其害耶。嗚呼頤晦，其生也濫然有涯；其道也終然不昧。有文有行兮我飾其內，不位不壽兮天喪其外。如松之折兮如玉之碎，燼滅光沉兮精魂何在。亳邑北原，嵩雲南對。圖其新阡兮萬古不改，嗚呼哀哉！

唐故朝議郎守華州別駕上柱國賜緋魚袋上黨苗公墓誌銘
弟朝議郎行尚書司勳員外郎充集賢殿直學士柱國恪撰
嗚呼甚魯諱惲姓苗氏生於貞元十三年丁丑終於大中九年乙亥允春
秋五十有九以其年五月十三日葬嗚呼我何心尚忍執筆以誌
吾兄之墓耶其頑矣公天生堅健俊氣外茇若鷙鳥脫鞲而凌秋空其衷
盪盪不貯一物其事可為矣決為之不顧百擯以趣一善始年十五六時
以明經請試有司不中第退而言曰今之明經書卷中梅三字使我之驗
中否以進退此蓋樵兒豎子求脫身計也我之先所業何如哉而欲矻矻
於是耶遂博覽群書為進士業始為詩次著述古義或譏刺當今為文章
數十篇終善八韻賦觀其詞彩灼灼如舒錦鬪翠吟之陛下丁當有聲衆
皆繼夕遲旦公獨日未入輒就既獲第屢為諸侯府所辟自脫黃衣授校
書六遷至侍御史賜緋衣象簡垂銀魚李尚書拭為京兆請於 上曰
王畿皆以禁旅殿邊田緣內司常使姦豪漁攘平人以叔百利醉呼怒罵
垂手見邑官不敢輒何其中昭應尤猥雜已無生路前後用幹吏為政
比敗今請以文士名人補之庶乎迎而畏之以幾於治也遂奏請公為昭
應令未朞歲果稱治風毒害手足不堪拜起優詔授汝州長史改華州別
駕而終嗚呼天遂無意於善人也耶五代祖諱襲䕫利州刺史封上黨縣
侯四代祖諱延嗣開元中與蘇頲同時以制舉入仕至中書舍人內供奉
桂管採訪使曾大父諱含液進士第名入省為尚書祠部員外郎大父諱
頡揚州錄事參軍皇考諱蕃中進士甲科佐江西河東二府官終太原府
參軍贈中書舍人娶河內張夫人生三子公次第為二公娶河間劉
氏女先亡有三男四女子恪始聞喪拜章往奔之既而命猶子前進士台
符与公之三子護柩歸葬于洛陽城北以祔先塋以合劉氏夫人云銘曰
苗之世 緒楚糸 巨晉間 從盡聞 逮于唐 門户昌
纘文德 累組章 泉于公 族益光 桀芳文 絜乎身
位不配 濯厥殃 吁其往 不可望 裂煩冤 勝腎腸
將誰訴 呼旻蒼 封高丘 鑿玄堂 惟永固 公斯藏
孫子彥符書

三五八　唐故朝議郎守華州別駕上柱國賜緋魚袋上黨苗公（惲）墓誌銘

大中九年（八五五）五月十三日葬。

誌文二十八行，滿行二十八字。正書。誌長六十一厘米、寬六十厘米。

苗恪撰，苗彥符書。

唐故朝議郎守華州別駕上柱國賜緋魚袋上黨苗公墓誌銘

弟朝議郎行尚書司勳員外郎充集賢殿直學士柱國恪撰

嗚呼甚魯諱惲，姓苗氏。生於貞元十三年丁丑，終於大中九年乙亥，凡春秋五十有九，以其年五月十三日葬。嗚呼！我何心，尚忍執筆以誌　吾兄之墓耶，其頑矣。公天生堅健，俊氣外發，若鷙鳥脱韝而凌秋空。其衷盪盪，不貯一物。其事可爲矣決爲之，不顧百横，以趣一善。始年十五六，時以明經請試有司，不中第。退而言曰：「今之明經，書卷中掩三字使我之驗中否以進退，此蓋樵兒竪子求脱身計也。我之先所業何如哉，而欲矻矻於是耶。」遂博覽群書，爲進士業。始爲詩，次著述古義。或譏刺當今，爲文章數十篇，終善八韻賦。觀其詞彩，灼灼如舒錦鬬翠，吟之齒下丁當有聲。衆皆繼夕遲旦，公獨日未入輒就。既獲第，屢爲諸侯府所辟。自脱黄衣，授校書。六遷至侍御史，賜緋衣象簡，垂銀魚。李尚書拭爲京兆，請於　上曰：「王畿皆以禁旅殿遏，因緣内司，常使奸豪漁攘平人，以收百利。醉呼怒罵，垂手見邑官，官不敢輒何。其中昭應尤藂雜，民無生路，前後用幹吏爲政比敗。今請以文士名人補之，庶乎迎而畏之，以幾於治也。」遂奏請公爲昭應令。未期歲，果稱治。風毒害手足不堪，拜起優詔，授汝州長史，改華州別駕而終。嗚呼，天遂無意於善人也耶。五代祖諱襲毅，利州刺史，封上黨縣侯。四代祖諱延嗣，開元中與蘇頲同時以制舉入仕，至中書舍人内供奉、桂管採訪使。曾大父諱含液，進士策名，入省爲尚書祠部員外郎。大父諱穎，揚州録事參軍。皇考諱蕃，中進士甲科，佐江西、河東二府。官終太原府參軍，贈中書舍人。舍人娶河内張夫人，生三子，公次第爲二。公娶河間劉氏女，先亡，有三男、四女子。恪始聞喪，拜章往奔之。既而，命猶子前進士台符，與公之三子護柩歸葬於洛陽城北以祔先塋，以合劉氏夫人云。銘曰：

苗之世，緒楚系。亡晉間，徙壺關。逮於唐，門户昌。纘文德，累組章。暨於公，族益光。粲兮文，潔乎身。位不配，罹厥殃。吁其往，不可望。裂煩哀，　　胯腎腸。將誰訴，呼旻蒼。封高丘，鑿玄堂。惟永固，公斯藏。

孤子彦符書

三五九　唐故趙郡李氏夫人墓誌銘

大中九年（八五五）十一月九日葬。

誌文三十行，滿行二十九字。正書。誌長、寬均五十四·五厘米。

李翥撰。

誌蓋隸書：唐故趙郡李夫人墓誌

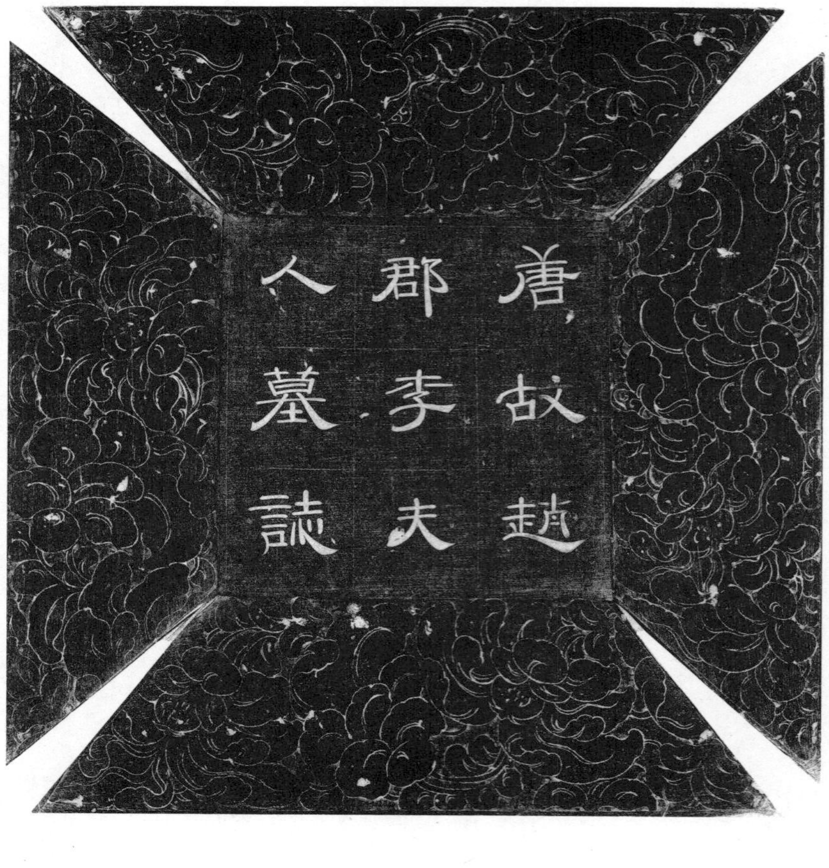

唐故趙郡　李氏夫人墓誌銘

從弟鄉貢進士翥撰

夫人姓李氏，趙郡人也。　玄元皇帝之裔孫洎元禮六代孫曰璣，晉大司馬記室、太學博士。娶清河崔氏，生楷。楷舉茂才，除義郎、治書侍御史。居平棘南界，生子五人。二子早世。其後三子崇茂傳仙枝之瑞，鍾慶於族内。故世稱三祖之盛。曰晃，晃之子孫居巷南爲南祖。曰勁，勁之子孫居巷西，爲西祖。曰叡，叡之子孫居巷東，爲東祖。門閥簪紱，赫然於當時。故山東士族之重，系我祖之振。

夫人即南祖之孫也。由是李氏之族，炳然貫貞端懿之令於群族之上，天下莫不仰之，爲衣冠之首。　夫人曾祖雄飛，朝散大夫、河南府潁陽縣令。祖矩，盧州録事參軍。父恭仁，皇宋州長史。擅閨門之美，起詞苑之風。光輝一時，聲華百氏。　夫人即　長史府君之長女也。大和二年適　清河崔[一]。　雍睦婦道，端明有儀。敬蒸嘗之餘，事中外之暇。而又得討尋墳典之旨，知聖人之教。了然著於衷辯，莫不爲九族之加敬。仰其琴瑟之諧也。　清河公世德清邁，業困於貧。家於洛而宦於吴，官曰杭州餘杭令。令之滿，顧洛之貧，以累之重，權寓於楚，方將振其纓而復仕，遂其偕老之榮。無何，爲暴疾所侵，不旬日，藥餌禱祀之不救。大中九年六月廿四日終於山陽縣之私第，享年卌九。　清河公哀痛之情，愈生平琴瑟之和也。有子四人，長曰涂，次曰潘，曰潼，曰池。涂修進士舉，業將就而欲佇其鱗化，保干禄之榮，報　慈明長育之重。潘等方次力學而未遑其息。佩趨庭之訓，謹義方之旨。凛然於步武之内。泣血號叫，哀傷閭里。痛反哺而未申，雖毁性而何及？以其年十一月有九日歸葬於河南府偃師縣亳邑鄉北邙原崔氏之　先塋，禮也。翥東祖之孫，適事　清河公之門欄而又榮居重疊親舊之内，奉　命揮涕，敢竊叙其　德以銘云：

大數有歸兮今古攸同，日月循環兮夢幻誠空。生而可貴兮德義其充，天將福善兮壽必與終。今此相反兮孰究斯理，蘭蕙忽凋兮驚於逝水。芳魂何歸兮閨門道否，規範宛存兮容華委地。洛水潺潺兮嵩雲悠悠。悲風起兮儼松楸，蓍龜叶吉兮宅兆修。倏忽浮生兮萬古愁。虞陵谷兮刊貞石，紀姓氏兮與　柔德。朝露之感兮生盡然，諒　明靈之所測。

（一）此人即崔璹，墓誌見本書三六七。

三六〇　唐故伊洛男子丹陽陶少君（瑄）墓誌銘

大中十年（八五六）二月十六日葬。

誌文二十行，滿行二十字。正書。誌長、寬均二十九·五厘米。

陶温撰。

原石藏洛陽張存才唐誌精品館。

誌蓋篆書：唐丹陽陶少君墓誌銘

唐故伊洛男子丹陽陶少君墓誌銘并序

唐丹陽陶氏子名瑄，字圓之。　深州刺史、工部郎中諱詠之曾孫，陝州硤石縣丞諱播之孫，鄉貢進士温之次子。生廿四歲，以大中九年十二月九日夭於揚子縣館。明年丙子二月十六日祔於壽安縣甘泉鄉連理里。其父哭而叙之。嗚呼！吾兒及月辰，吾夢生一珠。嬰孩果敏慧。六歲授經於堂世父，聰晤異於凡兒。耽好筆硯，未冠能爲八韻賦，特善五言詩。其題永嘉山水，尤峭綺天性。仁孝和茂，志静神閑，挺然秀俊，形幾六尺。生居蓬户，口不言利。親友望風愛之，咸許昌大。嘗寄東太學讀書，空館百廡無一人，獨棲不懼，合生徒伏之。九年春，隨予適温州。予羞未第，見其昂藏，矯以猶子，命之因與唱和，亦妙爲應用。時令代己起草，與之商榷，人事必舉其中，及論文往往出意表。嗟乎！非庸子也。宜吾不得子。汝往復萬里，涉江海。安吾棲棲，何圖中路遘病，天衰吾門。剿奪爾命。窮毒痛憤，因乞假以舟，及汴而輿及鄉。哭且銘曰：

孰致也而來，孰召也而往。廿四年之寄寓，胡聰明而夭枉。脩顔之行不及短顔之數，韜祢之才而終薦祢之年。痛乎命，痛乎天。

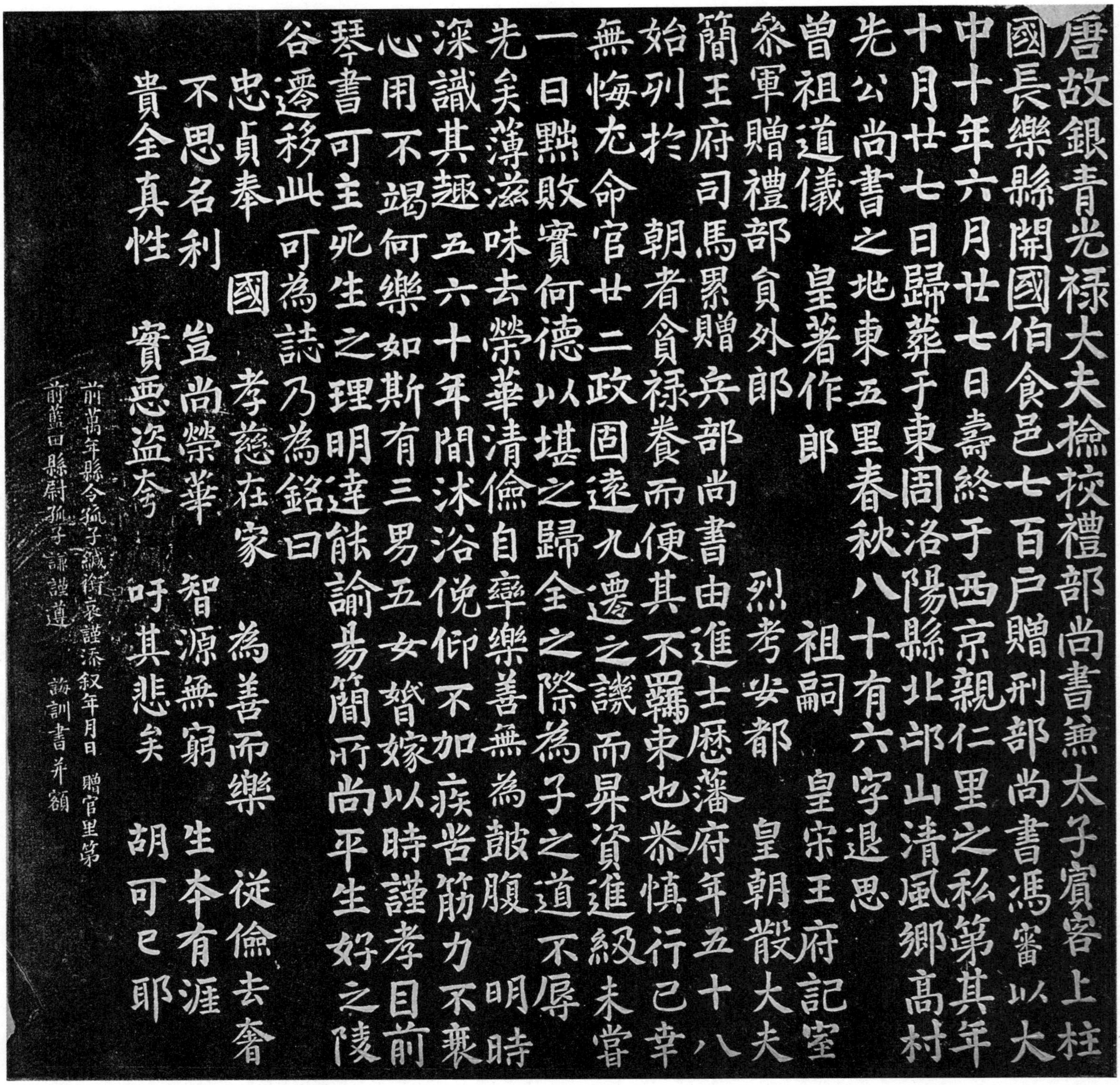
唐故銀青光禄大夫檢校禮部尚書兼太子賓客上柱
國長樂縣開國伯食邑七百户贈刑部尚書馮審以大
中十年六月廿七日壽終于西京親仁里之私第其年
十月廿七日歸葬于東周洛陽縣北邙山清風鄉高村
先公尚書之地東五里春秋八十有六字退思
曾祖道儀　皇著作郎　祖嗣　皇宋王府記室
參軍贈禮部員外郎　烈考安都　皇朝散大夫
簡王府司馬累贈兵部尚書由進士歷藩府年五十八
始列於　朝者貪禄養而便其不羈束也恭慎行己幸
無悔尤命官廿二政固遠九遷之譏而昇資進級未嘗
一日黜敗實何德以堪之歸全之際爲子之道不辱
先矣薄滋味去榮華清儉自寧樂善無爲皷腹明時
深識其趣五六十年間沐浴俛仰不加疾咎筋力不衰
心用不竭何樂如斯有三男五女皆嫁以時謹孝目前
琴書可主死生之理明達能諭易簡所尚平生好之陵
谷遷移此可爲誌乃爲銘曰
忠貞奉　國　孝慈在家　爲善而樂　從儉去奢
不思名利　豈尚榮華　智源無窮　生本有涯
貴全真性　實惡盜夸　吁其悲矣　胡可已耶
前萬年縣令孤子緘銜哀謹述叙年月日　贈官里第
前藍田縣尉孤子謙謹遵　誨訓書并額

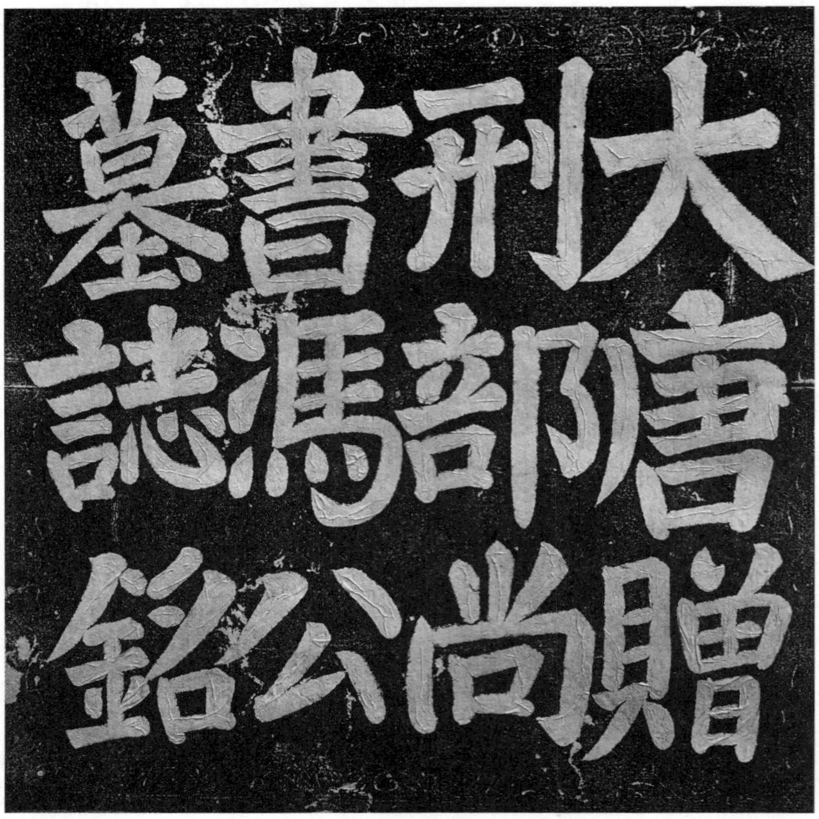
大唐贈
刑部尚
書馮公
墓誌銘

三六一　唐故銀青光禄大夫檢校禮部尚書兼太子賓客上柱國長樂縣開國伯食邑七百户贈刑部尚書馮審墓誌銘

大中十年（八五六）十月二十七日葬。

誌文二十一行，滿行二十一字。正書。誌長、寬均七十厘米。

馮緘撰，馮謙書并額。

誌蓋正書：大唐贈刑部尚書馮公墓誌銘

唐故銀青光禄大夫、檢校禮部尚書、兼太子賓客、上柱國、長樂縣開國伯，食邑七百户、贈刑部尚書馮審以大中十年六月廿七日壽終於西京親仁里之私第，其年十月廿七日歸葬於東周洛陽縣北邙山清風鄉高村先公尚書之兆東五里，春秋八十有六。字退思。曾祖道儀，皇著作郎。祖嗣，皇宋王府記室參軍，贈禮部員外郎。烈考安都，皇朝散大夫、簡王府司馬，累贈兵部尚書。由進士，歷藩府，年五十八始列於朝者，貪禄養而便其不羈束也。恭慎行己，幸無悔尤。命官廿二政，固遠九遷之譏；而昇資進級，未嘗一日黜敗。實何德以堪之。歸全之際，爲子之道，不辱先矣。薄滋味，去榮華。清儉自率，樂善無爲。鼓腹明時，深識其趣。五六十年間，沐浴俛仰，不加疾苦。筋力不衰，心用不竭。何樂如斯。有三男五女，婚嫁以時，謹孝目前。琴書可主死生之理，明達能諭易簡所尚，平生好之。陵谷遷移，此可爲誌。乃爲銘曰：

忠貞奉國，孝慈在家。爲善而樂，從儉去奢。不思名利，豈尚榮華。智源無窮，生本有涯。貴全真性，實惡盜夸。吁其悲矣，胡可已耶。

前萬年縣令孤子緘銜哀謹添叙年月日、贈官里第

前藍田縣尉孤子謙謹遵誨訓，書并額

三六二　唐故太僕少卿崔公（礎）墓銘

大中十二年（八五八）二月二十一日葬。

誌文三十六行，滿行三十六字。正書。誌長、寬均六十一·五厘米。

崔某撰，崔濬書丹。

原石藏洛陽龍門博物館。

誌蓋篆書：唐故太僕少卿博陵崔公墓銘

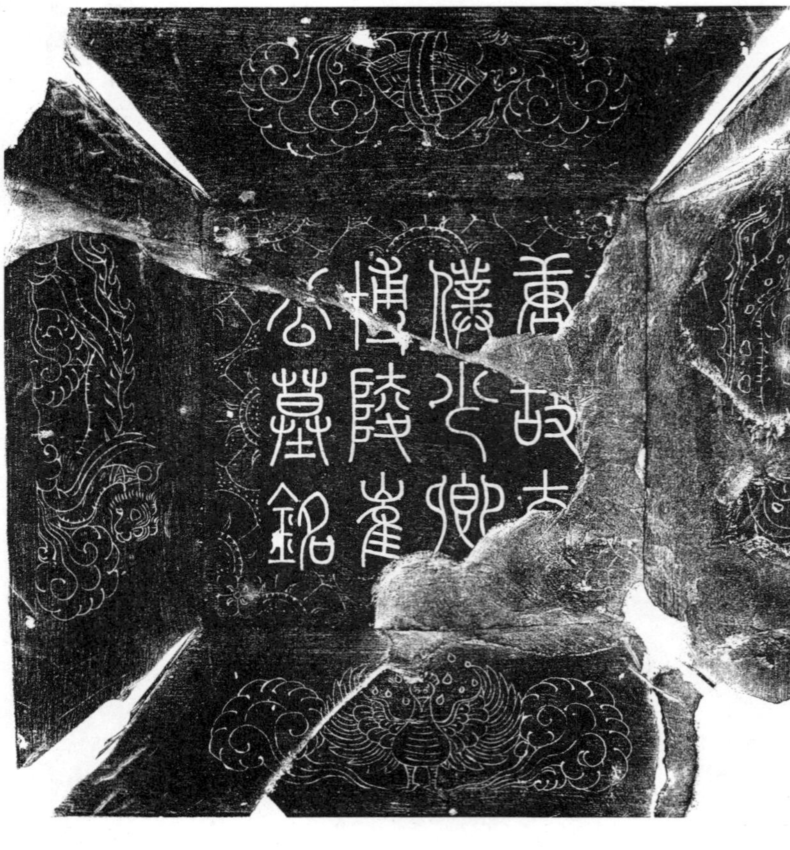

唐故太僕少卿崔公墓銘并序

弟朝議郎前使持節曹州諸軍事前□曹州刺史柱國賜緋魚袋　撰

嗚呼！筋骸靡□□痛，藥可以療。恩愛斷割之苦，術不能追。由□□中驚，狂不自勝。忍孤苦深蒼天，枉苦深蒼因。□諱礎，字承之，博陵安平人也。　曾祖尊諱渙，　皇門下侍郎、平章事；　王父尊諱□〔一〕，　皇太常卿。　烈考尊諱元方，　□州刺史，由公之位追贈秘書監。　皇妣滎陽鄭□□。　外王父尊諱，　皇殿中侍御史、浙江西道觀察判官。　公禮樂奉身，清貞稟性。持□之行，家以之肥，韞夷□操，人不可見。無宗從遠近之別，皆骨肉也；處兄姊弟妹之愛，猶肝心□。□□□□□□□泣血，服手足之喪而一慟絶氣。不苟得，不輕進。不犯非義，不交非類。斂□□□□□□并日而食，不改其樂。手不釋卷而晦以知書。智無不通，未嘗臧否。中外吉凶之□，□□□□；親交饑寒之苦，皆就仰給。莫不曲中規矩，共同有無也。六經子史之要，自抄者九十帖，陰陽占卜之書，獨校者四十卷。一生處身，百行無玷。命不我與，位不稱才，孤苦蒼天。年十四，以國子明經登高第，調授右內率府胄曹參軍。　制以五代祖博陵王〔二〕戡剪之功，追揚勳烈，授國子監廣文助教，次任京兆府長安縣主簿。既以才聞，爲人屈迹，授監察御史、知戶部江淮分巡事。故相國范陽公〔三〕之總邦計也，熟之以親舊，得之以婚姻。深重器能，厚加禮聘。奏殿中侍御史充度支推官。才力既宣，問譽益著。特以儒學任秘書丞。范陽公讓罷相印，鎮臨武昌。幕府初開，幄壁猶重。奏　公祠部郎中兼侍御史，賜緋魚袋，爲團練判官。范陽公簡在　帝心，望隆□注。□改授龍節，不移將壇，將歸鳳池，尤峻賓榻。以　公爲節度判官，尋以府變，退居洛京。深魚鳥之痛，絶爵禄之望。素履轉高，清音彌暢。　徵拜太僕少卿，名未副實，用不遇時。尚屈宏才，奄從隱化。以大中十一年正月十一日薨於東都敦行里之舊宅，享年六十九。枉苦深蒼天，冤苦深蒼天。越以來年二月廿一日歸附於河南府河南縣金谷鄉尹村從遺命之，不敢離　祖考也。夫人范陽盧氏，先　公十三年而終。父伯卿，以殿中侍御史知鹽鐵鹽城監。婚姻之盛，鼎甲其門。內外之美，備於　盧夫人之舊誌。二子曰襲兒，曰小襲。皆在襁褓，早從夭喪，崔氏之衰，兆自此矣。孤苦蒼天，養　之子曰濬，前京兆府昭應縣尉。別女曰阿吴，別子曰石堡。皆禀慧晤之性，已有老成之姿。痛其既孤，不及嚴訓，冤苦深蒼天。　九歲失　怙恃，　仁兄長養之。饑寒撫視之慈，如春之煦物也；禮法言行之誨，如夏之長物也；擇交友通人事，如秋之成物也；勗就鄉薦，勵登宦途，如冬之備物也。有天地之恩惠，手足之保愛。一朝奪去，號痛何追。冤苦深蒼天，枉苦深蒼天。情理荒亂，追思不備。寫於貞石，庶存萬一。銘曰：

海以派深，山由塵積。□望之崇，增修之德。赫赫我祖，繩繩其位。公侯將相，更盛迭貴。六世顯昌，四代丞郎。兩居鈞軸，再傳紀綱。武氏之亂，國祚惟危。復　帝明辟，惟□□持。位因忠顯，家以孝傳。世代相承，道義不愆。厥有令人，嗣其餘慶。如玉□□，如繩之正。孝慈其行，友愛其仁。蘭薰其道，芝瑞其身。兄姊弟妹，□□□□。四皆早世，兩相愛育。天何不仁，令我孤存。肝心自爛，號叫誰聞。□□□□，泉路萬里。追恨之痛，觸目而起。邙山之陽，接畛連崗。□□其□，□□□藏。祖宗是宅，孫子攸歸。神明會集，幽歡有輝。仁兄之靈，□□□。

嗣子登仕郎前守京兆府昭應縣尉濬書

〔一〕原字缺損，據《舊唐書》卷一〇八《崔渙傳》《崔縱傳》，應爲「縱」。

〔二〕「博陵王」即崔玄暐。

〔三〕據《舊唐書》卷一七六《盧商傳》，此「相國范陽公」即盧商。

唐故海州東海縣令王公玄堂記銘
外生吳郡顧眈撰并書
王氏之先出齊田和之後國除人曰王家因望北海焉隋大業末
自齊遷鄭寓久爲鄉後由仕易貫洛州河南縣洛濱鄉道術里
公生是也諱宗本字道先　曾祖恵琮祖希庭貢于丘園郡府
以才行知累徵不就　父倫濠州招義縣令　夫人天水趙氏
生二女兄及　公之弟宗幸　公長嗣也弱冠蔭調唐州桐栢縣
主簿弃禄歸　養旋補滁州清流縣尉丁所恃艱終制得廬州巢
縣主簿居所怙喪累以孝聞既祥授丹州雲巖縣令丹之守籍其
行辟爲郡從事揔理之地邊民苦人戴若天印解轉海州東海縣
令捨官日不忍太守苛剥不道緘郡所降符書袖以争之守恃勢
長惡民創愈瘡翌日詣府大呼曰吁虎暴狼貪不若尔之爲郡也
令不忍尔身坐鈴閣魂魄已拘伏於廷尉之庭矣然我位卑無能
庇恵生息置印綬而去守少加怖召文武吏俾民遮道遂留之暨
公秩辝遘疾不寤守竟以稔懟遐邇聞知者顧恨　公不得生見
之之　公大中拾壹季叁月拾捌日終于海州之私第享齡甲子周
之壹　公早娶京兆嚴氏女無嗣後娶天水趙氏女復不胤有庶
孫暨携養者叁男過亂曰倖兒女未笄曰汾娘庶也其緹縈既携
又孩者曰三十也　公以拾叁季捌月拾玖日歸塋于洛州洛陽
縣平陰鄉南陶村附　先人塋合前娶禮也　公生紉而韻恵
童而謹敏洎成人至二啓無嗜好貪惏一渝其性有公忠孝友百
彰于行惜其才沉下寮壽力負中享而已眈於　公甥也洎嬰
孺至成人不睽仁愛是　公之履靡有遺覩乃爲之銘曰
理緯才經　昌章不成　道川德岳　昌竭而傾　聖有微言
徵不在此　顯効嘉郝　他生信矣

三六三　唐故海州東海縣令王公（宗本）玄堂記銘

大中十三年（八五九）八月十九日葬。

誌文二十五行，滿行二十五字。正書。誌長、寬均四十六·五厘米。

顧眈撰并書。

唐故海州東海縣令王公玄堂記銘

外生吴郡顧眈撰并書

王氏之先出齊田和，之後國除，人曰王家，因望北海焉。隋大業末，自齊遷鄭，寓久爲鄉。後由仕易貫洛州河南縣洛濱鄉道術里。　公生是也，諱宗本，字道先。　曾祖惠珎，祖希庭，賁於丘園，郡府以才行知，累徵不就。　父倫，濠州招義縣令。　夫人天水趙氏，生二女。兄及　公之弟宗幸，　公長嗣也。弱冠，蔭調唐州桐柏縣主簿。弃禄歸　養，旋補滁州清流縣尉。丁所恃艱，終制得廬州巢縣主簿。居所怙喪，累以孝聞。既祥，授丹州雲巖縣令。丹之守，籍其行，辟爲郡從事，總理之。地邊民苦，人戴若天。印解，轉海州東海縣令。蒞官日，不忍太守苛剥不道，緘郡所降符書，袖以争之。守恃勢長惡，民創愈痏。翌日詣府大呼曰：「吁，虎暴狼貪，不若爾之爲郡也。今不忍爾身坐鈴閣，魂魄已拘伏於廷尉之庭矣。然我位卑，無能庇惠生息，置印綬而去。」守少加怖，召文武吏，俾民遮道，遂留之。暨公秩辭，遘疾不瘳。守竟以稔憝遐殛，聞知者顧恨　公不得生見之。　公大中拾壹年叁月拾捌日終於海州之私第，享齡甲子周之壹。　公早娶京兆嚴氏女，無嗣。後娶天水趙氏女，復不胤。有庶孤曁携養者叁，男過齓曰倅兒。女未笄曰汾娘，庶也。其緹縈既携，又孩者曰三十也。　公以拾叁年捌月拾玖日歸葬於洛州洛陽縣平陰鄉南陶村，附　先人塋，合前娶，禮也。

公生幼而穎惠，童而謹敏。洎成人至二啓，無嗜好貪吝，一渝其性。有公忠孝友，百彰於行。惜其才沉下寮，壽負中享而已。眈於　公，甥也。洎嬰孺至成人，不睽仁愛。是　公之履，靡有遺睹，乃爲之銘曰：

理緯才經，曷章不成。道川德岳，曷竭而傾。聖有微言，徵不在此。顯效嘉報，他生信矣。

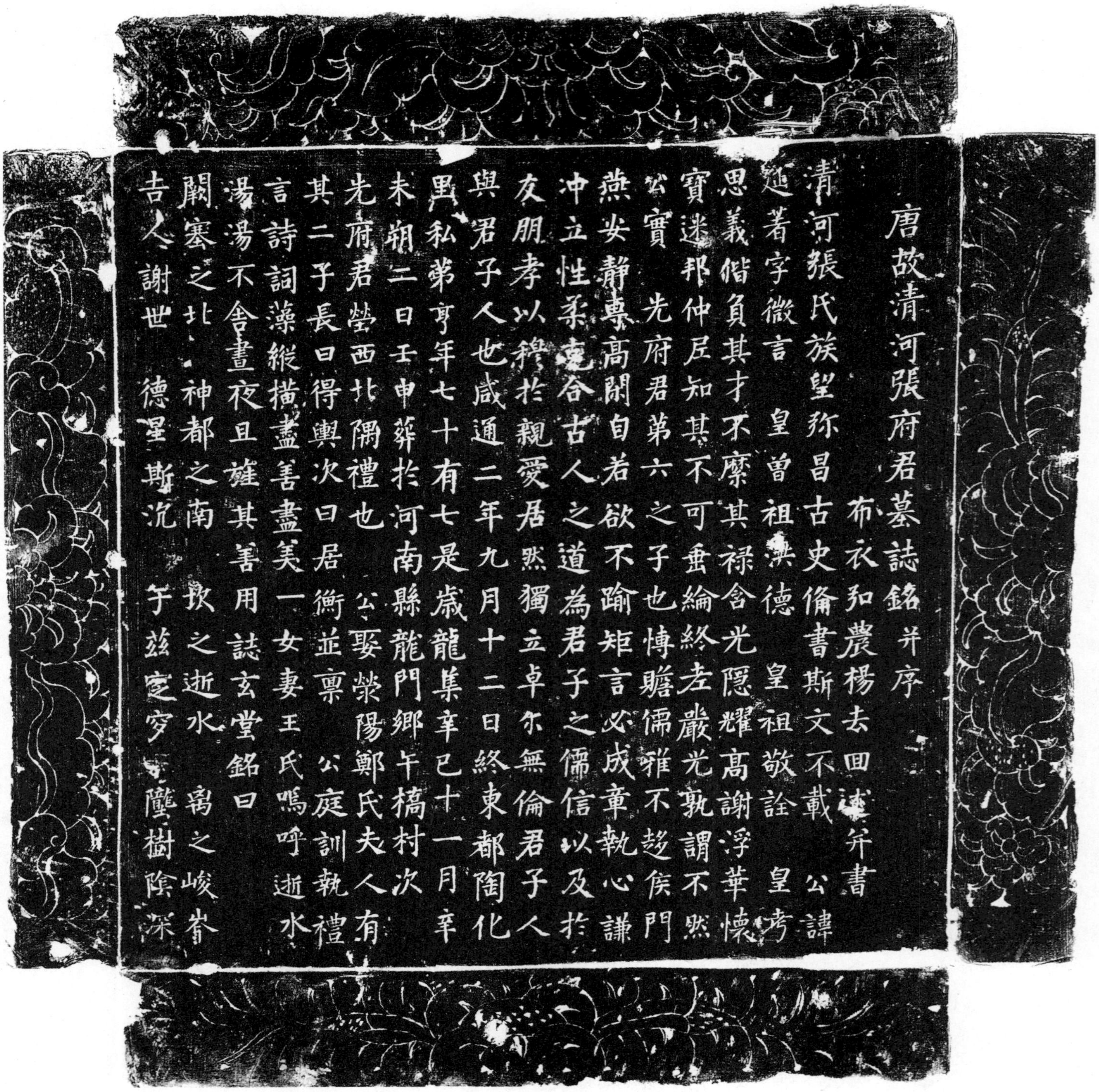

三六四　唐故清河張府君（延著）墓誌銘

咸通二年（八六一）十一月二日葬。

誌文十九行，滿行十九字。正書。誌長、寬均四十六厘米。

楊去回撰并書。

原石藏洛陽龍門博物館。

誌蓋篆書：唐故清河張府君墓銘

唐故清河張府君墓誌銘并序

布衣弘農楊去回述并書

清河張氏，族望彌昌。古史備書，斯文不載。　公諱延著，字微言。　皇曾祖洪德。　皇祖敬詮。　皇考思義。偕負其才，不縻其禄。含光隱耀，高謝浮華。懷寶迷邦，仲尼知其不可；垂綸終老，嚴光孰謂不然。公實　先府君第六之子也。博贍儒雅，不趨侯門。燕安静專，高閑自若。欲不踰矩，言必成章。執心謙冲，立性柔克。合古人之道，爲君子之儒。信以及於友朋，孝以穆於親愛。居然獨立，卓爾無倫。君子人與，君子人也。咸通二年九月十二日終東都陶化里私第，享年七十有七。是歲龍集辛巳十一月辛未朔二日壬申葬於河南縣龍門鄉午橋村次，　先府君塋西北隅禮也。　公娶滎陽鄭氏夫人，有其二子。長曰得輿，次曰居衡。並禀　公庭訓，執禮言詩。詞藻縱横，盡善盡美。一女妻王氏。嗚呼！逝水湯湯，不舍晝夜。且旌其善，用誌玄堂。銘曰：

闕塞之北，神都之南。坎之逝水，離之峻岑。吉人謝世，德星斯沉。於兹窆穸，隴樹陰深。

三六五　唐故朝散大夫守鄭州司馬清河崔府君（審文）夫人趙郡李氏墓誌銘

咸通三年（八六二）四月八日葬。

誌文二十八行，滿行字數不等。正書。誌長、寬均五十一·五厘米。

崔綬撰并書。

誌蓋隸書：唐故朝散大夫守鄭州司馬崔府君墓誌

唐故朝散大夫守鄭州司馬清河崔府君夫人趙郡李氏墓誌銘并序

親侄登仕郎鄭州管城縣主簿綬撰并書

公諱審文，字校之。分宗嗣德，肇自清河，長源高閥，實冠山東。至於裔緒之來，婚姻之盛，焕乎若日月之輝燭，攸然若江海之遐廣。人皆仰之，故不復備載。　曾祖諱紹，　皇朝膳部郎中、鄆州刺史。　祖諱貢，蔡州朗山縣尉。　烈考諱暐，河南府永寧縣尉。　公未冠擢明經第，釋褐參鄭州軍事。歷新鄭縣主簿，皆迨　養也。旋丁　太夫人艱，號慕毀瘠，實加於人。及終制，就調銓司，以　公才行兼茂，將授以京曹清秩。　公以孀姊孤姪，寒餒是念，且以厚禄爲急，不以好爵自榮。既授廬州録事參軍，喜形於色。嗚呼！仁愛周急，行義忘身，有如此者。久之，授河南縣主簿。辭滿，歸於鄭之西鄙。課耕桑於畎畝，翫經史於衡茅。恬漠自安，未嘗以名利爲計。今僕射、相國裴公〔一〕主司擢莞，首署　公鳳山監事，鼓鑄之務，雅非所好，未及終歲，請告而歸。尋授汝州襄城縣令，遷鄭州司馬。　公稟冲和之姿，藴貞澹之德。不干進以違道，不悁潔以矯名。孝愛慈仁，寬弘博裕。閨門之内，無愧古人。况族無强親，家無厚産。孤孀幼累，殆五十口，衣食百須，皆　公是賴。雖位未充德，禄廪未豐，而辛勤恤養，罔有不足。至於奉身之道，每自儉薄，一葛一裘，十年不易。雖春秋漸高，而素節彌厲。洎　弃養之日，無尺繒斗儲。嗚呼！凡今之行道之人，孰能如此哉！糾郡理邑，不以威刑爲政，而奸頑者思革；親人接物，不以矜莊自峻，而輕薄者知敬。豈不以清直無私，弘曠推誠故也。早奉浮圖之教，不茹腥羶。貝葉章句，能諷誦者十四五。精於文章，未嘗炫於人。時爲詩句自怡釋，文士見者莫不伏膺。自莅職武昌，爲温溽所侵重，腿不能輕舉者僅十年。閉關自晦，不求進用。知己大僚，以　公器業貞茂，濡滯明時，屢白執政，且欲以一郡爲榮。　成命垂降，忽　寢膳小違，醫禱無應。以咸通二年八月廿日　傾背於鄭州官舍，寧壽六十八年。　夫人趙郡李氏，　侍御史宗直之女。肅雍成德，賢睦宜家。慶方兆於陳占，悲早貽於莊缶。以會昌二年　弃背於廬州官舍。孝子二人，曰緩、曰絢，號奉帷裳，克遵龜筮。以咸通三年四月八日合祔於河南府偃師縣亳邑鄉祁村，從　先塋，禮也。　公階考咸臻五品，有司以　聞，由是加朝散大夫。及　詔下之辰，緩等已鍾荼蓼。幸及先遠之前，故今以銀龜朱紱從窀穸之事焉。姪綬韶齔而孤，實鍾慈愛，感訓育之恩，報復無日；追奉侍之禮，今古永乖。抆血爲銘，寘於幽宅。銘曰：

氤氲降德，純和稟靈。澄襟退操，藴耀含精。不匱之行，畏知之清。靡□是附，匪利斯營。居必慎獨，動不違貞。金玉仁義，糞壤浮榮。位壽不極，天道孰明。追攀無迨，銜恤斯銘。

〔一〕「相國裴公」即裴休。

三六六　唐隴西李氏（晼）夫人昌黎韓氏墓誌銘

咸通三年（八六二）四月二十三日葬。
誌文二十五行，滿行字數不等。正書。誌長、寬均五十九厘米。
李晼撰。

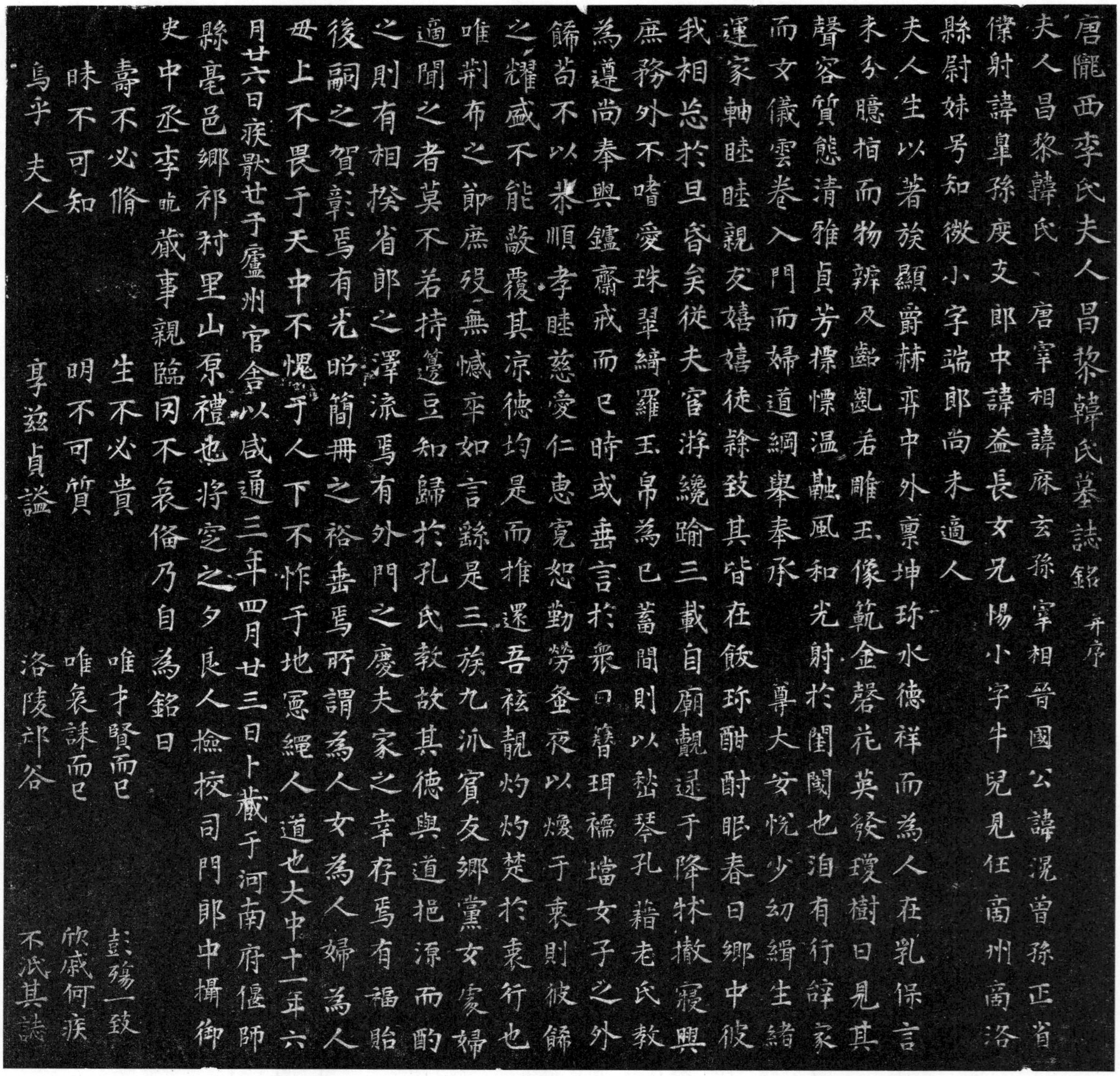
唐隴西李氏夫人昌黎韓氏墓誌銘并序
夫人昌黎韓氏、唐宰相諱休玄孫宰相晉國公諱滉曾孫正省
僕射諱臯孫度支郎中諱益長女兄陽小字牛兒見任商州商洛
縣尉妹号知微小字端郎尚未適人
夫人生以著族顯爵赫弈中外稟坤珎水德祥而為人在乳保言
未分臆指而物辨及齠齓若雕玉像範金磬花英發瓊樹日晃其
聲容質態清雅貞芳慓慓溫融風和光射於閨閫也洎有行辞家
而女儀雲卷入門而婦道綱舉奉承　尊大安悅少幼緝生緒
運家軸睦睦親友嬉嬉徒餘致其皆在飯珎酣酎眠春日鄉中彼
我相忘於旦昏矣從夫宦游纔踰三載自廟覲逮于降禁撤寢興
庶務外不嗜愛珠翠綺羅玉帛為已蓄間則以鼓琴孔籍老氏教
為遵尚奉與鑪齋戒而已時或垂言於衆曰舊理禮墻女子之外
飾苟不以恭順孝睦慈愛仁惠寬恕勤勞蚤夜以燧于衷則被飾
之耀盛不能蔽覆其涼德均是而推還吾袪靚灼灼楚於衷行也
唯荊布之節庶歿無憾卒如言繇是三族九派賓友鄉黨女處婦
適聞之者莫不若持籩豆知歸於孔氏教故其德與道挹源而酌
之則有相揆省郎之澤流焉有外門之慶夫家之幸存焉有福貽
後嗣之賀彰焉有光昭簡冊之裕垂焉所謂為人女為人婦為人
母上不畏于天中不愧于人下不怍于地匪繩人道也大中十一年六
月廿六日疾歿廿于盧州官舍以咸通三年四月廿三日卜葬于河南府偃師
縣亳邑鄉祁村里山原禮也将窆之夕良人檢校司門郎中攝御
史中丞李晼蔵事親臨因不衰倫乃自為銘曰
壽不必脩　生不必貴　唯中賢而已　彭殤一致
昧不可知　明不可質　唯哀誄而已　欣戚何疾
烏乎夫人　享茲貞謚　洛陵邙谷　不泯其誌

唐隴西李氏夫人昌黎韓氏墓誌銘并序

夫人昌黎韓氏，　唐宰相諱庥玄孫，宰相晉國公諱滉曾孫，正省僕射諱臯孫，度支郎中諱益長女。兄惕，小字牛兒，見任商州商洛縣尉。妹號知微，小字端郎，尚未適人。　夫人生以著族顯爵，赫弈中外。禀坤珍水德，祥而爲人。在乳保，言未分臆，指而物辨，及齠齔，若雕玉像，範金磬花。英發瓊樹，日見其聲容。質態清雅，貞芳標慓。温融風和，光射於閨閾也。洎有行，辭家而女儀雲卷，入門而婦道綱舉。奉承　尊大，安悦少幼，緝生緒，運家軸。睦睦親友，嬉嬉徒隸，致其皆在飫珍酣酎，眠春日鄉中，彼我相忘於旦昏矣。從夫宦游，纔逾三載。自廟覿逮於降牀撤寢，興庶務外，不嗜愛珠翠、綺羅、玉帛爲己蓄，間則以嵇琴、孔籍、老氏教爲遵尚，奉盥鑪齋戒而已。時或垂言於衆曰：「簪珥襦璫，女子之外飾，苟不以恭順孝睦、慈愛仁惠、寬恕勤勞，蚤夜以焕於衷，則彼飾之耀盛，不能蔽覆其凉德。均是而推，還吾袨靚，灼灼楚於衷行也，唯荆布之節，庶殁無憾。」卒如言。繇是三族九派、賓友鄉黨、女處婦適聞之者，莫不若持籩豆知歸於孔氏教。故其德與道，挹源而酌之，則有相揆省郎之澤流焉。有外門之慶，夫家之幸存焉。有福貽後嗣之賀彰焉，有光昭簡册之裕垂焉。所謂爲人女，爲人婦，爲人母，上不畏於天，中不愧於人，下不怍於地，憲繩人道也。大中十一年六月廿六日疾，厭世於盧州官舍。以咸通三年四月廿三日卜藏於河南府偃師縣亳邑鄉祁村里山原，禮也。將窆之夕，良人檢校司門郎中、攝御史中丞李眖，葳事親臨，罔不哀備，乃自爲銘曰：

壽不必脩，生不必貴。唯才賢而已，彭殤一致。昧不可知，明不可質。唯哀誄而已，欣戚何疾。烏乎夫人，享兹貞謚。洛陵邙谷，不泯其誌。

三六七　唐故朝散大夫使持節沁州諸軍事守沁州刺史柱國清河崔府君（𤄃）墓誌銘

咸通三年（八六二）八月一日葬。

誌文三十三行，滿行三十三字。正書。誌長、寬均七十厘米。

李𦷟撰。

誌蓋篆書：唐故清河崔公墓誌銘

唐故朝散大夫使持節沁州諸軍事守沁州刺史柱國清河　崔府君墓誌銘并序

鄉貢進士李翥撰

公諱璹，字元輝，清河人也。其先源流之盛，著於家諜，故不蔓云其實。曾祖太子中允、贈太尉諱佶。祖吏部郎中兼御史中丞、贈太師諱陲。考太府大卿諱鄮。
先太夫人范陽盧氏。外王父闞之之女。有子四人。長曰瓊，同州文學。次曰垍，河南府伊闕縣令。次曰琨，黔南觀察使。並先　府君而殁。　公即第
四子也。當時姻族之盛，中外之華，時莫敢之匹。　先太夫人慈愛德義之明，昭然形於九族之上。夫家聲代業，累德積仁，故以克降前躅，光啓來葉矣。

公少禀端默，器蘊冲和。孝謹天資，謙恭内收。履善而日懼不足，飾躬而歲稔其華。淡薄宦途，優遊性域。雖干禄，搢紳之内，家愈清貧，由級而昇，
曾未躁欲。元和初，大中際，　季父〔一〕次　雁序，主春闈，而秉鈞衡之盛。蟬聯　清門内。士林之榮，軒冕之貴，赫弈　鳳闕。下山東之族，
殆莫能之比。由是天下射策之士，擢科名之勝者，上自　丞相府，下及畿服尉，率必門下之生。苟或思擢桂而履清途之榮，不由　公之户牖者皆□□
其愧恥，故得仰門閥之清邃，瞻禮樂之軌範。千百其心，孜孜敬佩之不暇。　公始任鄧州參軍，娶夫人趙郡李氏，故宋州長史恭仁之長女。事移天水之
敬，叶齊眉之歡。奉蒸嘗而克有其儀，達貧宴而靡形於色。秩滿，調江陵府石首縣尉。纔去其任，補職度支安邑院巡官。歲餘，思其樹績之明，復赴常調，
授楚州山陽縣令。絃歌襲武城之響，惠化得單父之仁。政溢路歧，四考而去。復依調集，授杭州餘杭縣令。前績愈茂，厚德日聞。秩滿未幾，不幸道融等
丁　夫人之艱。後復授河南府緱氏縣令。廉讓清直，克於家儉。二歲留風俗之美，三邑無案牘之□。政滿，拜沁州刺史。牧民纔軫於心術，救物將整於
智源。微恙忽侵，遘禍於位。春秋享年六十。有子六人。長曰戡，年未弱冠而殁。次曰道融，次曰德融，曰範融，曰映四人。女三人，皆趙郡　夫人之出。
幼曰郭七，禀義方之明訓，達人子之孝敬。樂善攻文，業始成茂。道融、德融已舉進士。映早以　府君之命，承嗣黔南府君親伯之裔。女二人，以
府君守尉石首之時，悉未成人而終，權厝鄧州。今因卜用而啓祔之。幼女襁褓，夭於安邑。道融等哀號泣血，殆不勝其喪禮。以咸通三年八月一日葬於河
南府偃師縣亳邑鄉北邙原，祔　大塋之禮也。道融等以翥榮□親懿，早獲獎知。請叙　休德，刊於貞石。不敢竊避其愧，苟於牢讓。銘曰：

承家之重，脩德之明。禮樂序位，簪紱敷榮。冠彼羣氏，我族惟清。軌範其度，行藏其身。自始筮仕，及乎牧民。政不忍欺，孜孜以循。立善不忘，
禀義無因。彼蒼之明，宜壽其質。數與善違，奚究斯實。日月雖遷，明德詎朽。積慶崇基，必覆厥後。厥後其昌，家肥是守。北邙之陽，洛水湯湯。氣鬱大域，
松靄横崗。已矣萬古，幽宅其鄉。

〔一〕「季父」即崔鄲。

三六八　河南府偃師縣令元建故夫人潁川陳氏墓銘

咸通三年（八六二）十一月八日葬。

誌文二十四行，滿行二十五字。正書。誌長、寬均四十六・五厘米。李鸞撰。

誌蓋正書：唐故潁川陳夫人墓銘

河南府偃師縣令元建故夫人潁川陳氏墓銘并序

鄉貢進士李鸞撰

唐咸通叁年歲次壬午季秋月拾有貳日有潁川陳氏夫人年三十告逝於東都履信坊之私第。六姻涕泗，九族悽惻。夫人紱冕之後，榮貴之門。合錫其年，以遐其福。易州刺史、檢校工部尚書、贈右僕，諱愃之曾孫。東都留守、檢校司空、贈司徒，諱楚之孫。易定節度使、檢校右僕射、贈太保，諱君賞之長女也。伏以夫人世傳簪組，代襲軒纓。中外聯榮，官婚齊貴。慶延藩閫，作瑞閨闈。氣稟温和，德兼孝敬。年二十九歸妹於元氏之門，即魏韓國公之後也。元宰恪賓於　國，嗣續其風。少履宦途，長榮甸服。前娶陸氏夫人，令族清規，罕有倫匹。有一男三女，不幸少孤。再娶張氏夫人，未迺周星，已先朝露。良人士曹，秩滿東府。旋逼調集，將赴西秦。顧盈室之孤遺，慮蘋藻之有闕，遂復娶於陳氏之門。不逾旬朔，授宰偃師。携手赴官，纔歷炎凉。夫人理家有敬上接下之禮，撫孤有徙居分甘之仁。方期榮耀中闈，恢覃行義。豈意昊天不祐，積善無徵。凶訃既鍾，其冤何極。三女一子皆荷慈育之仁，中外姻聯盡感寬柔之德。遂護喪歸於偃師縣之□□□。是歲拾壹月捌日歸葬於洛城之北河南縣界□楊□□□□□遠祖宣武帝陵之西，禮也。嗚呼□□□□□□去不復還，其德可稱。銘曰：

雍雍令淑，笄年有歸。齊眉白首，一何遽違。天道惡盈，貴壽者希。蘭彫玉折，霞散雲飛。□□□□，□□□幃。□騰□去，楊柳何依。□龍雖□，□□□□。□□□□，永閉玄扉。

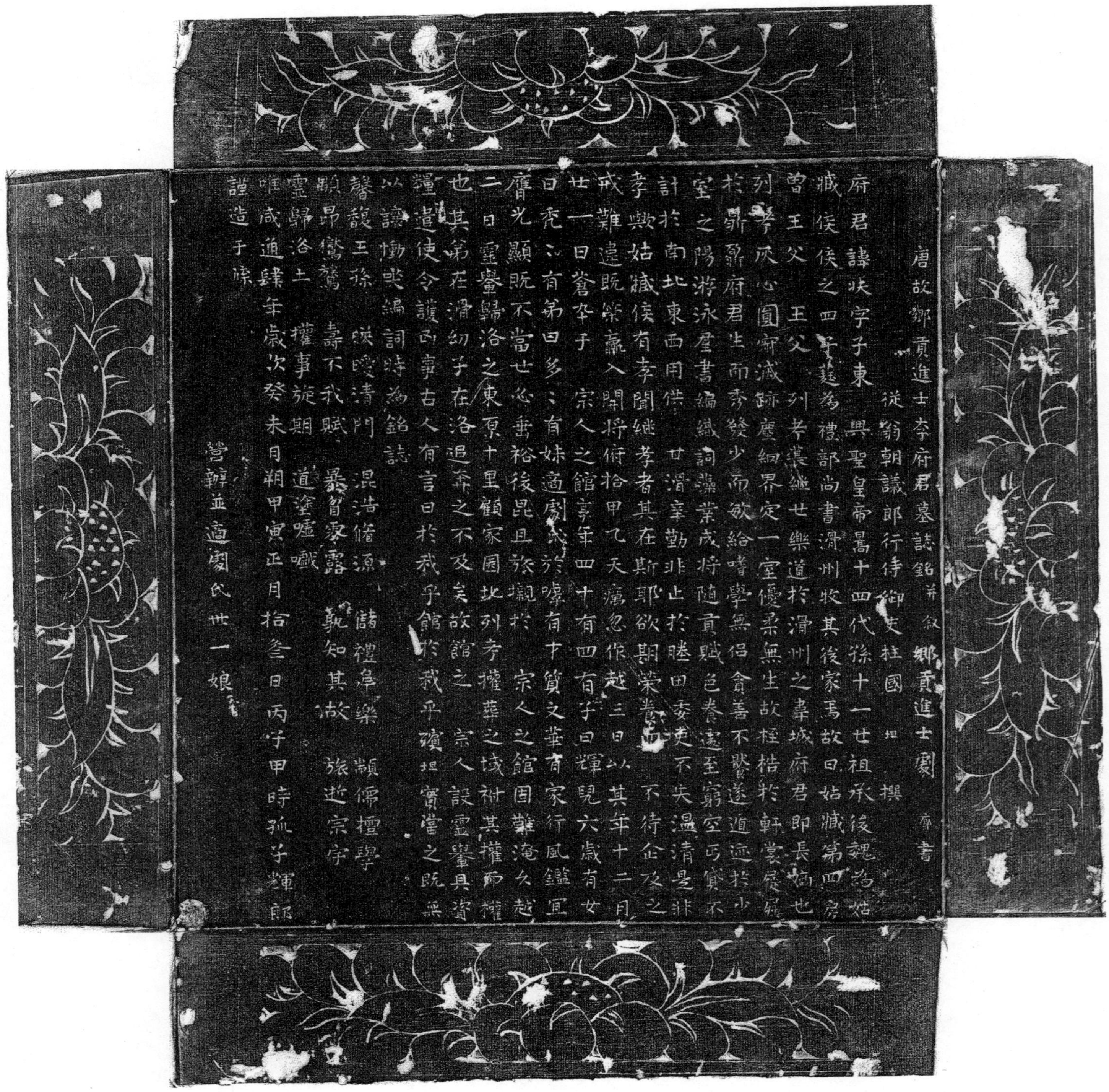

三六九　唐故鄉貢進士李府君（扶）墓誌銘

咸通四年（八六三）正月十三日葬。

誌文二十四行，滿行二十六字。正書。誌長三十四厘米、寬三十三厘米。

李坦撰，劇廓書。

誌蓋正書：唐故姑臧李府君誌銘

唐故鄉貢進士李府君墓誌銘并叙

鄉貢進士劇廓書

從翁朝議郎行侍御史柱國坦撰

府君諱扶，字子東，　興聖皇帝嵩十四代孫。十一世祖承，後魏爲姑臧侯。侯之四子蕤爲禮部尚書、滑州牧，其後家焉，故曰姑臧第四房。曾王父、　王父、　列考萇，繼世樂道於滑州之韋城。府君即長嫡也。列考灰心圓寂，滅迹塵網。界定一室，優柔無生。故桎梏於軒裳，屣履於鼎鼐。府君生而秀發，少而敏給。嗜學無侶，貪善不饜。遂遁迹於少室之陽，游泳群書，編織詞藻，業成將隨貢賦，色養遽至窮空。丐貸不計於南北東西，用供　甘滑；辛勤非止於塍田委吏，不失温凊。是非孝歟？姑臧侯有孝聞，繼孝者其在斯耶！欲期榮養而　不待，企及之戒難違。既策羸入開，將俯拾甲乙。天癘忽作，越三日以其年十二月廿一日蒼卒於　宗人之館，享年四十有四。有子曰輝兒，六歲。有女曰秃秃。有弟曰多多，有妹適劇氏。於嘑！有才質文華，有家行風鑑，宜膺光顯。既不當世，必垂裕後昆。且旅櫬於　宗人之館，固難淹久。越二日，靈轝歸洛之東原十里顧家園北列考權葬之域，祔其權而權也。其弟在滑，幼子在洛，追奔之不及矣，故館之　宗人，設靈轝、具資糧、遣使令護凶事。古人有言曰：「於我乎館，於我乎殯。」坦實當之，既無以讓。慟哭編詞，時爲銘誌：

馨馥王孫，映曖清門。混浩脩源，儲禮阜樂。顓儒擅學，顒昂鸞鷟。壽不我賦，暴留零露。孰知其故，旅逝宗宇。靈歸洛土，權事旋期。道塗噓嚱。

唯咸通肆年歲次癸未月朔甲寅正月拾叁日丙子甲時孤子輝郎謹造於牒

營辦並適劇氏卅一娘

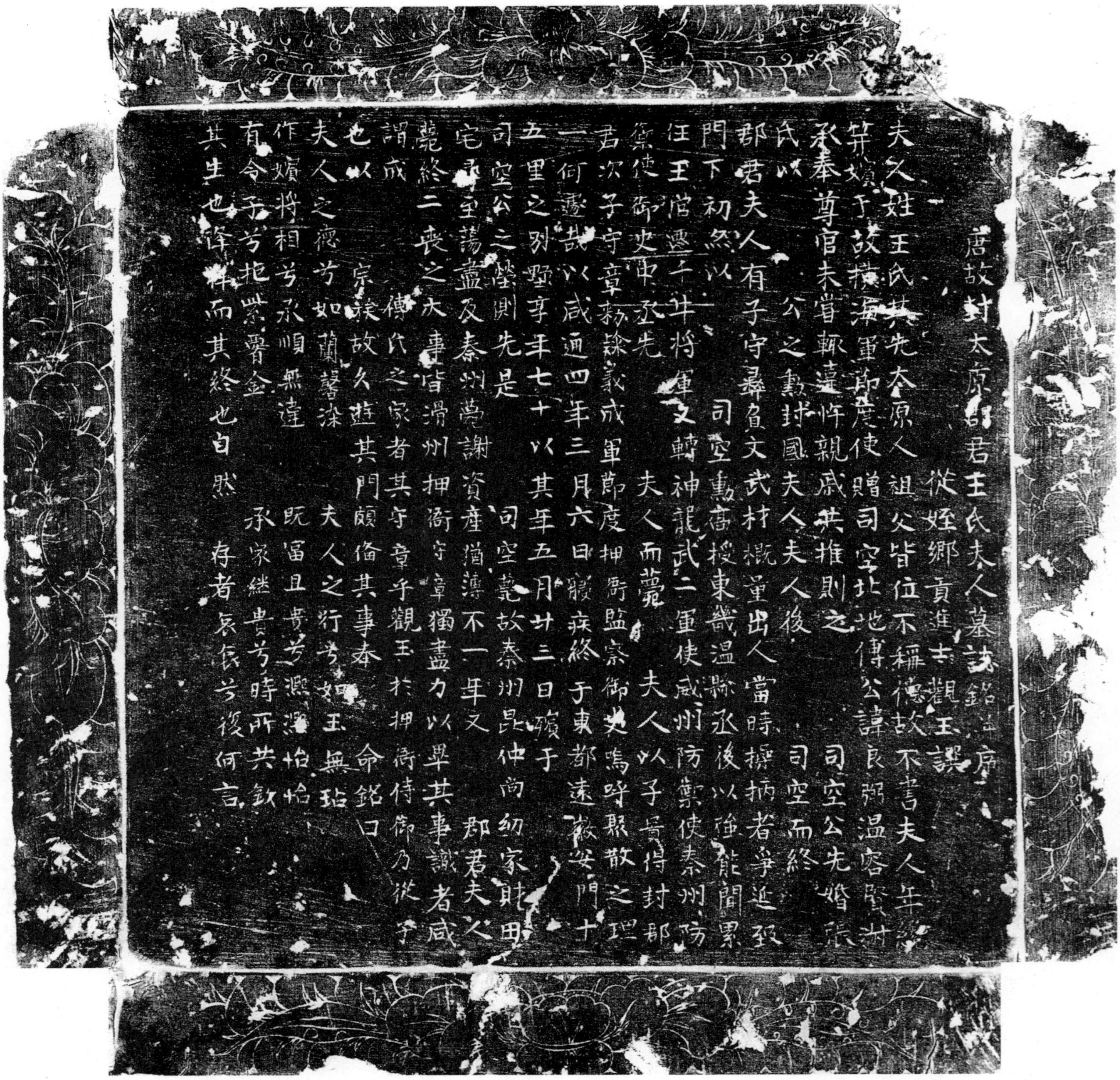

三七〇　唐故封太原郡君王氏（傅良弼妻）墓誌銘

咸通四年（八六三）五月二十三日葬。

誌文二十二行，滿行二十四字。正書。誌長四十六厘米、寬四十五厘米。

傅觀玉撰。

誌蓋正書：唐故太原王夫人墓誌

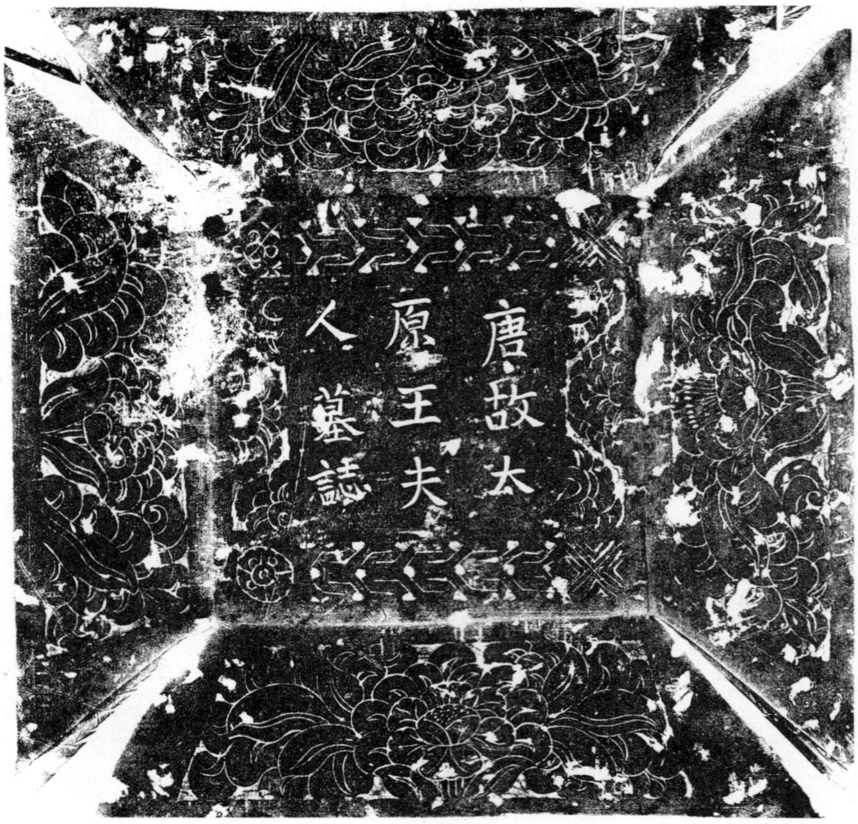

唐故封太原郡君王氏夫人墓誌銘并序

從姪鄉貢進士觀玉譔

夫人姓王氏，其先太原人。祖父皆位不稱德，故不書。夫人年纔笄，嬪於故横海軍節度使、贈司空，北地傅公，諱良弼。温容賢淑，承奉尊官，未嘗輒違忤，親戚共推則之。 司空公先婚張氏，以公之勳封國夫人，夫人後 司空而終。 郡君夫人有子守彝，負文武材，概量出人。當時操柄者争延致門下。初亦以 司空勳高，授東畿温縣丞，後以强能聞，累任王官，遷千牛將軍。又轉神龍武二軍使、威州防禦使、秦州防禦使、御史中丞，先 夫人而薨。 夫人以子貴得封郡君。次子守章，敕隸義成軍節度押衙、監察御史。嗚呼！聚散之理，一何遽哉。以咸通四年三月六日寢疾終於東都遠徽安門十五里之別墅，享年七十。以其年五月廿三日殯於 司空公之塋側。先是 司空薨，故秦州昆仲尚幼，家財田宅，尋至蕩盡。及秦州薨謝，資産猶薄。不一年，又 郡君夫人薨。終二喪之大事，皆滑州押衙守章獨盡力，以畢其事。識者咸謂：「成 傅氏之家者，其守章乎。」觀玉於押衙、侍御，乃從子也。以 宗族故，久遊其門，頗備其事。奉 命銘曰：

夫人之德兮如蘭馨染，夫人之行兮如玉無玷。作嬪將相兮承順無違，既富且貴兮凞凞怡怡。有令子兮拖紫腰金，承家繼貴兮時所共欽。其生也降祥而其終也自然，存者哀哀兮復何言。

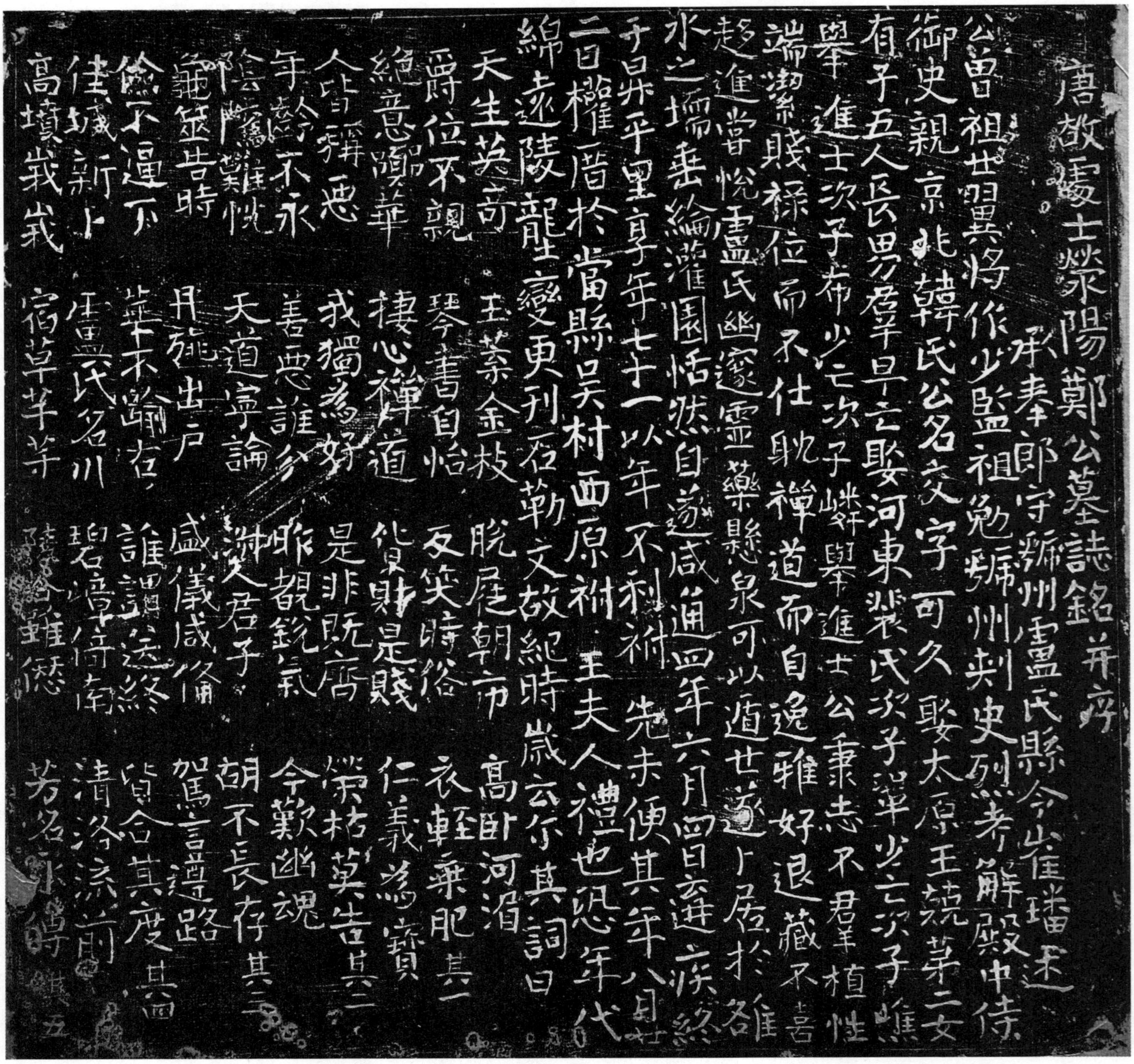
唐故處士滎陽鄭公墓誌銘并序
承奉郎守虢州盧氏縣令崔播述
公曾祖世翼，將作少監；祖勉，虢州刺史；烈考解，殿中侍
御史。親京兆韓氏。公名交，字可久，娶太原王毓第二女，
有子五人：長男君羊，早亡，娶河東裴氏；次子翠，少亡；次子譙，
舉進士；次子布，少亡；次子[illegible]，舉進士。公秉志不羣，植性
端潔，賤祿位而不仕，耽禪道而自逸，雅好退藏，不喜
趨進。嘗悅盧氏幽邃，靈藥懸泉，可以遁世，遂卜居於雒
水之壖，垂綸灌園，恬然自遂。咸通四年六月四日遘疾，終
于昇平里，享年七十一。以年不利祔，先夫便其年八月廿
二日權厝於當縣吴村西原。祔王夫人，禮也。恐年代
綿遠，陵谷變更，刊石勒文，故紀時歲云爾。其詞曰：
天生英奇，玉葉金枝。脫屣朝市，高卧河湄。
爵位不親，琴書自怡。反笑時俗，衣輕乘肥。其一
絕意鄉華，棲心禪道。貨財是賤，仁義爲寶。
人皆彝惡，我獨爲好。非覩銳氣，榮枯莫告。其二
年齡不永，善惡誰分。是非既爲，今歎幽魂。
陰陽難悅，天道寧論。淑人君子，胡不長存。其三
龜筮告時，丹旐出戶。感儀咸備，駕言遵路。
儉不逾分，華不踰古。誰謂送終，皆合其度。其四
佳城新卜，盧氏名川。碧嶂倚南，清洛流前。
高墳峩峩，宿草芊芊。誌銘雖懸，芳名永傳。其五

三七一　唐故處士滎陽鄭公（交）墓誌銘

咸通四年（八六三）八月二十二日葬。

誌文二十二行，滿行字數不等。正書。誌長四十三厘米、寬四十二厘米。

崔播撰。

唐故處士滎陽鄭公墓誌銘并序

承奉郎守虢州盧氏縣令崔璠述

公曾祖世翼，將作少監。祖勉，虢州刺史。烈考解，殿中侍御史。親京兆韓氏。公名交，字可久，娶太原王兢第二女。有子五人：長男羣，早亡。娶河東裴氏；次子犖，少亡；次子嶕，舉進士；次子布，少亡；次子嶙，舉進士。公秉志不群，植性端潔。賤禄位而不仕，耽禪道而自逸。雅好退藏，不喜趨進。嘗悦盧氏幽邃，靈藥懸泉，可以遁世。遂卜居於雒水之壖，垂綸灌園，恬然自遂。咸通四年六月四日遘疾終於昇平里，享年七十一。以年不利，祔先未便。其年八月廿二日權厝於當縣吴村西原，祔　王夫人，禮也。恐年代綿遠，陵壟變更，刊石勒文，故紀時歲云爾。其詞曰：

天生英奇，玉葉金枝。脱屣朝市，高卧河湄。爵位不親，琴書自怡。反笑時俗，衣輕乘肥。其一。絶意囂華，棲心禪道。貨財是賤，仁義爲寶。人皆稱惡，我獨爲好。是非既齊，榮枯莫告。其二。年齡不永，善惡誰分。昨睹鋭氣，今嘆幽魂。陰騭難忱，天道寧論。淑人君子，胡不長存。其三。龜筮告時，丹旐出户。盛儀咸備，駕言遵路。儉不逼下，華不逾右。誰謂送終，皆合其度。其四。佳城新卜，盧氏名川。碧嶂倚南，清洛流前。高墳峨峨，宿草芊芊。陵谷雖遷，芳名永傳。其五。

三七二　唐故董氏墓記

咸通五年（八六四）十一月二十□日葬。

誌文十六行，滿行十三字。正書。誌長三十一厘米、寬二十二厘米。

韋汾撰，韋德鄰書。

原石藏洛陽張存才唐誌精品館。

唐故董氏墓記

妳姓董氏，　外家人也。來余舍垂四十載，性本端静。余家素貧，衣食不豐，未嘗一日有言。居數百口中，未曾一日有失。内外長幼，至於輩流，無不敬伏。乳汾及第四妹，長適今淮南鎮相國燉煌公〔一〕第三子澄，進士登第。因隨女夫家，數歲遘疾。咸通五年九月十八日殁於惟陽官舍，享年五十三。有兒女各二人，長女宜新，乳女孝敬，遂令宜新護喪至東都。其年十一月廿□日吉葬於洛陽縣清風鄉□陽村之北原。汾，乳哺情□，躬臨葬事。泣涕搦管，聊紀□□。

乳子進士韋汾記

進士韋德鄰書

〔一〕「相國燉煌公」即令狐綯。

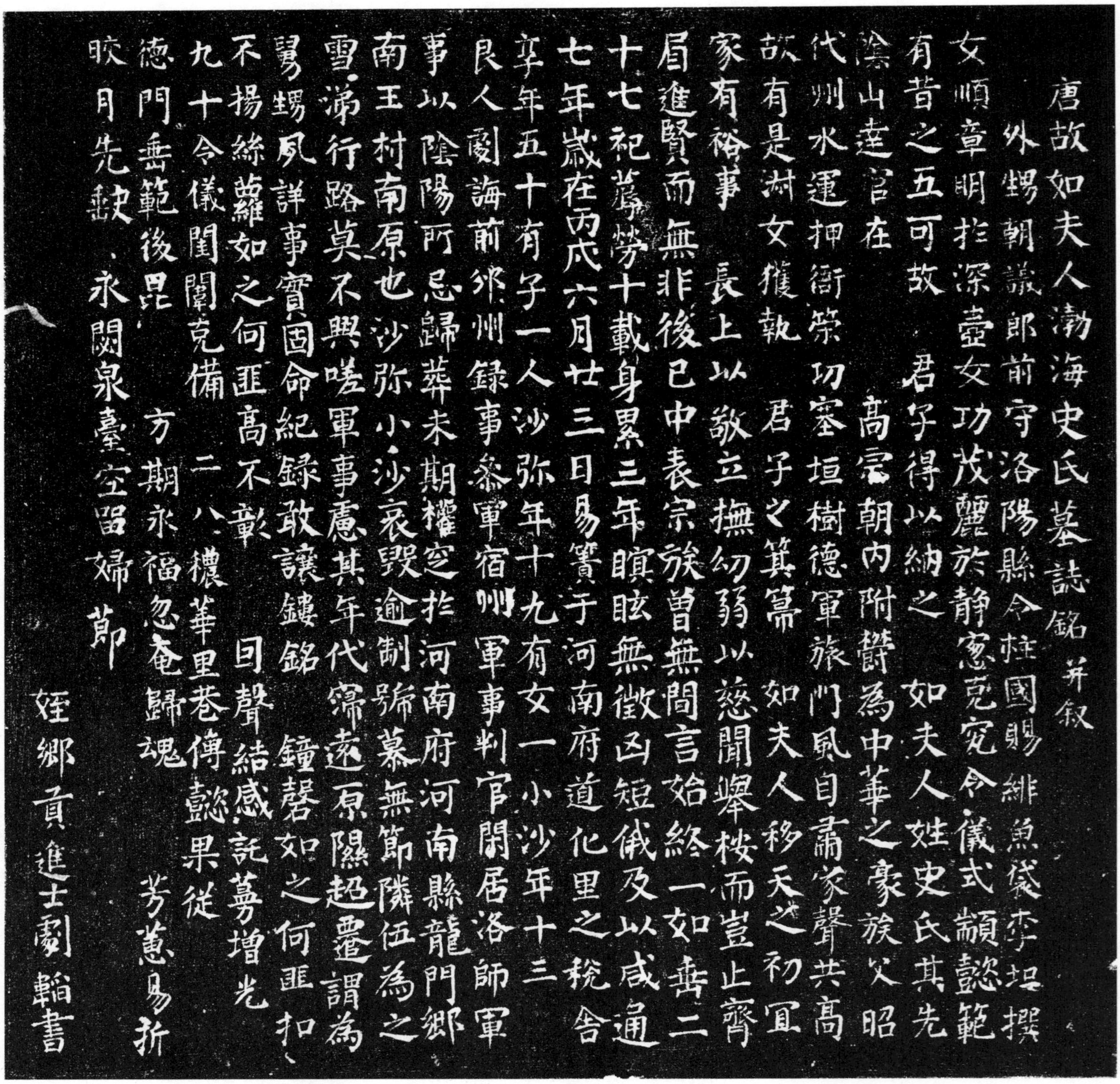

唐故如夫人渤海史氏墓誌銘并叙
外甥朝議郎前守洛陽縣令柱國賜緋魚袋李坦撰
女順章明於深壼女功茂麗於靜窻克究令儀式頵懿範
有昔之五可故　君子得以納之　如夫人姓史氏其先
陰山達官在　高宗朝內附爵為中華之豪族父昭
代州水運押衙榮切塞垣樹德軍旅門風自肅家聲共高
故有是淑女獲執　君子之箕箒　如夫人移天之初宜
家有裕事　長上以敬立撫幼弱以慈閨闈舉桉而豈止齊
眉進賢而無非後己中表宗族曽無間言始終一如無二
十七祀勤勞十載身累三年瞑眩無徵凶短俄及以咸通
七年歲在丙戌六月廿三日易簀于河南府道化里之私舍
享年五十有子一人沙弥年十九有女一小沙年十三
良人劉誨前邠州錄事參軍宿州軍事判官閑居洛師軍
事以陰陽所忌歸葬未期權窆於河南府河南縣龍門鄉
南王村南原也沙弥小沙哀毀逾制號慕無節隣伍為之
雪涕行路莫不興嗟軍事慮其年代寖遠原隰超遷謂爲
甥坦夙詳事實固命紀錄敢讓鐫銘　鐘磬如之何匪扣〻
不揚絲蘿如之何匪高不彰〻　曰聲結感託蔦增光
九十令儀閨閫克備　二八〻禮華里巷傳懿果從
德門無範後昆　方期永福忽奄歸魂　芳蕙易折
皎月先缺　永閟泉臺空留婦節
姪鄉貢進士劉韜書

三七三　唐故如夫人渤海史氏墓誌銘

咸通七年（八六六）六月二十三日卒。
誌文二十二行，滿行二十二字。正書。誌長、寬均三十九·五厘米。
李坦撰，劉韜書。
誌蓋正書：唐故渤海史氏墓誌銘

唐故如夫人渤海史氏墓誌銘并叙

外甥朝議郎前守洛陽縣令柱國賜緋魚袋李坦撰

女順章明於深壼，女功茂麗於静窗。克究令儀，式顯懿範。有昔之五可，故　君子得以納之。如夫人姓史氏，其先陰山達官，在　高宗朝内附，鬱爲中華之豪族。父昭，代州水運押衙。策功塞垣，樹德軍旅。門風自肅，家聲共高。故有是淑女，獲執　君子之箕箒。　如夫人移天之初，宜家有裕。事長上以敬立，撫幼弱以慈聞。舉案而豈止齊眉，進賢而無非後己。中表宗族，曾無閒言。始終一如，垂二十七祀。荐勞十載，身累三年。瞑眩無徵，凶短俄及。以咸通七年歲在丙戌六月廿三日易簀於河南府道化里之税舍，享年五十。有子一人，沙弥年十九。有女一，小沙年十三。　良人劇誨，前邠州録事參軍、宿州軍事判官。閑居洛師，軍事以陰陽所忌，歸葬未期，權窆於河南府河南縣龍門鄉南王村南原也。沙弥、小沙，哀毀逾制，號慕無節。鄰伍爲之雪涕，行路莫不興嗟。軍事慮其年代浸遠，原隰超遷。謂爲舅甥，夙詳事實。固命紀録，敢讓鏤銘。

鐘磬如之何，匪扣不揚；絲蘿如之何，匪高不彰。因聲結感，託蔓增光。九十令儀，閨閫克備。二八穠華，里巷傳懿。果從　德門，垂範後昆。方期永福，忽奄歸魂。芳蕙易折，皎月先缺。永閟泉臺，空留婦節。

姪鄉貢進士劇韜書

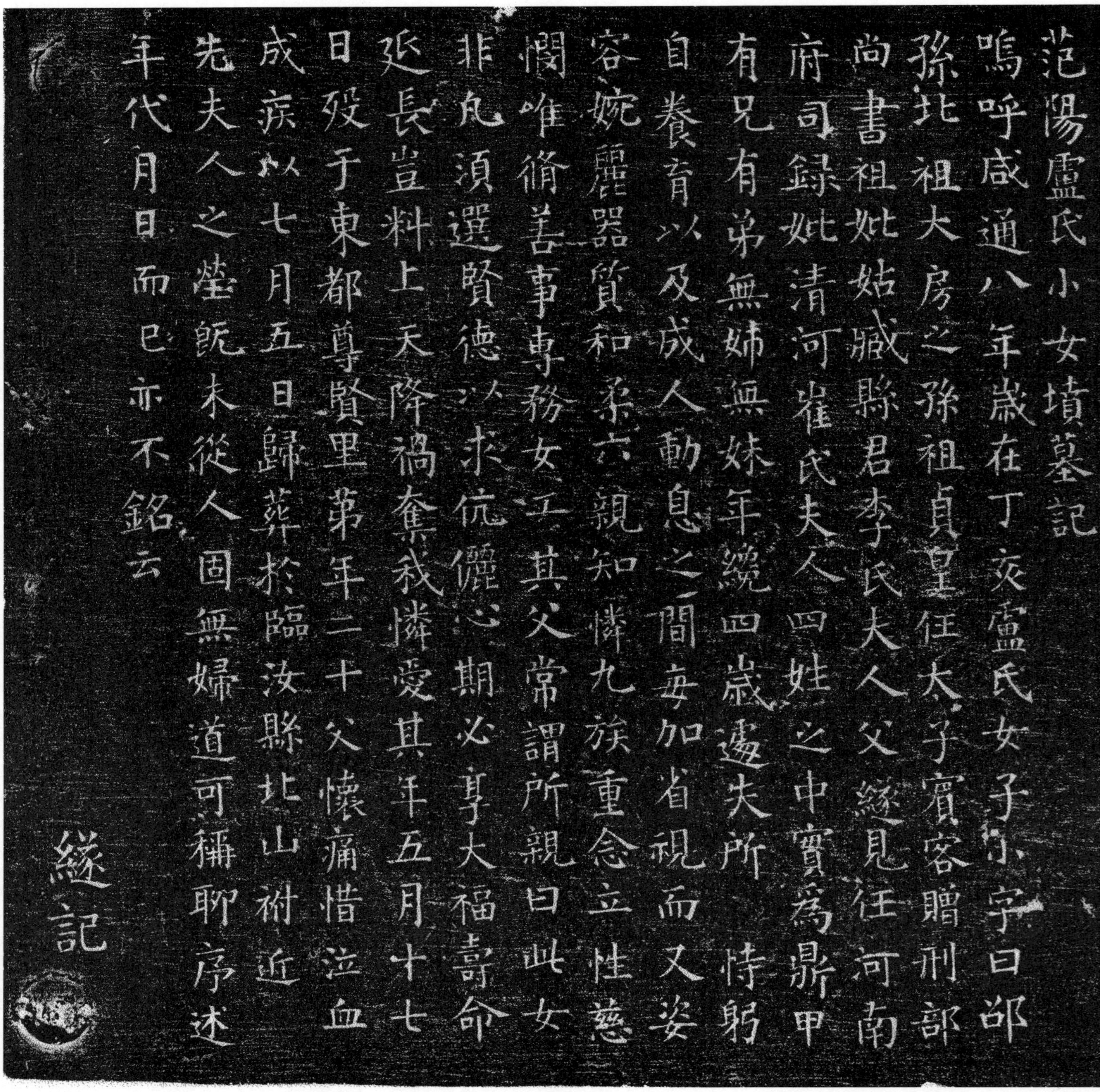

范陽盧氏小女墳墓記
嗚呼咸通八年歲在丁亥盧氏女子小字曰邵
孫北祖大房之孫祖貞皇任太子賓客贈刑部
尚書祖妣姑臧縣君李氏夫人父縫見任河南
府司録妣清河崔氏夫人四姓之中實爲鼎甲
有兄有弟無姊無妹年纔四歲遽失所恃躬
自養育以及成人動息之間每加省視而又姿
容婉麗器質和柔六親知憐九族重念立性慈
憫唯循善事專務女工其父常謂所親曰此女
非凡須選賢德以求伉儷心期必享大福壽命
延長豈料上天降禍奪我憐愛其年五月十七
日歿于東都尊賢里第年二十父懷痛惜泣血
成疾以七月五日歸葬於臨汝縣北山祔近
先夫人之塋既未從人固無婦道可稱聊序述
年代月日而已亦不銘云
縫記

三七四　范陽盧氏小女（邵孫）墳墓記

咸通八年（八六七）七月五日葬。

誌文十六行，滿行十八字。正書。誌長、寬均三十二厘米。

盧縫撰。

原石藏鞏義馬氏一葦草堂。

范陽盧氏小女墳墓記

嗚呼！咸通八年歲在丁亥，盧氏女子小字曰邵孫，北祖大房之孫。祖貞，皇任太子賓客，贈刑部尚書。祖妣，姑臧縣君李氏夫人。父繸，見任河南府司録。妣，清河崔氏夫人。四姓之中，實爲鼎甲。有兄有弟，無姊無妹。年纔四歲，遽失所　恃。躬自養育，以及成人。動息之間，每加省視。而又姿容婉麗，器質和柔。六親知憐，九族重念。立性慈憫，唯脩善事，專務女工。其父常謂所親曰：「此女非凡，須選賢德，以求伉儷。」心期必享大福，壽命延長。豈料上天降禍，奪我憐愛。其年五月十七日歿於東都尊賢里第，年二十。父懷痛惜，泣血成疾。以七月五日歸葬於臨汝縣北山袝近　先夫人之塋。既未從人，固無婦道可稱。聊序述年代月日而已，亦不銘云。

繸記

三七五　有唐前鄉貢進士崔凝亡室隴西李氏墓誌

咸通八年（八六七）七月十二日葬。
誌文十七行，滿行十七字。正書。誌長三十二厘米、寬三十一厘米。
崔凝撰。
原石藏洛陽張存才唐誌精品館。

有唐前鄉貢進士崔凝　亡室隴西李□，鄭王亮之七代孫。曾祖匡佐，兖州金鄉縣人。祖諺，江陵府石首縣丞。皇考公僅，洪州都督府別駕，妣范陽盧夫人。咸通二年四月九日親迎於鄧州，八年六月廿七日歿於孟州汜水縣，年二十五。有男一人泳郎，五歲。嗚呼！　夫人孝行貫於神明，婦德顯於姻族。及笄之齒，執別駕府君之喪，周歲不進粒食，終制不去眉睫，煢然在疚，僉以爲難也。而又禀性介獨，不執金錢，不聚貝帛。從夫之後，此道彌光。洎予閔凶，遂嬰微疹，再茹荼蓼，發爲□痼，藥石無驗，風燭興悲。嗟乎！有懿美之範，挺淳至之性也如是。豈不宜克保龜鶴，永奉蒸嘗，胡福善禍淫之道，茫昧如斯耶！彼蒼悠悠，悼問何及。以七月十二日窆於河南府偃師縣亳邑鄉姜村，祔　大塋之北。抆淚援毫，識於泉壤，悲夫。〔一〕

〔一〕該墓誌爲磚志，相同内容的墓誌還有一方考古發掘的石質墓誌。兩誌内容與格式均相同，只是發掘品在墓誌左下角有「凝自書」三字，磚誌没有，故磚志應爲崔凝所撰。發掘品見偃師商城博物館《河南偃師縣四座唐墓發掘報告》，刊《考古》1992年11期。此磚志當爲李氏去世后，其夫崔凝將其安葬時製作，考古發掘品當爲崔凝去世后合祔時所刻。

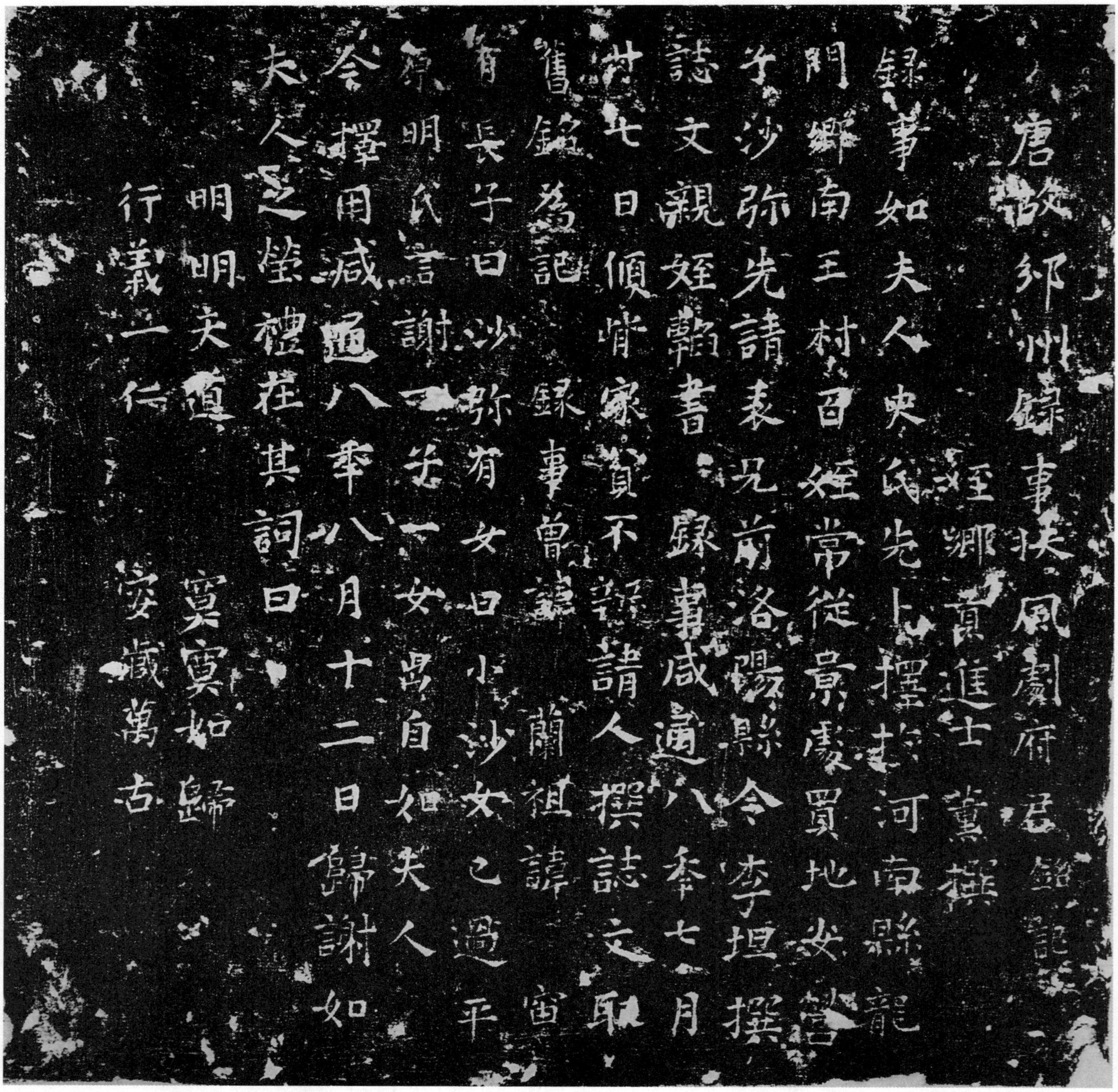
唐故邠州録事扶風劇府君銘記
姪鄉貢進士薰撰
録事如夫人夾氏先卜擇於河南縣龍
門鄉南王村召姪常從景處買地安管
子沙弥先請表兄前洛陽縣令李坦撰
誌文親姪翰書　録事咸通八年七月
廿七日傾背家貧不辦請人撰誌之耳
舊銘為記　録事曾諱蘭祖諱宙
有長子曰沙弥有女曰小沙女已過平
原明氏言謝一娘一女畢自如夫人
今擇用咸通八年八月十二日歸謝如
夫人之塋禮在其詞曰
明明夫道　冥冥如歸
行義一仁　安藏萬古

三七六　唐故邠州録事扶風劇（誨）府君銘記

咸通八年（八六七）八月十二日葬。

誌文十四行，滿行十五字。正書。誌長、寬均三十一厘米。

劇薰撰。

唐故邠州録事扶風劇府君銘記

姪鄉貢進士薰撰

録事如夫人史氏，先卜擇於河南縣龍門鄉南王村，百姪〔一〕常從景處買地安營。子沙弥先請表兄前洛陽縣令李坦撰誌文，親姪韜書。録事咸通八年七月廿七日傾背，家貧，不辦請人撰誌文，取舊銘爲記。録事曾諱 蘭，祖諱 宙。有長子曰沙弥，有女曰小沙。女已過〔二〕平原明氏言謝。一子一女，出自如夫人。今擇用咸通八年八月十二日歸謝如夫人之塋，禮在。其詞曰：

明明天道，寞寞如歸。行義一仁，安臧萬古。

〔一〕「姪」當爲「姓」之誤。

〔二〕「過」當爲「適」之誤。

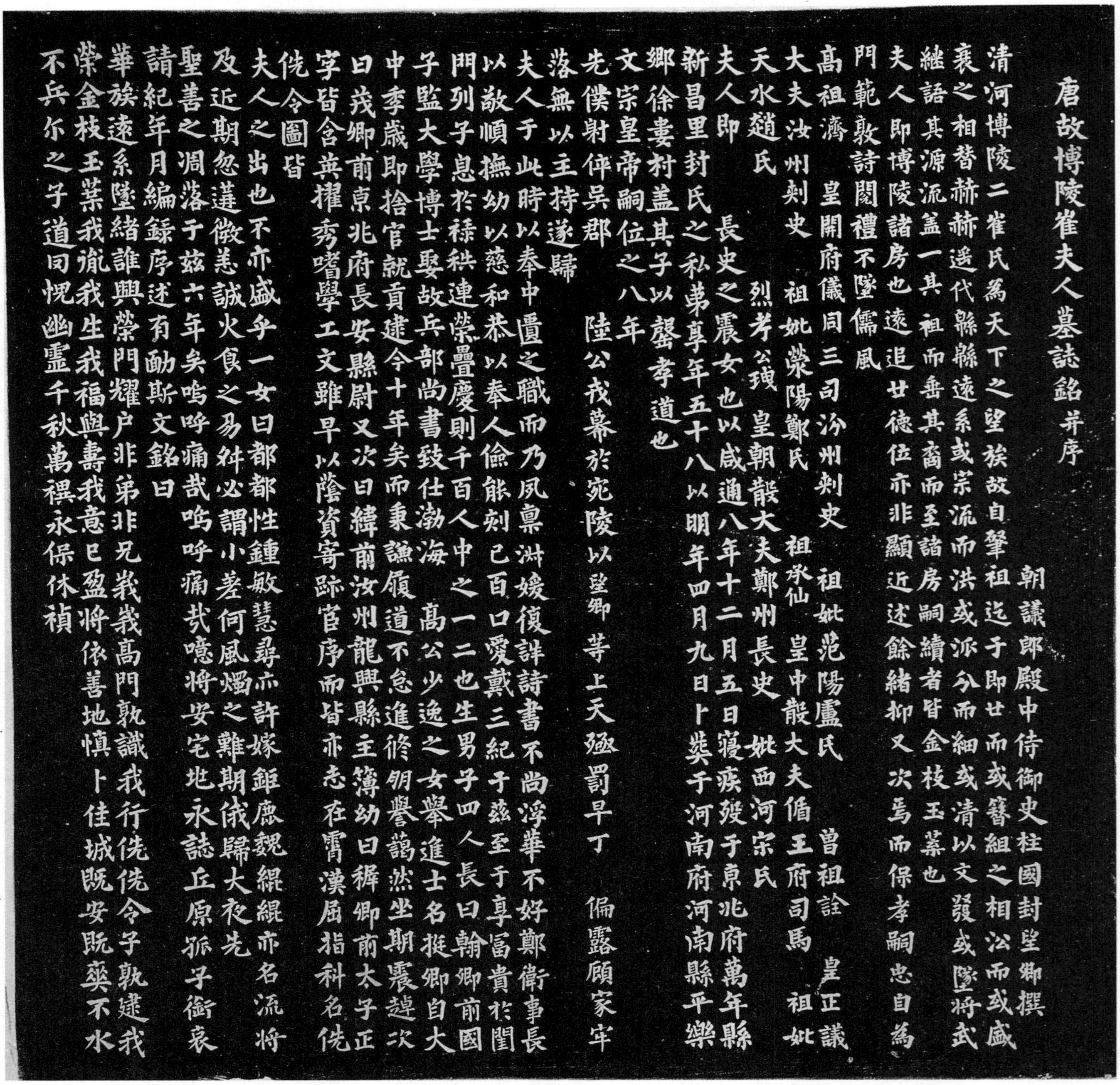

唐故博陵崔夫人墓誌銘并序
朝議郎殿中侍御史柱國封望卿撰
清河博陵二崔氏爲天下之望族故自肇祖迄于即世而或簪組之相沿而或盛
衰之相替赫赫遥代緜緜遠系或宗流而洪或派分而細或清以文發或墜將武
繼語其源流蓋一其祖而垂其裔而至諸房嗣續者皆金枝玉葉也
夫人即博陵諸房也遠追廿德位亦非顯近述餘緒抑又次焉而保孝嗣忠自爲
門範敦詩閱禮不墜儒風
高祖濟　皇開府儀同三司汾州刺史　祖妣范陽盧氏　曾祖詮　皇正議
大夫汝州刺史　祖妣滎陽鄭氏　祖承仙　皇中散大夫循王府司馬　祖妣
天水趙氏　烈考公瑰　皇朝散大夫鄭州長史　妣西河宗氏
夫人即　長史之震女也以咸通八年十二月五日寢疾殁于京兆府萬年縣
新昌里封氏之私第享年五十八以明年四月九日卜葬于河南府河南縣平樂
鄉徐妻村蓋其子以罄孝道也
文宗皇帝嗣位之八年
先僕射伻吳郡　陸公戎幕於宛陵以望卿等上天殛罰早丁　偏露顧家牢
落無以主持遂歸
夫人于此時以奉中匱之職而乃夙稟淑媛復詳詩書不尚浮華不好鄭衛事長
以敬順撫幼以慈和恭以奉人儉能剋己百口愛戴三紀于茲至于享富貴於閨
門列子息於祿秩連榮疊慶則千百人中之一二也生男子四人長曰翰卿前國
子監大學博士娶故兵部尚書致仕渤海　高公少逸之女舉進士名挺卿自大
中季歲即捨官就貢建今十年矣而秉謙履道不怠進修明譽藹然坐期震趠次
曰戣卿前京兆府長安縣尉又次曰緯前汝州龍興縣主簿幼曰稱卿前太子正
字皆含英擢秀嗜學工文雖早以蔭資寄跡宦序而皆亦志在霄漢屈指科名佗
佗令圖皆
夫人之出也不亦盛乎一女曰都都性鍾敏慧尋亦許嫁鉅鹿魏緄緄亦名流將
及近期忽遘微恙誠火食之易致必謂小差何風燭之難期俄歸大夜先
聖善之凋落于茲六年矣嗚呼痛哉嗚呼痛哉噫將安宅兆永誌丘原孤子銜哀
請紀年月編錄序述有勳斯文銘曰
華族遠系墜緒誰興榮門耀戶非弟非兄巍巍高門孰識我行佗佗令子孰逮我
榮金枝玉葉我瀧我生我福與壽我意已盈將依善地慎卜佳城既安既窆不水
不兵尒之子道同愧幽靈千秋萬禩永保休禎

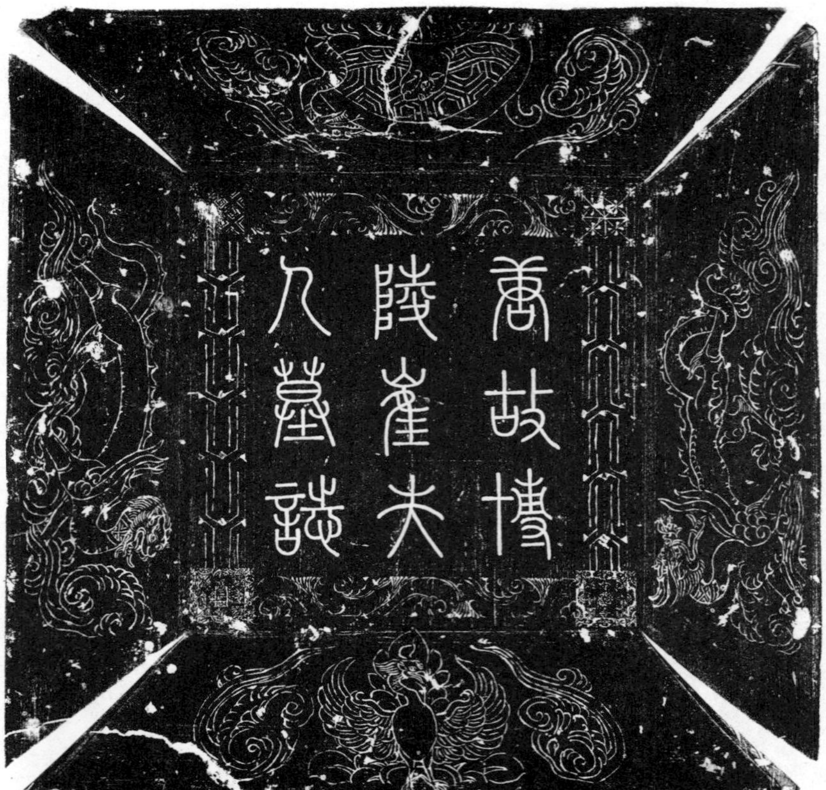

三七七　唐故博陵崔夫人（封敬妻）墓誌銘

咸通九年（八六八）四月九日葬。

誌文三十一行，滿行三十一字。正書。誌長、寬均六十二·五厘米。

封望卿撰。

誌蓋篆書：唐故博陵崔夫人墓誌

唐故博陵崔夫人墓誌銘并序

朝議郎殿中侍御史柱國封望卿撰

清河、博陵二崔氏爲天下之望族，故自肇祖，迄於即世。而或簪組之相沿，而或盛衰之相替。赫赫遥代，緜緜遠系。或宗流而洪，或派分而細。或清以文發，或墜將武繼。語其源流，蓋一其祖，而垂其裔，而至諸房。嗣續者，皆金枝玉葉也。　夫人即博陵諸房也。遠追世德，位亦非顯。近述餘緒，抑又次焉。而保孝嗣忠，自爲門範。敦詩閱禮，不墜儒風。　高祖濟，　皇開府儀同三司、汾州刺史。　祖妣范陽盧氏。　曾祖詮，　皇正議大夫、汝州刺史。　祖妣滎陽鄭氏。　祖承仙，　皇中散大夫、循王府司馬。　祖妣天水趙氏。　烈考公珴，　皇朝散大夫、鄭州長史。　妣西河宋氏。　夫人即　長史之震女也。以咸通八年十二月五日寢疾歿於京兆府萬年縣新昌里封氏之私第，享年五十八，以明年四月九日卜葬於河南府河南縣平樂鄉徐婁村，蓋其子以罄孝道也。　文宗皇帝嗣位之八年，　先僕射〔一〕倅吴郡　陸公〔二〕戎幕於宛陵，以望卿等上天殛罰，早丁　偏露。顧家牢落，無以主持，遂歸　夫人。於此時以奉中匱之職，而乃夙稟淑媛，復詳詩書。不尚浮華，不好鄭衛。事長以敬順，撫幼以慈和。恭以奉人，儉能刻己。百口愛戴，三紀於兹。至於享富貴於閨門，列子息於禄秩。連榮疊慶，則千百人中之一二也。生男子四人。長曰翰卿，前國子監太學博士，娶故兵部尚書致仕渤海　高公少逸之女。舉進士，名挺卿。自大中季歲，即捨官就貢，逮今十年矣。而秉謙履道，不怠進修。朋譽藹然，坐期震趯。次曰茂卿，前京兆府長安縣尉。又次曰緯，前汝州龍興縣主簿。幼曰稺卿，前太子正字。皆含英擢秀，嗜學工文。雖早以蔭資寄迹宦序，而皆亦志在霄漢。屈指科名，侁侁令圖。皆　夫人之出也，不亦盛乎。一女曰都都，性鍾敏慧，尋亦許嫁鉅鹿魏緄，緄亦名流。將及近期，忽遘微恙。誠火食之易舛，必謂小差；何風燭之難期，俄歸大夜。先　聖善之凋落，於兹六年矣。嗚呼痛哉！嗚呼痛哉！噫！將安宅兆，永誌丘原。孤子銜哀，請紀年月。編録序述，有勔斯文。銘曰：

華族遠系，墜緒誰興。榮門耀户，非弟非兄。峨峨高門，孰識我行。侁侁令子，孰逮我榮。金枝玉葉，我胤我生。我福與壽，我意已盈。將依善地，慎卜佳城。既安既爽，不水不兵。爾之子道，罔愧幽靈。千秋萬祀，永保休禎。

〔一〕據《舊唐書·封敖傳》，僕射即封望卿父封敖。

〔二〕據《唐刺史考全編》卷一五六《宣州》，「陸公」即陸亘。

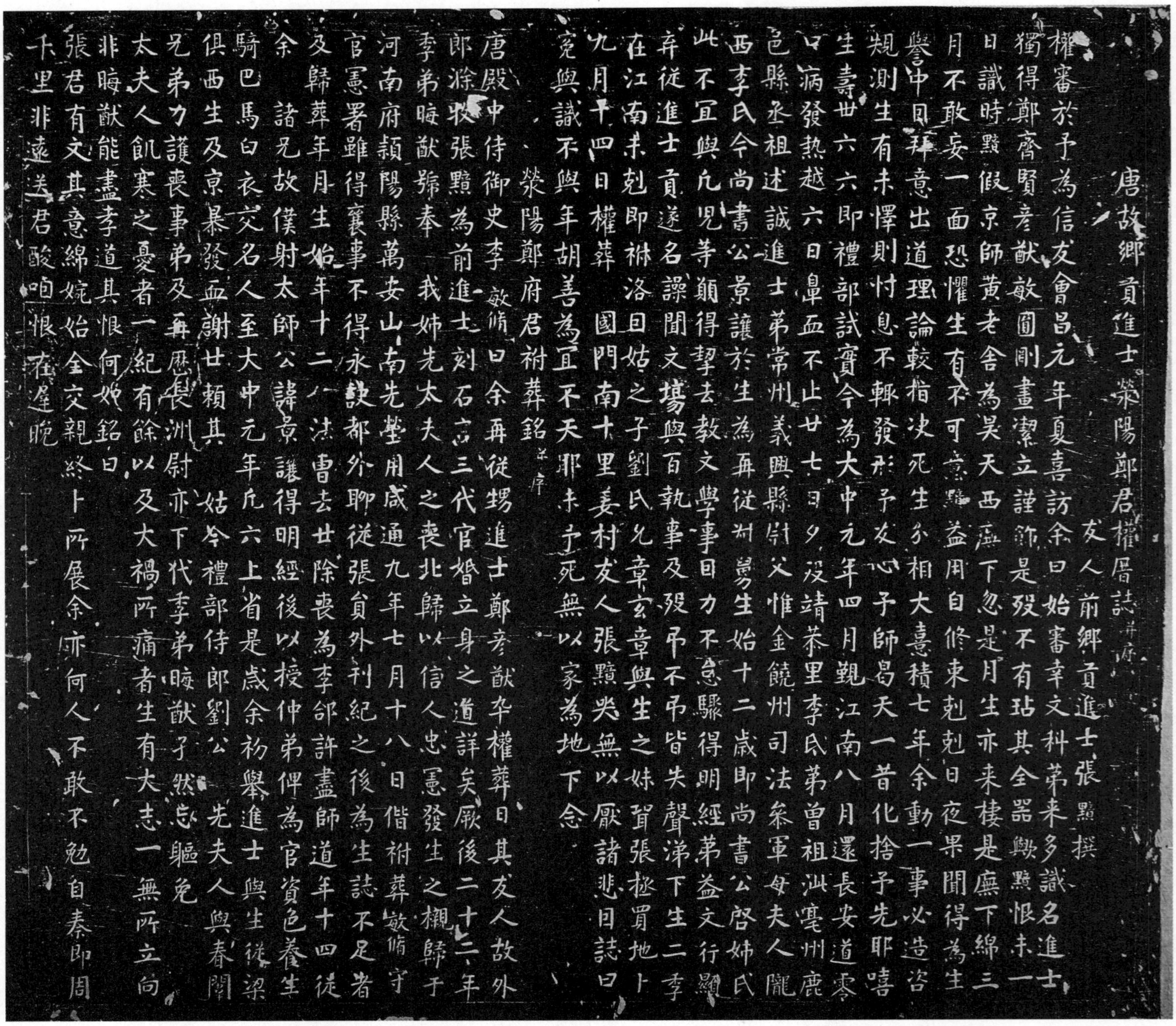
唐故鄉貢進士滎陽鄭君權厝誌并序
友人前鄉貢進士張黯撰
權審於予為信友會昌元年夏喜訪余曰始審幸文科第來多識名進士
獨得鄭齊賢彥猷敏圓剛畫潔立謹飭是歿不有玷其全器歟黯恨未一
日識時黯假京師黄老舍為昊天西廡下忽是月生亦來棲是廡下綿三
月不敢妄一面恐懼生有不可意黯益用自修束剋剋日夜果聞得為生
譽中貝拜意出道理論較指決死生分相大喜積七年余動一事必造咨
規測生有未懌則忖息不輙發形予友心子師昌天一昔化捨予先耶嘻
生壽卅六六即禮部試實今為大中元年四月覲江南八月還長安道零
口病發熱越六日衄血不止廿七日夕歿靖恭里李氏第曾祖泚亳州鹿
邑縣丞祖述誠進士第常州義興縣尉父惟金饒州司法參軍母夫人隴
西李氏今尚書公景讓於生為再從甥生始十二歲即尚書公啓姊氏
此不宜與凡兒等願得挈去教文學事日力不怠驟得明經第益文行顯
弃從進士貢遂名譟聞文場與百執事及歿弔不弔皆失聲涕下生二季
在江南未剋即祔洛日姑之子劉氏允章玄章與生之妹婿張挹買地卜
九月十四日權葬國門南十里姜村友人張黯哭無以厭諸悲日誌曰
寃與識不與年胡善為宜不天耶未于死無以家為地下念
滎陽鄭府君祔葬銘并序
唐殿中侍御史李敏脩曰余再從甥進士鄭彥猷卒權葬日其友人故外
郎滁牧張黯為前進士刻石志三代官婚立身之道詳矣厥後二十二年
季弟晦猷號奉 我姊先太夫人之喪北歸以信人忠憲發生之櫬歸于
河南府穎陽縣萬安山南先塋用咸通九年七月十八日偕祔葬敏脩守
官憲署雖得襄事不得永訣都外聊從張員外刊紀之後為生誌不足者
及歸葬年月生始年十二八法曹去世除喪為李郎許盡師道年十四從
余 諸兄故僕射太師公諱景讓得明經後以授仲弟俾為官資色養生
騎巴馬白衣交名人至大中元年凡六上省是歲余初舉進士與生從梁
俱西生及京暴發血謝世賴其 姑今禮部侍郎劉公 先夫人與春闈
兄弟力護喪事弟及再歷長洲尉亦下代季弟晦猷孑然忠軀免
太夫人飢寒之憂者一紀有餘以及大禍所痛者生有大志一無所立向
非晦猷能盡孝道其恨何如銘曰
張君有文其意綿婉始全交親終卜所展余亦何人不敢不勉自秦即周
千里非遠送君酸咽恨在遲晚

三七八　唐故鄉貢進士滎陽鄭君（彥猷）權厝誌

咸通九年（八六八）七月十八日葬。

誌文三十二行，滿行二十八字。正書。誌長六十一·五厘米、寬五十六厘米。

張黯、李敏脩撰。

唐故鄉貢進士滎陽鄭君權厝誌并序

友人前鄉貢進士張黯撰

權審於予爲信友，會昌元年夏喜訪余曰：「始審幸文科第來，多識名進士，獨得鄭齊賢彥猷，敏圓剛畫，潔立謹飾，是歿不有玷其全器歟。」黯恨未一日識。時黯假京師黄老舍，爲昊天西廡下。忽是月生亦來棲是廡下，綿三月，不敢安一面，恐懼生有不可意。黯益用自修束，剋剋日夜，果聞得爲生譽。中因拜意，出道理論較指決死生分相大意。積七年，余動一事，必造咨規測。生有未懌，則忖息不輒發，形予友，心予師。曷天一昔，化捨予先耶。嘻！生壽卅六。六即禮部試，實今爲大中元年，四月覲江南，八月還長安，道零口病發熱，越六日鼻血不止，廿七日夕歿靖恭里李氏第。曾祖泚，亳州鹿邑縣丞。祖述誠，進士第，常州義興縣尉。父惟金，饒州司法參軍。母夫人隴西李氏，今尚書公景讓於生爲再從叔舅。生始十二歲，即尚書公啓姊氏，此不宜與凡兒等。願得挈去教文學事，因力不怠，驟得明經第。益文行顯，弃從進士貢。遂名譟聞文場與百執事。及歿，吊不吊，皆失聲涕下。生二季在江南，未剋即祔洛。因姑之子劉氏允章、玄章與生之妹婿張拯買地，卜九月十四日權葬　國門南十里姜村。友人張黯哭無以厭諸悲，因誌曰：冤與識，不與年，胡善爲宜不夭耶。未予死無以家，爲地下念。

滎陽鄭府君祔葬銘并序

唐殿中侍御史李敏脩曰：余再從甥進士鄭彥猷卒，權葬日，其友人故外郎、滁牧張黯爲前進士，刻石言三代官婚，立身之道詳矣。厥後二十二年，季弟晦猷號奉　我姊先太夫人之喪北歸。以信人忠憲，發生之櫬，歸於河南府潁陽縣萬安山南先塋，用咸通九年七月十八日偕祔葬。敏脩守官憲署，雖得襄事，不得永訣都外。聊從張員外刊紀之後，爲生誌不足者及歸葬年月。生始年十二，　法曹去世。除喪，爲李郃許盡師道。年十四，從余　諸兄故僕射、太師公諱景讓得明經。後以授仲弟，俾爲官資色養。生騎巴馬，白衣交名人。至大中元年，凡六上省。是歲，余初舉進士，與生從梁俱西。生及京，暴發血謝世。賴其　姑今禮部侍郎劉公　先夫人與春闈兄弟力護喪事。弟及，再歷長洲尉，亦下代。季弟晦猷，孑然忘軀，免　太夫人飢寒之憂者一紀有餘。以及大禍所痛者，生有大志，一無所立。向非晦猷能盡孝道，其恨何如。銘曰：

張君有文，其意綿婉。始全交親，終卜所展。余亦何人，不敢不勉。自秦即周，千里非遠。送君酸咽，恨在遲晚。

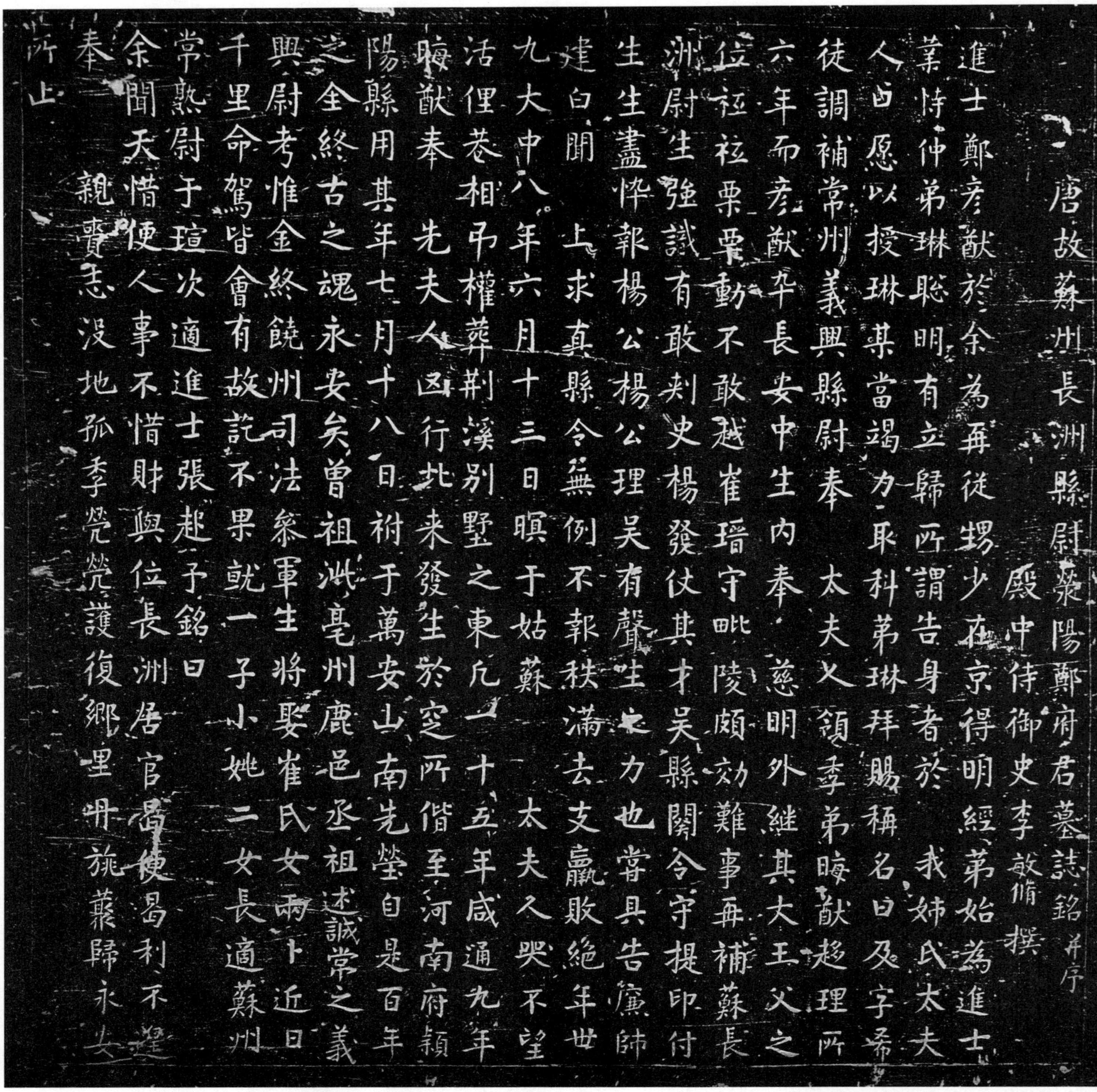

三七九　唐故蘇州長洲縣尉滎陽鄭府君（及）墓誌銘

咸通九年（八六八）七月十八日葬。
誌文二十二行，滿行二十二字。正書。誌長、寬均四十七・五厘米。
李敏脩撰。

唐故蘇州長洲縣尉滎陽鄭府君墓誌銘并序

殿中侍御史李敏脩撰

進士鄭彥猷，於余爲再從甥。少在京得明經第，始爲進士業。恃仲弟琳，聰明有立。歸所謂告身者於我姊氏太夫人曰：「願以授琳，某當竭力取科第。」琳拜賜稱名曰及，字希徒。調補常州義興縣尉，奉太夫人領季弟晦猷趨理所。六年，而彥猷卒長安中。生内奉　慈明，外繼其大王父之位。祇祇栗栗，動不敢越。崔瑨守毗陵，頗效難事。再補蘇長洲尉，生强識有敢，刺史楊發仗其才。吴縣闕令，守提印付生，生盡悴報楊公。楊公理吴有聲，生之力也。嘗具告廉帥，建白聞　上，求真縣令，無例不報。秩滿去，支羸敗絶，年卅九。大中八年六月十三日瞑於姑蘇。　太夫人哭不望活，俚巷相吊，權葬荆溪别墅之東，凡一十五年。咸通九年，晦猷奉　先夫人凶行北來，發生於窆所，偕至河南府潁陽縣。用其年七月十八日祔於萬安山南先塋。自是百年之全，終古之魂永安矣。曾祖洮，亳州鹿邑丞。祖述誠，常之義興尉。考惟金，終饒州司法參軍。生將娶崔氏女，兩卜近日，千里命駕。皆會有故，訖不果就。一子小姚。二女：長適蘇州常熟尉于瑄，次適進士張起。予銘曰：

余聞天惜便人事，不惜財與位。長洲居官，曷便曷利。不違奉　親，賫志没地。孤季煢煢，護復鄉里。丹旐纍歸，永安所止。

三八〇　唐故安南經略招討處置等使朝散大夫檢校右散騎常侍守安南都護兼御史中丞上柱國賜紫金魚袋隴西李府君（涿）墓誌銘

咸通九年（八六八）十月二十四日葬。

誌文四十四行，滿行四十四字，正書，誌長、寬均六十五厘米。

薛途撰，崔鐶書。

誌蓋篆書：唐故隴西李公墓誌銘

唐故安南經略招討處置等使朝散大夫檢校右散騎常侍守安南都護兼御史中丞上柱國賜紫金魚袋隴西李府君墓誌銘

表丈朝請大夫使持節汝州諸軍事守汝州刺史兼御史中丞充本州防禦使上柱國賜紫金魚袋薛途撰

易之文，於六經爲最奇。端崖雄奧，物無隱兆。及重象析，窺羅玄匿。以參乎天人之際，用是機祥。天下貫穿去〔一〕，百氏莫不涵其道而向之。信古編之旨粹，前聖之遺象也，抑人亦有之。於今而見者，其唯交州都護李公乎。公諱涿，隴西人也。曾祖承悦，大曆建□間，雖羯鬈初寧，而餘祲尚梗。乃命公爲燕然朔方兩道大總管、檀州刺史。俾華塞大通，車無宿軌，贈太保。生王父僕射威公景略，威公挺俗不羈，長於韜鍵，恒以艱難爲己任。時豐州爲雜虜攘踐，國用屢耗。有王恢伏甲之疲，無充國殄羌之績。遂自河東節度副使，用公爲天德都防禦使，贈右僕射，謚威公。生烈考有裕，元和長慶間，以浮陽再清，卒吏尚梗，難於卒用，遂用公自涇帥爲滄景節度使、户部尚書。既至，懸法明程，梟悍咸革。以勿剪之惠，洽於人心。滄景由是至今爲善地。贈太子太師，謚定公。流芳種德，以及於公。公字燕卿，定公嗣子也。生而岐嶷，性慷慨有立志。既勝衣，博觀群書，通其大旨。未弱冠，將射策進士科，慮瞿相之矢，忸於一發。乃覆編嘆曰：大丈夫當勉立功取富貴，爲子孫血食。奈何跼蹐，爲諸生尋章句學，求作博士耶。遂釋褐，授左神武倉曹參軍，累轉太子舍人。尋丁定公艱，毁瘠柴立，幾不勝喪。既而免懷有禮，遂從羔雁之聘。從事於孟帥李公執方，李公每有軍畫吏籌，悉訪於公。公能詢酌其間，必盡其美。由是，李公以課最遷鎮於潞，繄公力也。後徐戎以卒驕俗負，屢斥主帥。會　朝庭用左僕射田公牟，自鄜移鎮於徐。以公有佐孟之績聞於徐者，又以侍御史自大理司直從事於徐。徐之迹，由孟也。明年潞帥李公入總筦榷，以泗口南控江淮，吏墮法馳，致漕引跌滯，耗羨不屬，遂委公以泗口院事。乃決黜稽弊，甄撫勤當去〔二〕。不期年，而列帑咸豐。群廪皆飫，累加膳部員外，刺慈州。州之豪氓，贅務淫祠宿獄。逮公至，一皆去之。連帥第其充，又轉刺虔州。時　先帝以環海乂安，夷貊委賮。將追漢武登單于臺故事，吐蕃怖其威，其渠酋果以地内附。　上喜曰：「强胡矧猶是，顧群貊乃函吾邊，聞之能不企屬乎。」乃命擇帥於交者。會虔民上公之美，遂即拜焉。加御史中丞，錫金紫。杖信而臨之，未至數百里，雕題帞髻者，皆牽負眉齓迓於道。曰：「虔之惠，熟矣。今豈獨遺我乎。」公遂存吊孤藐，賙恤單悴。簡游墮，推廢淹，蠻獠慰附，如虔之理焉。交有土校杜存誠者，世爲交將。其交之裔，蠻洞獠及州氓豪縱者，存誠皆有之爲其用。前後連帥，依違相襲，不能發其弊。以是奸蠹恣横。每有宦豎使於交者，存誠以交氓夙附，交壤夙固。怙權慢帥，懼　天子加兵且坑。以是輒以重賓，常賂之以買直。公聞之，益憤其然。存誠遂私以緡錢五百萬賂公，公由是發怒，命牙將訊録之。存誠遂甲其家僮，將不利於公。公遽以事收斬之以聞，朝廷嘉其功。就加散騎常侍。自是充編户者，方有王氓焉。其交之軍豎，素德存誠，乃扇其黨，以亂邊　聞。遂左授鄂王傅，分司東都，優養移歲。會□饑，　上亦曉前事。乃優詔起公曰：「爲我卧理之。」公遂乘詔刺宋，宋之理，由交也。會群蠻寇邕州，派擾庸蜀。兵饋既作。議者爲存誠之誅，不能明其迹，乃以其事歸焉。又左掾於漳浦。及交邕連陷，公再移於朱崖。時嬖人塞路，雖　旒纊屢徹，不得布其聰明。公知不可以叫閽也，茹寃飲憤。遂以咸通四年四月三日薨於崖，春秋五十九。抱義之士，咸痛之。嗚呼！絶塵駿逸，不得良樂者馭，以鳴躍天衢間。駸駸之迹，躓於跬垤。哀哉！余所爲謂易之奇出者，以公較之，其兆見矣。公華族承構，以文學筮初仕，武用攄陬慝，不曰幹蠱乎。連刺大邦，卒鎮南服。所至必以善績稱，不曰利建乎。因時處順，頤神左都。以警淫躁者，不曰無悶乎。潛和光靈，呼飲神華。璞藏淵伏，衆象包列，莫得窺其芒眹。以是推之，公之德，雖死爲不朽矣。公娶京兆韋氏夫人，先公薨。遂以咸通九年太歲戊子十月廿四日與夫人馮翊縣君權窆於河南府偃師縣亳邑鄉古周里北原，禮也。生子男三人，女四人。長男曈，終左内率府胄曹參軍。次韜，前潘州刺史。次韞，前河南府河清縣尉。居喪咸得禮。婿清河崔鐶，河南府河南縣尉。次京兆杜汝器，京兆府美原縣丞。次從釋氏，次未笄。公後娶夫人鄭氏滎陽縣君，生女一人。又别女一人，皆在齠齓。公之旐，以歲未良時，旅於漲海也。韜與韞，咸及弱冠，居以孝聞。後六年北歸，其道萬里。飲泣跣護，哀若初喪。行路皆感焉。嗟乎，李氏有子矣，豈於公獨能高其閈乎。公將祈於祝宗也，命其嗣子韜曰：「河東公與我爲瓜瓞，矧乎惠我之多也，□當乞其銘文。吾之前和，庶幾爲不泯。」余聞韜使屢及，於寢門發緘，軫視且嘆曰：「李公於余，親則故人。昔居長安少年時，以國士待余，以義好余，德且厚矣。」噫，其久要可忘乎。矧韜之見請勤勤，余又惡涕之無從。因摭其事，書以爲贈。銘曰：

盛德巍巍，乃生哲人。幽姿鳳舉，雅致蘭薰。鏗金振藻，邁古依仁。雄材傑出，超然不群。其一。軒鼎蟬聯，珪符荐委。籌軍蓮府，評刑棘寺。督漕再陟，求瘼三徙。廢科畢舉，墜典咸理。其二。明明天子，守在四夷。命我信臣，鎮彼南陲。鏤膺重譯，鳩舌來儀。伏波蔑爾，下瀨徒爲。其三。倚伏無門，盈虚有數。日冥難駐，功成乃去。刊兹翠琰，慰彼令緒。冽冽清風，振於終古。其四。

子婿朝議郎守河南府河南縣尉柱國崔鐶書

〔一〕「去」爲小字，即去聲。

〔二〕同上。

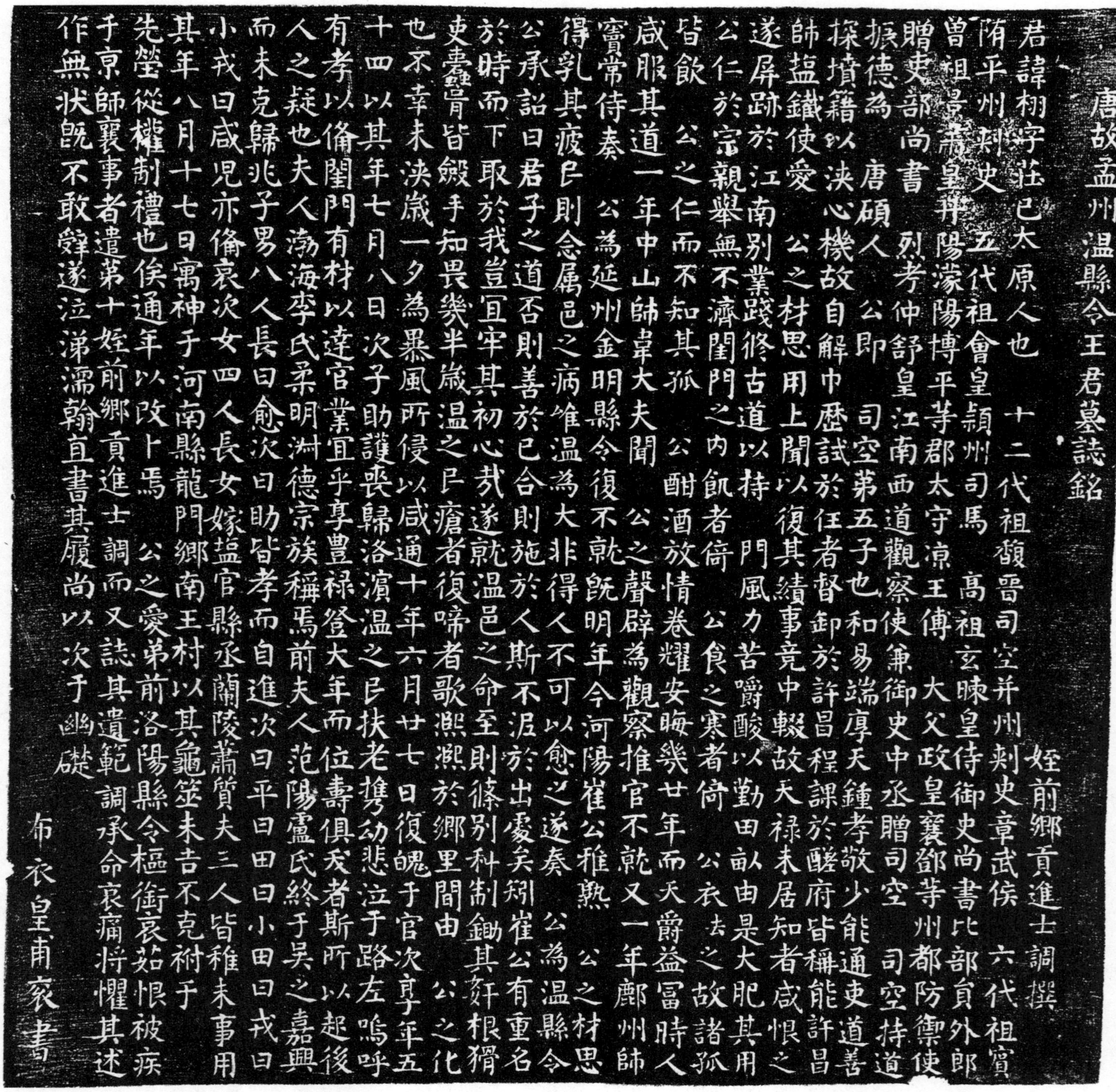
唐故孟州温縣令王君墓誌銘
姪前鄉貢進士調撰
君諱栩字莊已太原人也　十二代祖馥晉司空并州刺史章武侯　六代祖寶
隋平州刺史　五代祖會皇潁州司馬　高祖玄睞皇侍御史尚書比部員外郎
曾祖景肅皇并陽濛陽博平等郡太守涼王傅　大父政皇襄鄧等州都防禦使
贈吏部尚書　烈考仲舒皇江南西道觀察使兼御史中丞贈司空　司空持道
振德為　唐碩人　公即　司空第五子也和易端厚天鍾孝敬少能通吏道善
探賾籍以決心機故自解巾歷試於任者督郵於許昌程課於鹺府皆稱能許昌
師鹽鐵使愛　公之材思用上聞以復其績事竟中輟故天祿未居知者咸恨之
遂屏跡於江南別業踐脩古道以持門風力苦嚼酸以勤田畝由是大肥其用
公仁於宗親舉無不濟閨門之內飢者倚　公食之寒者倚　公衣之故諸孤
皆飲　公之仁而不知其孤　公酣酒放情卷耀安晦幾廿年而天爵益冨時人
咸服其道一年中山帥卑大夫聞　公之聲辟為觀察推官不就又一年鄜州帥
賓常侍奏　公為延州金明縣令復不就既明年今河陽崔公稚熟　公之材思
得乳其瘵邑則念厲邑之病惟温為大非得人不可以愈之遂奏　公為温縣令
公承詔曰君子之道否則善於己合則施於人斯不汨於出處矣翔崔公有重名
於時而下取於我豈宜牢其初心哉遂就温邑之命至則篠別科制鋤其奸根猾
吏蠹胥皆斂手知畏幾半歲温之邑瘡者復嘀者歌濈濈於鄉里間由　公之化
也不幸未浹歲一夕為暴風所侵以咸通十年六月廿七日復魄于官次享年五
十四以其年七月八日次子助護喪歸洛濱温之邑扶老携幼悲泣于路左嗚呼
有孝以脩閨門有材以達官業宜乎享豊祿登大年而位壽俱𢦏者斯所以起後
人之疑也夫人渤海李氏柔明淑德宗族稱焉前夫人范陽盧氏終于吳之嘉興
而未克歸兆子男八人長曰愈次曰助皆孝而自進次曰平曰田曰小田曰戎曰
小戎曰咸曰兒亦脩哀次女四人長女嫁鹽官縣丞蘭陵蕭貿夫三人皆稚未事用
其年八月十七日寓神于河南縣龍門鄉南王村以其龜筮未吉不克祔于
先塋從權制禮也俟通年以改卜焉　公之愛弟前洛陽縣令樞銜哀茹恨被疾
于京師襄事者遺第十姪前鄉貢進士調而又誌其遺範調承命哀痛將懼其述
作無狀既不敢辭遂泣涕濡翰直書其履尚以次于幽礎
布衣皇甫袞書

三八一　唐故孟州温縣令王君（栩）墓誌銘

咸通十年（八六九）八月十七日葬。

誌文二十九行，滿行三十一字。正書。誌長、寬均四十六厘米。

王調撰，皇甫袞書。

唐故孟州温縣令王君墓誌銘

姪前鄉貢進士調撰

君諱栩，字莊己，太原人也。　十二代祖馥，晉司空、并州刺史、章武侯。　六代祖賓，隋平州刺史。　五代祖會，皇潁州司馬。　高祖玄暕，皇侍御史、尚書比部員外郎。曾祖景肅，皇丹陽濛陽博平等郡太守、凉王傅。　大父政，皇襄、鄧等州都防禦使，贈吏部尚書。　烈考仲舒，皇江南西道觀察使，兼御史中丞，贈司空。　司空持道振德，爲　唐碩人。　公即　司空第五子也，和易端厚，天鍾孝敬。少能通吏道，善探墳籍，以浹心機。故自解巾，歷試於任者，督郵於許昌，程課於醝府，皆稱能。許昌帥、鹽鐵使〔一〕愛　公之材，思用上聞，以復其績，事竟中輟。故天禄未居，知者咸恨之。遂屏迹於江南别業，踐修古道以持　門風，力苦嚼酸以勤田畝，由是大肥其用。公仁於宗親，舉無不濟。閨門之内，飢者倚　公食之，寒者倚　公衣去〔二〕之。故諸孤皆飲　公之仁，而不知其孤。　公酣酒放情，卷耀安晦幾廿年。而天爵益富，時人咸服其道。一年，中山帥韋大夫〔三〕聞　公之聲，辟爲觀察推官，不就。又一年，鄜州帥竇常侍〔四〕奏　公爲延州金明縣令，復不就。既明年，今河陽崔公〔五〕雅熟　公之材，思得乳其疲民，則念屬邑之病，唯温爲大，非得人不可以愈之，遂奏　公爲温縣令。公承詔曰：「君子之道，否則善於己，合則施於人，斯不泥於出處矣。矧崔公有重名於時，而下取於我，豈宜牢其初心哉。」遂就温邑之命。至則條别科制，鋤其奸根。猾吏蠹胥，皆斂手知畏。幾半歲，温之民，瘖者復，啼者歌，熙熙於鄉里間，由　公之化也。不幸未浹歲，一夕爲暴風所侵，以咸通十年六月廿七日復魄於官次，享年五十四。以其年七月八日，次子助護喪歸洛濱。温之民，扶老携幼，悲泣於路左。嗚呼，有孝以備閨門，有材以達官業。宜乎享豐禄，登大年，而位壽俱夭者，斯所以起後人之疑也。夫人渤海李氏，柔明淑德，宗族稱焉。前夫人范陽盧氏，終於吴之嘉興，而未克歸兆。子男八人，長曰愈，次曰助，皆孝而自進。次曰平，曰田，曰小田，曰戎，曰小戎，曰咸兒，亦備哀次。女四人，長女嫁鹽官縣丞蘭陵蕭質夫。三人皆稚未事。用其年八月十七日寓神於河南縣龍門鄉南王村。以其龜筮未吉，不克祔於　先塋，從權制，禮也。俟通年以改卜焉。

公之愛弟，前洛陽縣令樞，銜哀茹恨，被疾於京師。襄事者遣第十姪前鄉貢進士調，而又誌其遺範。調承命哀痛，將懼其述作無狀。既不敢辭，遂泣涕濡翰，直書其履尚，以次於幽礎。

布衣皇甫衮書

〔一〕「許昌帥、鹽鐵使」即馬植，參《舊唐書》卷一七六《馬植傳》。

〔二〕「去」爲小字，當爲去聲之意。

〔三〕據《唐方鎮年表》卷四《義武》，「韋大夫」即韋絢。

〔四〕據《唐方鎮年表》卷一《鄜坊》，「竇常侍」即竇澣。

〔五〕據《唐方鎮年表》卷四《河陽》，「崔公」即崔彦昭。

三八二　唐故清河崔府君（知訓）墓誌銘

咸通十年（八六九）八月二十九日葬。

誌文十五行，滿行字數不等。正書。誌長三十九厘米、寬三十八・五厘米。

崔與撰。

唐故清河崔府君墓誌銘

长兄前京兆府盩厔县尉與撰

府君枝派浚遠，備諸譜諜，故略而不書。八代祖諱大質，皇隨州、德州刺史。府君即八代孫也。曾祖諱諲，皇大理寺主簿，贈工部員外郎。祖諱郕，皇楚州刺史，贈工部尚書。尊諱漣，皇詹事府主簿。府君外族范陽盧氏。祖諱峴，皇虢州長史。府君諱知訓，字恭行，享年卅三，寢疾歿於宣州南陵院。即以咸通十年歲次己丑八月廿九日歸祔於河南府偃師縣亳邑原 先府君之塋，禮也。 府君以咸通九年一月卅日謝世。嗚呼！鶴質松姿，宜其有壽。豈意芝蘭早折，珠玉俄沉。嗚呼痛哉！終天何及歟，銜悲冤塞。略述其三代官諱，他不復備載云耳。

悲切無非骨肉心，哀號冤叫兩難任。魂兮應樂歸寧侍，日暮蕭蕭松柏林。

唐故幽州永清縣令陽公墓誌銘并序　鄉貢三傳吳郡張廷堅上
公諱裕字裕其先北平無終人也受氏之由具見　高祖文公神道碑
高王父廉皇銀青光祿大夫黃門侍郎大理卿陝王傅東都留守謚曰文
曾王父景邑朝散大夫亳州[illegible]山令　王父寬朝散大夫太原府交城縣
令　考脩宋州柘城縣尉皆道[illegible]夫儒超羣重德家傳斯祖世襲軒裳
公即柘城　府君第二子也曾因　先府君釋褐舒州[illegible]縣尉[illegible]滿
歲留家洛田　公少孤侍先太夫人南陽張氏左右以禮樂承　家以孝
友為體[illegible]求甘脆力就溫清不泛交游專心經史孜孜勤儉益厚田園中
年丁　尊夫人憂泣血苫廬幾乎滅性以其　宗塋在洛乃　啓舉先太
夫人之神柩合祔於東周喪期既終復歸舊業看山臨水樂道忘憂歲遊
數年為[illegible]元戎何公[illegible]知奏於　天子可授公幽州永清縣令以高
情不就唯樂閑雅自處公孝親親夫人太原王氏有三子二女長曰乾休
進趍過庭退習詩禮言行恭孝令終秀明以　門蔭授博州博平縣尉次二
子曰謀次三子曰[illegible]皆承　嚴教卓絕美奇或文章以繼　家風或異鼓
以扞外侮存丁　禍[illegible]未剋官長女適常張存紹紹先短折孝孫復為
公[illegible]歿者而厚葬之撫存者而厚生之次女適太原王漁台衡胤嗣之緒
美賢文富學深情[illegible]氣直不覬祿仕輕居王侯　公以撫字傷懷遂疾不
起上之咸通九年戊子歲十月七日壽終于鄆州[illegible]縣新城里之私第春
秋七十有八[illegible]遺命以葬東周大塋即以明年己丑歲八月廿四日發引于
[illegible]十月六日祔于河南府河南縣[illegible]里先塋之域禮也[illegible]
非其能文者以常侍　座熟覩盛事故略敘載而銘於墓焉其詞曰
乾坤之德兮生我賢良　雖周之胤兮百世其昌　維公之道兮滄滄洋洋
維公之行兮善名孔彰　禍福之理兮伊何茫茫　君子之壽兮云胡不長
[illegible]　千秋萬歲兮[illegible]

三八三　唐故幽州永清縣令陽公（裕）墓誌銘

咸通十年（八六九）十月十六日葬。

誌文二十四行，滿行二十八字。正書。誌長四十四厘米、寬四十三・五厘米。

張廷堅撰。

唐故幽州永清縣令陽公墓誌銘并序

鄉貢三傳吴郡張廷堅上

公諱裕，字裕，其先北平無終人也。受氏之由，具見 高祖文公神道碑。高王父廉，皇銀青光禄大夫、黄門侍郎、大理卿、陝王傳、東都留守，謚曰文。曾王父景昌，朝散大夫、亳州桑山令。 王父寬，朝散大夫、太原府交城縣令。 考脩，宋州柘城縣尉。皆迴拔英儒，超群重德。家傳鼎俎，世襲軒裳。 公即柘城 府君第三子也。嘗因 先府君釋褐舒州懷寧縣尉，景慕灊嶽，留家浣田。 公少孤，侍先太夫人南陽張氏左右，以禮樂承 家，以孝友爲體。恭求甘脆，力就温清。不泛交游，苦心經史。孜孜勤儉，益厚田園。中年丁 尊夫人憂，泣血苫廬，幾乎滅性。以其 宗塋在洛，乃 啓舉先太夫人之神柩，合葬於東周。喪期既終，復歸舊業。看山臨水，樂道忘憂，遨遊數年。爲魏郡元戎何公弘所知[一]。奏於 天子，乃授公幽州永清縣令。以高情不就，唯將閑雅自處，仁孝親親。夫人太原王氏，有三子二女：長曰乾休，進趨過廷，退習詩禮。言行恭孝，令彩秀明，以 門蔭授博州博平縣尉；次二子曰謀；次三子曰協。皆承 嚴教，卓絶英奇，或文章以繼 家風，或果敢以扞外侮，洊丁禍酷，俱未效官；長女適常張存紹，紹先短折，嫠孤復貧。公禮殁者而厚葬之，撫存者而厚生之；次女適太原王渙，台衡胤嗣，衮紱英賢。文富學深，情高氣直。不親禄仕，輕倨王侯。 公以撫字傷懷，遘疾不起，上之咸通九年戊子歲十月廿七日壽終於舒州懷寧縣新城里之私第，春秋七十有八。遺命反葬東周大塋，即以明年己丑歲八月廿四日發紖於舒，十月十六日祔於河南府河南縣維新鄉苑洛里先塋之域，禮也。廷堅固非其能文者，以嘗待 座熟睹盛事，故略叙載而銘於墓焉。其詞曰：

乾坤之德兮生我賢良，姬周之胤兮百世其昌。維公之道兮澹澹洋洋，維公之行兮嘉名孔彰。禍福之理兮伊何茫茫，君子之壽兮云胡不長。窀穸邃邃兮無央，千秋萬歲兮弭忘。

〔一〕此處當有脱字，當爲何弘敬。

三八四　唐故彭城郡劉府君（少議）墓誌銘

咸通十年（八六九）十二月十一日葬。

誌文二十六行，滿行二十六字。楷書帶行意。誌長、寬均六十八厘米。

彭陶撰。

誌蓋篆書：唐故劉府君墓誌之銘

唐故彭城郡劉府君墓誌銘并序

中山處士彭陶述

府君諱少議，字誠矩。其先黄帝之孫帝嚳，嚳姬夢日□腹，果誕勛八彩，符□次禹生。至堯治，堯妃姜氏遊恒山見日南流而生一子，手把劉累二字，堯曰善，可封劉氏焉。後官分九州，郡列十四，彭城其一。中山祖劉勝生宥，自此派分，爲中山人也。　曾門諱謠，疏野自頤，不繼宦緒。　大門諱楚，天寶末爲常山府院逐要。　皇考諱湛，大曆末守石邑縣丞。貞元初，再授南作坊都知。至五年，加上銜諮呈，官兼三冶支度車坊事。守清白以閑櫶，提弓劍以武舉。憑機略以顯位，咸著名能，非陸沉也。　皇妣石氏，出自名家，育三子。府君居愛其性，質其志。高義及友，孝及親。泉石是好，鄉黨重其言。遇會昌南討，　君主令下。俾召群楚，公當此時。家餉牢醑，勼聚將隊。領至先鋒，蒙　主重録。職任將副，辭切不受。則可委其忠孝也。加以每至春夏，糾領邑墅，會設無遮，力倍自金，勸勵爲務。於戲！年纔耳順，無痁而逝，即咸通六年三月十六日不禄於仁風里之私第，壽七十一。世共惜賢，良木斯折。　先夫人郝氏禮未盡於君子，先見傾於早年，即開成二祀不徙假扃，便祔從吉。　夫人孫氏賢和治内，萊婦何先，懟缺菱花，撫孤容毀。嗣子三人，孟曰重慶、仲曰重進、季曰重謹。皆趨庭有禮，負米無虧。荼苦絶漿，舉措迷塞。女四人，韓氏十一娘、魏氏十三娘、十四娘，小奴。長幼四女，並已早夭。新婦三人許氏、李氏、辛氏。孫男十人，公建、公遂、公隨、公近、公迅、公達、公遇、公適、公迮。次子公述近殂。孫女三人，閻氏十一娘、福娘子、□娘子。孤幼等力備葬事，創塋於縣城東北。負橫雲之陰逾五百步，挾青龍之左瀉千里鏡。北固林嶺，東坦平陸，其勢也大，其固也久。即明年十一月一日焉，慮□□□變，故刊石志之。詞曰：

惟漢華胄，天枝遐胤。歧派九州，匡吴輔晉。□□□望，分土赫弈。燕趙其來，中山王迹。□寄平原，父祖咸秩。苦戰論功，名成慕實。行□委分，不與世諍。林泉是好，閑處爲榮。□□時賢，名在身殁。隴月空明，□□何日。

夫人孫氏咸通十年八月廿九日傾背，當年十二月十一日合祔，華堂永閉，千秋萬歲。

唐故彭城郡劉夫人墓誌
夫人乃漢祖卅一代孫女也適馮翊嚴氏嚴任
北京主廣陽簿　高祖諱挺之唐中書侍郎
曾祖諱武黃門侍郎三任劍南節度使
祖鄭卿興元節度參謀　考弘亭宋州楚丘尉
塋域並在東北二百步夫人　烈考諱彥謀大
和年捷進士第累登南北省剖濠宋二符妣姑
藏李氏時稱甲門兄翅亦登進士科自閣挍棱
華原尉弟珝舉進士女弟女兄七人夫人居其
五有四子二女長藥藥次許九教教冣小李八
乃夫人生也長女智〻次冣憐夫人享年卅一
幼聰達長敏悧為母範有則婦道無虧咸通十
一年正月下旬寢疾於太原府壽陽縣館至二
月一日殁于彼歸葬東都河南縣伊汭鄉中梁
村祔　先姑塋左十數步其歲十一月十
二日安兆夫朝散郎前行太原府廣陽縣主簿
充河東觀察衙推嚴逢泣血自錄其事刻于石
不能倣時俗弄文筆只此為銘耳

三八五　唐故彭城郡劉夫人（嚴逢妻）墓誌

咸通十一年（八七〇）十一月十二日葬。
誌文十八行，滿行十八字。正書。誌長、寬均三十一厘米。
嚴逢撰。
誌蓋正書：故彭城郡劉夫人墓誌

故彭城
郡劉夫
人墓誌

唐故彭城郡劉夫人墓誌

夫人乃漢祖卅一代孫女也。適馮翊嚴氏。嚴任北京主廣陽簿。　高祖諱挺之，唐中書侍郎。曾祖諱武，黄門侍郎，三任劍南節度使。　祖鄭卿，興元節度參謀。　考弘亮，宋州楚丘尉。塋域並在東北二百步。夫人　列考諱彦謀，大和年捷進士第，累登南北省。剖濠、宋二符。妣姑臧李氏，時稱甲門。兄翹，亦登進士科。自閣校授華原尉。弟珝，舉進士。女弟女兄七人，夫人居其五。有四子二女，長藥藥，次許九、教教，最小李八，乃夫人生也。長女智智，次最憐。夫人享年卅一。幼聰達，長敏俶〔一〕。爲母範有則，婦道無虧。咸通十一年正月下旬寢疾於太原府壽陽縣館。至二月一日夭於彼。歸葬東都河南縣伊汭鄉中梁村祔　先姑塋左十數步，其歲十一月十二日安兆。夫朝散郎、前行太原府廣陽縣主簿充河東觀察衙推嚴逄。泣血自録其事，刻於石。不能仿時俗弄文筆，只此爲銘耳。

〔一〕「俶」應爲「淑」之訛誤。

唐故前忠武軍節度押衙兼門槍軍使銀青光祿大夫
檢校太子詹事兼監察御史上柱國南陽鄧府君墓誌
府君諱瓌南陽人也 皇及 先祖並載往代之銘此不復
具述 府君素蘊韜鈐之藝負文武經濟之能自少及長皆超
王侯旌戟須者以開成初 故太常卿 高僕射為會稽廉
使日蒙錄在書記院皆委繁務未及移鎮奉使洛中便令置買第
宅主掌留務 僕射尋領版圖以 府君家本惟楊支離歲
久特蒙庇令淮海已來迴覆貴其私便獲訪親知大中初
僕射遷鎮許昌奏立私廟凡所建製一切創成兼便 卉樹皆
府君竭誠指撝月餘將畢 僕射三遷重鎮尹政兩川皆署右
職及蒙懇授卅餘年事 主如一忠貞謹潔禮讓謙謙
府君至於長年常安 寢膳自咸通十一年冬十一月忽因微
恙日漸增加半載纏綿臥疾床枕一家憂懇惟咨 佛僧乍建道
場兩興銅像延僧礼懺修寫真經長幼虔誠不雲董茹至於幽府
神祇亦曾傾心祈禱復求靈藥累柏名醫如此万端日將痊愈何
期神明不祐 佛不降慈奄忽一朝遷鍾[illegible]傾逝孤[illegible]號
天泣血叩地哀摧以咸通十二年五月十[illegible]日終于河南[illegible]女私
第享年八十有四 府君長女早年適于張氏[illegible]
外孫在焉長男質先已亡次女攜兒亦先殁卜兆[illegible]
以其年辛卯十月建己亥七日己酉葬于河南府河南縣[illegible]
張村居其長男次女塋之西上內孫益奴依為 年生所[illegible]
勤居喪三年孤子彬匍匐營辦 遷厝既畢不合更望存[illegible]
倡緣 偏侍無人苟延旦暮哀懇既違惟增 [illegible]殯[illegible]卿
陳年代顯示子孫不欲請人男彬自為石記禮阻述 德匪敢
多云不任嗚噎號絕之至
咸通拾貳年歲次辛卯拾月癸卯朔柒日己酉建

三八六 唐故前忠武軍節度押衙兼門槍軍使銀青光禄大夫檢校太子詹事兼監察御史上柱國南陽鄧府君（瓌）墓誌

咸通十二年（八七一）十月七日葬。

誌文二十六行，滿行二十五字。正書。誌長、寬均三十八厘米。鄧彬撰。

誌蓋正書：唐故南陽鄧府君墓誌

唐故前忠武軍節度押衙兼門槍軍使銀青光禄大夫檢校太子詹事兼監察御史上柱國南陽鄧府君墓誌

府君諱瓌，南陽人也。 皇及 先祖，並載往代之銘，此不復具述。 府君素藴韜鈐之藝，負文武經濟之能。自少及長，皆趨王侯旌戟。頃者，以開成初 故太常卿 高僕射〔一〕爲會稽廉使日，蒙録在書記院，皆委繁務，未及移鎮，奉使洛中，便令置買第宅，主掌留務。 僕射尋領版圖，以 府君家本惟楊，支離歲久，特蒙庇令淮海，已來巡覆，貴其私便，獲訪親知。大中初， 僕射遷鎮許昌，奏立私廟。凡所建製，一切創成，兼便 升祔，皆府君竭誠指撝，月餘將畢。 僕射三遷重鎮，尹政兩川，皆署右職，及蒙憲授卅餘年。事 主如一，忠貞謹潔，禮讓謙謙。 府君至於長年，常安寢膳。自咸通十一年冬十一月忽因微恙，日漸增加，半載纏綿。卧疾床枕，一家虔懇。唯啓 佛僧三建道場，兩興銅像。筵僧禮懺，脩寫真經。長幼虔誠，不霑熏茹。至於幽府神祇，亦曾傾心祈禱。復求靈藥，累扣名毉。如此萬端，日將痊愈。何期神明不祐， 佛不降慈。奄忽一朝，遽鍾 傾逝。孤子□等，號天泣血，叩地哀摧。以咸通十二年五月十六日終於河南恭安私第，享年八十有四。 府君長女，早年適於張氏，尋已□□□二外孫在焉。長男質，先已喪亡。次女攜兒，亦先夭殁。卜兆 安厝，以其年辛卯十月建己亥七日己酉葬於河南府河南縣龍門□張村，居其長男、次女塋之西上。內孫益奴，伏爲 平生所□□勒，居喪三年。孤子彬，匍匐營辦， 遷厝既畢，不合更望存餘生，但緣 偏侍無人，苟延旦暮，哀懇既違，惟增 攀號殞滅，聊陳年代，顯示子孫。不欲請人，男彬自爲石記，禮阻述 德，匪敢多云。不任嗚噎號絶之至。

咸通拾貳年歲次辛卯拾月癸卯朔柒日己酉建

〔一〕據《唐刺史考全編》卷一四二《越州》，此高僕射即高銖。

三八七　唐故温縣令太原王府君（栩）墓誌銘

咸通十四年（八七三）四月二十七日葬。

誌文三十四行，滿行字數不等。正書。誌長五十厘米、寬四十九厘米。

鄭廙撰。

唐故温縣令太原王府君墓誌銘并序

鄉貢進士鄭廙譔

《魯史》隱公元年，改葬惠公，循闕禮也。光武九年，温壽改葬次房，思安故土也。漢順帝元年，楊收改葬伯起，將歸大塋也。言先德則芬馥藹然，語孝感則行之大者。至德既被於顯晦，延慶必鍾於來裔矣。唐咸通十年六月二十七日，温縣令太原府君諱翊，字莊己，壽止五十四而終於位。君之令弟樞，前洛陽令。在鎬聞訃之日，茹毒成疾。不克馳赴哀泣，立遣猶子前進士調：「汝宜奔往，以代余荷護。」君之第二子助，同爲備事，遂用是歲八月十七日寓窆於河南縣龍門鄉。實以歲凶路遥，禮物未備。姑從權宜，故非久也。日月遄邁，喪紀告終，終身之戚，靡安夙夜。今龜筮云吉，陰陽攸利。孝子潁、助等，備禮稱家，號奉大事。爰用咸通十四年四月廿七日辛酉啓護歸於河南府伊闕縣神蔭鄉黃池村，祔於　先司空塋域之側，禮也。君即　司空第五子。誕於德門，生知孝敬。性本剛健，志尚有立。服儒好學，窮究經籍。涉獵子史，但味其菁英，以自足用爲得耳。慕貞退，鄙躁動。道直而未嘗激訐，接士而門無雜賓。留心吏理，所得皆至。切在厚風俗，敦教化；抑囂僭，顯幽隱爲先耳。始試仕許昌糾曹，頽綱紊網，不旬而理。醝府欲委之難重，公不樂是務，乖化人之本，遂擢扁舟，遊五湖，歸雋李之別墅。有荒田數千畝，率農者以時耕耨。不數歲，變瘠鹵爲沃壤。是使廩庾有凶年之備，幼艾無凍餒之虞。但嘯傲雲林，釀酒酣詠。字毓孤藐，如輻湊轂。食禄之家，翻有慚色。而高情逸韻，不知時之安危，政之臧否，但畏印綬之爲累耳。曾爲易定帥〔一〕求賢辟召，公以道遠不就。繼爲鄜坊節將竇公〔二〕奏爲金明縣令，亦以是辭。復爲河陽三城使崔公彦昭藉甚吏能，將救罷俗，表請爲温之長。崔公名重，疏裁上而詔下。遂起家從知，巾車即路。到官未幾而民自化，不假戴星之勞。投巫革弊，釜魚馴雉，然後爲理。邑甿不幸，將泰復艱，奪我仁理，何開速歟。温之老幼，號慕如子。攀送於路，豈止輟舂罷社之異虖。古昔聞有，今迺見之。晉司空、并州刺史、章武侯，君之十二代祖。隨平州太守賓，君爲六代孫。高祖諱玄暕，侍御史、比部員外。曾祖諱景肅，丹陽濮陽博平三郡牧、凉王傅。大父諱政，襄、鄧等州防禦使，贈吏部尚書。列考諱仲舒，江南西道觀察使、御史中丞，贈司空。司空揚歷華貫，國史家諜，靡不備載。勳德宗相，起爲行狀。韓吏部愈爲誌文，今不敢書，懼僭瀆也。君婚始娶范陽盧氏，夫人早世於由拳別墅，復土於姑蘇舊苑。繼室渤海李氏，夫人碩德懿範，婦道母儀，爲士彙表式。訓毓孤穉，咸冀有立。有子八人，長曰潁，謹默向善，已有宦緒。次曰助，顓殼精敏，向慕堅明。藝學已精，指期一第。次曰平，曰田，曰小田，曰戎，曰小戎，曰咸兒。皆夙彩秀異，爲學不墮。荀龍之美，開在茲虖。女四人，長適鹽官丞蕭質夫，次皆种幼。廙與君之游久，諸孤持疏，請述先德，勒於貞珉。且無愧詞，安敢牢讓。銘曰：

川媚沉珠，山輝韞玉。蘭處幽林，士隱高躅。潛耀耿光，何傷芬馥。但保天爵，豈利世禄。涉獵群書，經史用足。超然雲鶴，難虖羈束。盜用天和，耕瘠爲沃。貧弱孤孀，萃如湊轂。交辟莫顧，從我所欲。知己慰薦，詔下嚴促。起上琴堂，靜聞化俗。方嗟來暮，大夜何速。賢愚同盡，壽夭難卜。古域新阡，不憂陵谷。流慶長淮，永祉清族。

〔一〕「易定帥」即韋絢。

〔二〕「鄜坊節將竇公」即竇澣。

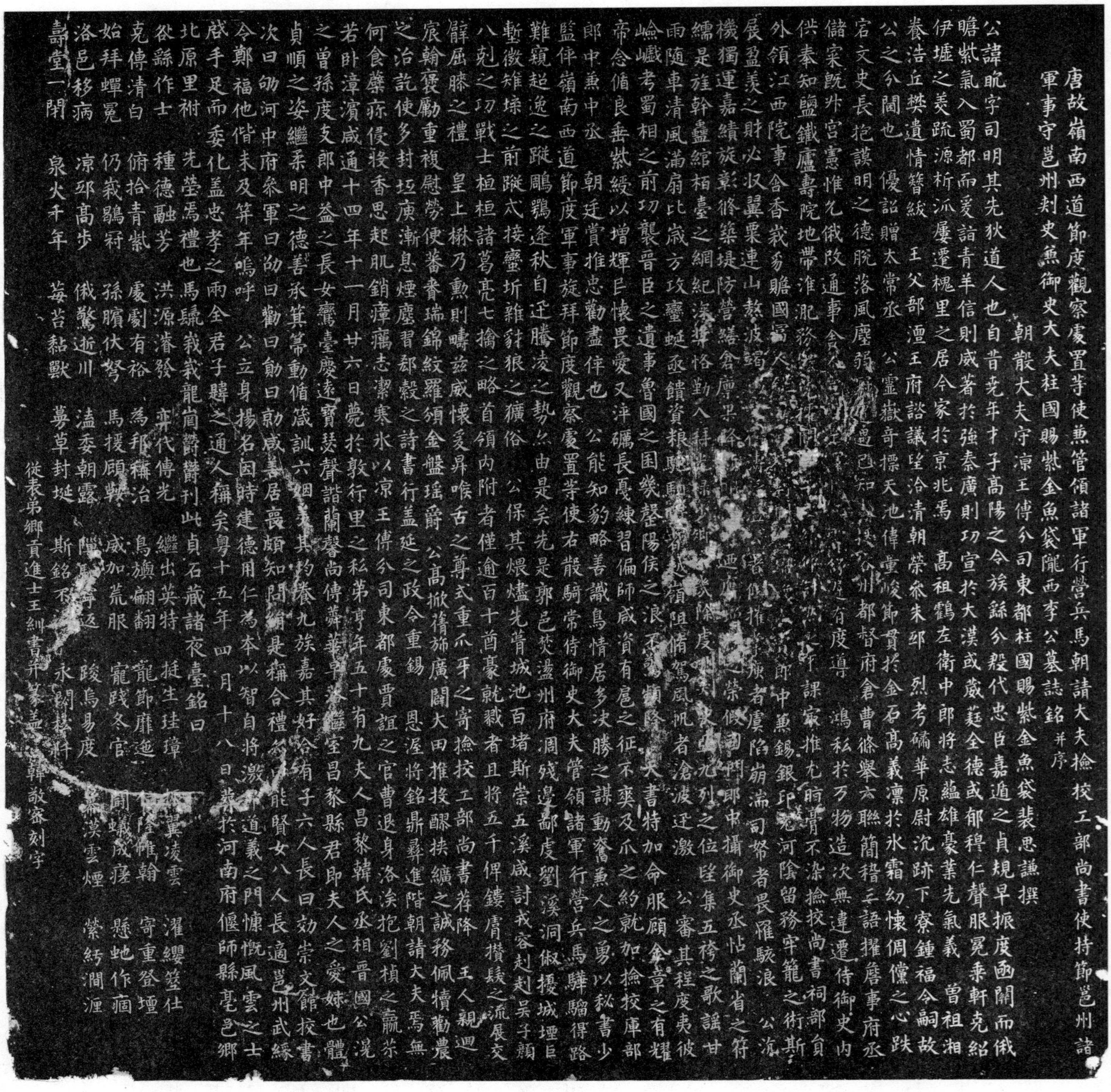

三八八　唐故嶺南西道節度觀察處置等使兼管領諸軍行營兵馬朝請大夫檢校工部尚書使持節邕州諸軍事守邕州刺史兼御史大夫柱國賜紫金魚袋隴西李公（旼）墓誌銘

咸通十五年（八七四）四月十八日葬。

誌文四十行，滿行四十一字。正書。誌長、寬均九十一厘米。

裴思謙撰，王紃書并篆蓋，韓敬密刻字。

唐故嶺南西道節度觀察處置等使兼管領諸軍行營兵馬朝請大夫檢校工部尚書使持節邕州諸軍事守邕州刺史兼御史大夫柱國賜紫金魚袋隴西李公墓誌銘并序

朝散大夫守凉王傅分司東都柱國賜紫金魚袋裴思謙撰

公諱𣅜[一]，字司明，其先狄道人也。自昔堯年才子，高陽之令族繇分；殷代忠臣，嘉遁之貞規早振。度函關而俄瞻紫氣，入蜀都而爰詣青羊。信則威著於强秦，廣則功宣於大漢。或葳蕤全德，或郁穆仁聲。服冕乘軒，克紹伊墟之美；疏源析派，屢遷槐里之居。今家於京兆焉。 高祖鶤，左衛中郎將。志蘊雄豪，業先氣義。 曾祖湘，養浩丘樊，遺情簪紱。 王父郜，澶王府諮議。望洽清朝，榮參朱邸。 烈考礵，華原尉。沉迹下寮，鍾福令嗣。故公之分閫也， 優詔贈太常丞。 公靈嶽奇標，天池偉量，峻節貫於金石，高義凜於冰霜。幼懷倜儻之心，跌宕文史；長抱謨明之德，脱落風塵。弱冠□遇已知，□授容州都督府倉曹。條舉六聯，簡稽三語。擢詹事府丞。儲宷既升，宮憲惟允。俄改通事舍人。宣□皇澤於□，舒遲有度；導 鴻私於萬物，造次無違。遷侍御史内供奉、知鹽鐵廬壽院。地帶淮淝，務□筦擢。門□□之績，□計然之才。課最推尤，脂膏不染。檢校尚書祠部員外，領江西院事。含香峩豸，贍國富人。□□□精，□□□□□□郎中，兼錫銀印，充河陰留務。牢籠之術斯展，盈羡之財必收。翼粟連山，熬波竭□。□衝濤泛溢，公署傾摧。掌庾者虞陷崩湍，司帑者畏罹駭浪。 公沉機獨運，嘉績旋彰。修築堤防，營繕倉廩。果降□□□□，迺應增□之榮。假司門郎中，攝御史丞。怙蘭省之符繻，是旌幹蠱；綰柏臺之綱紀，深獎恪勤。入拜光禄少卿，未幾，除虔州刺史。亞九列之位望，集五袴之歌謡。甘雨隨車，清風滿扇。比歲方攻蠻蜒，亟饋資糧。馳駟□者，越嶺阻脩；駕風帆者，滄波迅激。 公審其程度，夷彼嶮巇，考蜀相之前功，襲晉臣之遺事。魯國之困幾罄，陽侯之浪不驚。頻降 天書，特加命服。顧金章之有耀，帝念循良；垂紫綬以增輝，民懷畏愛。又淬礪長戛，練習偏師。咸資有扈之征，不爽及爪之約。就加檢校庫部郎中，兼中丞。 朝廷賞推忠、勸盡倅也。 公能知豹略，善識鳥情。居多決勝之謀，動奮兼人之勇。以秘書少監倅嶺南西道節度軍事，旋拜節度觀察處置等使、右散騎常侍、御史大夫、管領諸軍行營兵馬。驊騮得路，難窺超逸之蹤；鵰鶚逢秋，自迅騰凌之勢，亦由是矣。先是郭邑焚蕩，州府凋殘，邊鄙虔劉，溪洞俶擾。城堙巨塹，微雉堞之前蹤；戎接蠻圻，雜豺狼之獷俗。

公保其煨燼，先葺城池。百堵斯崇，五溪咸討。戎容赳赳，吴子顔八剋之功；戰士桓桓，諸葛亮七擒之略。首領内附者僅逾百十，酋豪就戮者且將五千。俾鏤膚攢髮之流，展交臂屈膝之禮。 皇上楙乃勳則，疇兹威懷，爰昇喉舌之尊，式重爪牙之寄。檢校工部尚書，荐降 王人，親迴宸翰。褒勵重複，慰勞便蕃。賚瑞錦紋羅，頒金盤瑶爵。

公高掀蒨旆，廣闢大田，推投醪挾纊之誠，務佩犢勸農之治。訖使多封坻庾，漸息煙塵。習郤縠之詩書，行盖延之政令。重錫 恩渥，將銘鼎彝，進階朝請大夫焉。無何，食蘖疹侵，投香思起，肌銷瘴癘，志潔寒冰。以凉王傅分司東都。處賈誼之官曹，退身洛涘；抱劉楨之羸薾，若卧漳濱。咸通十四年十一月廿六日薨於敦行里之私第，享年五十有九。夫人昌黎韓氏，丞相晉國公滉之曾孫，度支郎中益之長女。鸞臺慶遠，寶瑟聲諧。蘭馨尚傳，蕣華早落。繼室昌黎縣君，即夫人之愛妹也。體貞順之姿，繼柔明之德。善承箕箒，動循箴訓，六姻美其均養，九族嘉其好合。有子六人，長曰効，崇文館校書；次曰劬，河中府參軍；曰劭、曰勸、曰勛、曰勍，咸善居喪，頗知問絹，是稱合禮，亦曰能賢。女八人，長適邕州武緣令鄭福。他皆未及笄年。嗚呼！ 公立身揚名，因時建德。用仁爲本，以智自將，激昂道義之門，慷慨風雲之士。啓手足而委化，蓋忠孝之兩全。君子韙之，通人稱矣。粤十五年四月十八日葬於河南府偃師縣亳邑鄉北原里，祔 先塋焉，禮也。馬鬣峩峩，龍崗鬱鬱。刊此貞石，藏諸夜臺。銘曰：

咎繇作士，種德融芳。洪源濬發，弈代傳光。繼出英特，挺生珪璋。振翼淩雲，濯纓筮仕。克傳清白，俯拾青紫。處劇有裕，爲邦稱治。鳥旟翩翻，龍節靡迤。位隆帷翰，寄重登壇。始拜蟬冕，仍峩鶡冠。孫臏伏弩，馬援顧鞍。威加荒服，寵踐冬官。鬪蟻成瘥，懸蛇作痾。洛邑移病，凉邸高步。俄驚逝川，溘委朝露。隙駟寧返，踆烏易度。幕漠雲煙，縈紆澗瀍。壽堂一閉，泉火千年。莓苔黏獸，蔓草封埏。斯銘不泯，永閟松阡。

從表弟鄉貢進士王紃書并篆蓋

韓敬密刻字

[一]按《唐方鎮年表》卷七《嶺南西道》、《唐刺史考全編》卷二九〇《嶺南道·邕州》均爲「李耽」。據墓誌及本書三六六李𣅜撰《唐隴西李氏夫人昌黎韓氏墓誌銘》，均爲「𣅜」。另據千唐志齋藏《唐宣武節度押衙兼侍御史河東柳公（延宗）墓誌》，柳延宗婚隴西李氏，「即邕府節度使躭之第四女」。則「𣅜」「躭」均爲「耽」之異體字，這裡從墓誌誌主名「𣅜」照録。

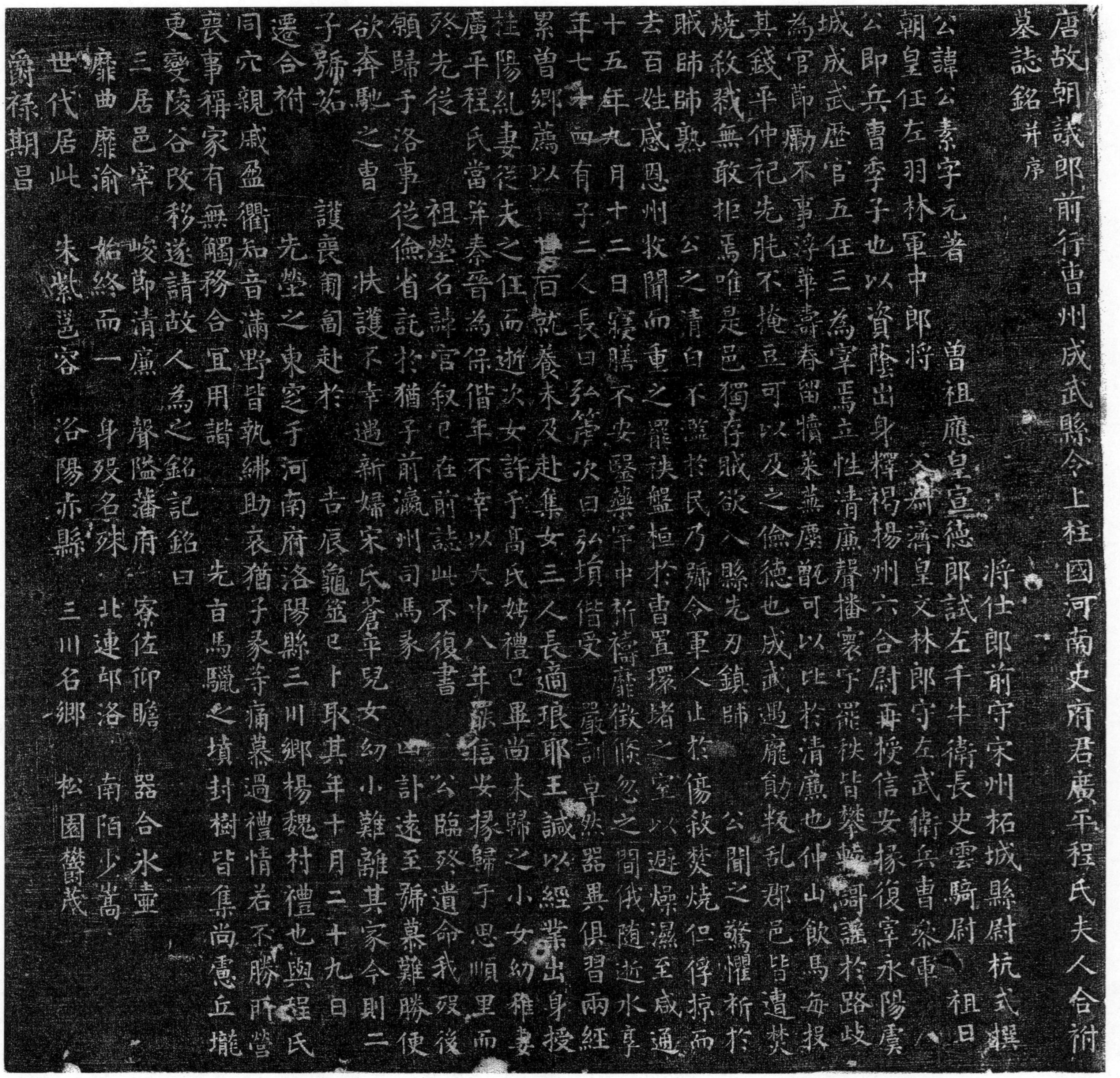
唐故朝議郎前行曹州成武縣令上柱國河南史府君廣平程氏夫人合祔
墓誌銘并序
將仕郎前守宋州柘城縣尉杭式撰
公諱公素字元著　曾祖應皇宣德郎試左千牛衛長史雲騎尉　祖日
朝皇任左羽林軍中郎將　父爲濟皇文林郎守左武衛兵曹參軍
公即兵曹季子也以資蔭出身釋褐揚州六合尉再授信安掾復宰永陽虞
城成武歷官五任三爲宰焉立性清廉聲播寰宇羅袂皆攀轅謌謡於路歧
爲官節勵不事浮華壽春留犢萊蕪塵甑可以比於清廉也仲山飲馬每投
其錢平仲祀先胙不掩豆可以及之儉德也成武遇龐勛叛亂郡邑皆遭焚
燒殺戮無敢拒焉唯是邑獨存賊欲入縣先刃鎮帥　公聞之驚懼祈於
賊帥帥熟　公之清白不濫於民乃歸令軍人止於傷殺焚燒但俘掠而
去百姓感恩州牧聞而重之羅袂盤桓於曹置環堵之室以避燥濕至咸通
十五年九月十二日寢膳不安醫藥罕中祈禱靡徵倏忽之間俄隨逝水享
年七十四有子二人長曰弘範次曰弘墳偕受　嚴訓卓然器異俱習兩經
累曾鄉薦以□百就養未及赴集女三人長適琅耶王誠以經業出身授
桂陽紀妻從夫之任而逝次女許于高氏姊禮已畢尚未歸之小女幼稚妻
廣平程氏當并秦晉爲保偕年不幸以大中八年□信安掾歸于思順里而
歿先從祖塋名諱官叙已在前誌此不復書　公臨歿遺命我歿後
類歸于洛事從儉省託於猶子前瀛州司馬象　□計遠至孫慕難勝便
欲奔馳之曹　扶護不幸遇新婦宋氏蒼卒兒女幼小難離其家今則二
子孫茹　護喪匍匐赴於　吉辰龜筮已卜取其年十月二十九日
遷合祔　先塋之東窆于河南府洛陽縣三川鄉楊魏村禮也與程氏
同穴親戚盈衢知音滿野皆執紼助哀猶子象等痛慕過禮情若不勝所營
喪事稱家有無觸務合宜用諧　先旨馬鬣之墳封樹皆集尚慮丘壠
更變陵谷改移遂請故人爲之銘記銘曰
三居邑宰　峻節清廉　聲隘藩府　寮佐仰瞻　器合冰壺
靡曲靡渝　始終而一　身歿名殊　北連邙洛　南陌少嵩
世代居此　朱紫邕容　洛陽赤縣　三川名鄉　松園鬱蔥
爵祿期昌

三八九　唐故朝議郎前行曹州成武縣令上柱國河南史府君（公素）廣平程氏夫人合祔墓誌銘

咸通十五年（八七四）十月二十九日葬。

誌文二十九行，滿行二十九字。正書。誌長、寬均四十七厘米。

杭式撰。

唐故朝議郎前行曹州成武縣令上柱國河南史府君廣平程氏夫人合祔墓誌銘并序

將仕郎前守宋州柘城縣尉杭式撰

公諱公素，字元著。　曾祖應，皇宣德郎、試左千牛衛長史、雲騎尉。　祖日朝，皇任左羽林軍中郎將。　父叔濟，皇文林郎、守左武衛兵曹參軍。　公即兵曹季子也。以資蔭出身，釋褐揚州六合尉，再授信安掾。復宰永陽、虞城、成武。歷官五任，三爲宰焉。立性清廉，聲播寰宇。罷秩，皆攀轅謳謡於路歧。爲官節勵，不事浮華。壽春留犢，萊蕪塵甑，可以比於清廉也。仲山飲馬，每投其錢。平仲祀先，肫不掩豆，可以及之儉德也。成武遇龐勛叛亂，郡邑皆遭焚燒殺戮，無敢拒焉，唯是邑獨存。賊欲入縣，先刃鎮帥。　公聞之驚懼，祈於賊帥。帥熟　公之清白，不濫於民，乃號令軍人，止於傷殺焚燒，但俘掠而去。百姓感恩，州牧聞而重之。罷袟，盤桓於曹，置環堵之室以避燥濕。至咸通十五年九月十二日寢膳不安，醫藥罕中，祈禱靡徵。倏忽之間，俄隨逝水，享年七十四。有子二人，長曰弘篪，次曰弘塤。偕受嚴訓，卓然器異。俱習兩經，累曾鄉薦。以　甘旨就養，未及赴集。女三人。長適琅耶王誠，以經業出身，授桂陽糾，妻從夫之任而逝。次女許於高氏，娉禮已畢，尚未歸之。小女幼稚。妻廣平程氏當笄秦晉，爲保偕年。不幸以大中八年罷信安掾，歸於思順里而終，先從　祖塋。名諱、官叙已在前誌，此不復書。　公臨終遺命：「我歿後，願歸於洛，事從儉省。」託於猶子前瀛州司馬象。　凶訃遠至，號慕難勝。便欲奔馳之曹　扶護，不幸遇新婦宋氏蒼卒，兒女幼小，難離其家。今則二子號茹　護喪匍匐，赴於　吉辰，龜筮已卜，取其年十月二十九日　遷合祔　先塋之東，窆於河南府洛陽縣三川鄉楊魏村，禮也。與程氏同穴。親戚盈衢，知音滿野，皆執紼助哀。猶子象等痛慕過禮，情若不勝。所營喪事稱家有無，觸務合宜，用諧　先旨。馬鬣之墳，封樹皆集。尚慮丘隴更變，陵谷改移。遂請故人，爲之銘記。銘曰：

三居邑宰，峻節清廉。聲隘藩府，寮佐瞻仰。器合冰壺，靡曲靡渝。始終而一，身歿名殊。北連邙洛，南陌少嵩。世代居此，朱紫邕容。洛陽赤縣，三川名鄉。松園鬱茂，爵禄期昌。

三九〇　故朝散大夫郢州刺史賜紫金魚袋崔公（元膺）墓誌銘

乾符三年（八七六）二月六日葬。

誌文二十七行，滿行三十字。正書。誌長六十三厘米、寬六十二厘米。

鄭脩撰。

故朝散大夫郢州刺史賜紫金魚袋崔公墓誌銘并序

朝議郎前殿中侍御史内供奉柱國鄭脩撰

公諱元膺，字獻臣。其先博陵人。祖諱藏之，朝散大夫、尚書膳部員外郎。父諱俠，朝散大夫、郴州刺史。　公少倜儻有立，稱於家，譽於時。遂以經明行修登第，大中元年，　宣宗親萬機，擇人用材爲急。　公始自宋州單父尉，　詔授河南府王屋尉。鄜帥〔一〕奏爲觀察判官、監察御史裹行。六年，又以殿中侍御史、内供奉、邠寧營田判官。軍安府和，民事整整，聲聞於　朝。十年，丞相上其名，授太原縣令。十四年，鹽鐵使〔二〕執其能，奏爲檢校户部郎中，知利國監事。明年，課溢户安，俾其大務，領嘉興監。又二年，檢校駕部郎中。朱衣象板，移江陵院，益稱職。天下愛才與能者，交薦萃説，聲動京師。宰相聞曰：「本於天下者，治民也。今以才人獨付銅鹽之司，是在上者未之思也。」遂遷連州刺史。治行藉藉，連率書其考上下。十年，改刺郢州，治郢如連。十一年，　詔褒以金紫。十二年，加朝散大夫，將徵於　朝，以盡其用者數矣。然　公中立無所黨附，不以金帛笑語買交取容於時，竟受代。葺居漢上，家之介然自得。始娶趙郡李氏，有三子。後娶范陽盧氏。子鈹，前亳州真源縣丞。次鉷，鄉貢進士。季曰鐼，鐼能官，肖其業。今鹽鐵使河東裴公〔三〕之鎮襄陽也，求爲縣令者甚切，或以鐼聞。遂擢自鄧城主簿，奏爲隋州唐城縣令。果有殊績，隋牧書其考亦上下。人以裴公爲能官人。二女，長女嫁燉煌張騏，今爲鹽鐵推官、侍御史内供奉。次嫁京兆韋殷裕，殷裕以國子司業忿訏上疏，將排時權。時權惡之，用以威衆，奏致其死。　公以親累，貶賀州司户參軍。明年，　今聖即位，還其官秩勳賜，徵之來歸漢上。鬱鬱不樂，遲遲於行。竟以疾終於私第，享年七十二。實乾符二年八月五日也。明年二月六日，嗣子鈹等奉其喪歸葬河南縣萬安鄉玉泉里李夫人兆中。銘曰：

古之字民，如彼陵草。有土之官，率由斯道。　公之爲郡，有古之風。安謀惠思，不與時同。氣以自强，才以通物。當事而行，無所撓屈。毗於邊軍，軍以之寧。佐於筦榷，利以之贏。無施不可，名動　帝京。相府奪之，以爲己有。二州之政，果爲治首。遘疾峴山，歸安玉泉。銘以顯之，於千萬年。

〔一〕據《唐方鎮年表》卷一《鄜坊》，鄜帥即劉礎。

〔二〕據《舊唐書》卷一七七《夏侯孜傳》，鹽鐵使即夏侯孜。

〔三〕據《唐方鎮年表》卷四《山南東道》，河東裴公即裴坦。

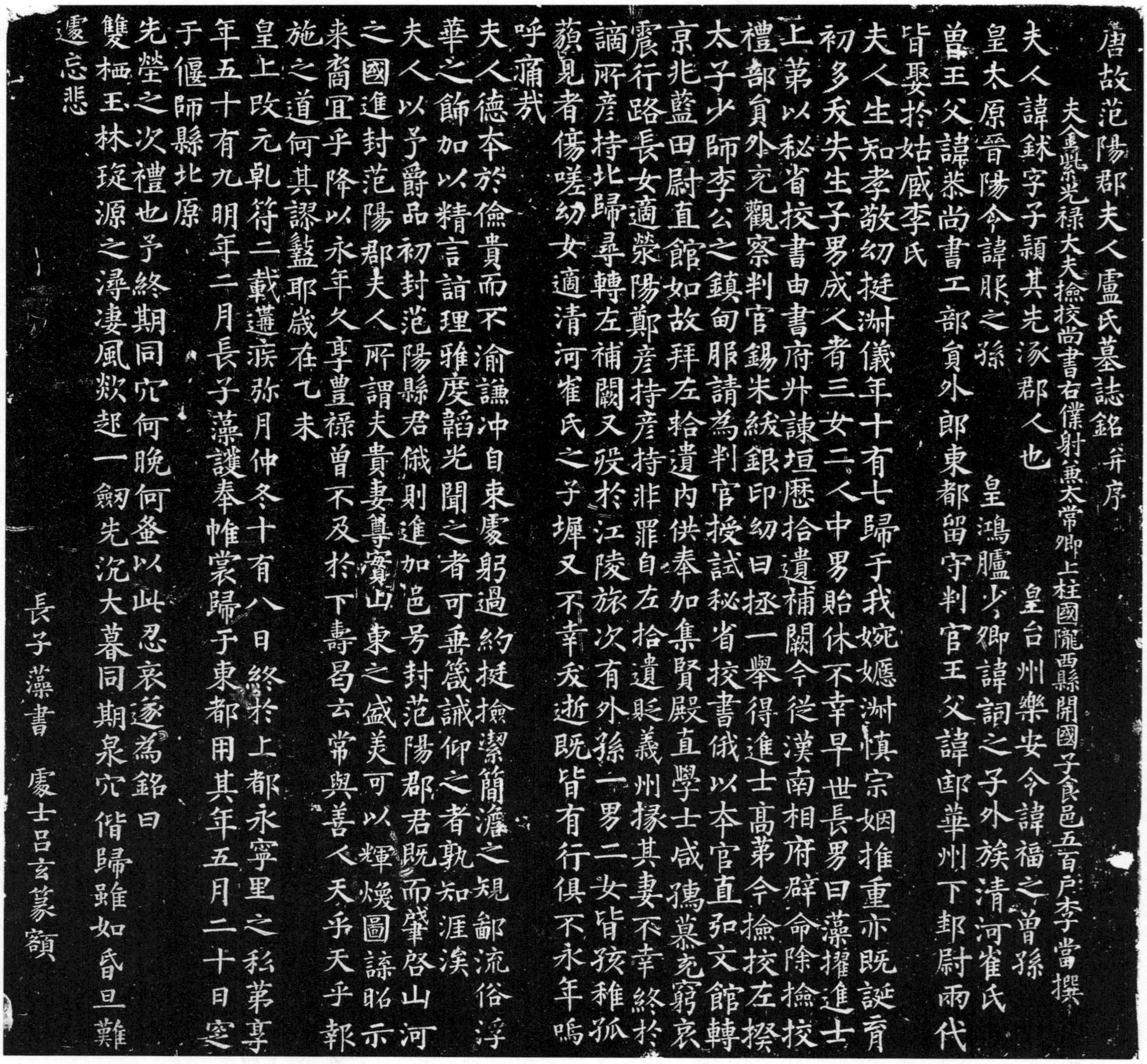

唐故范陽郡夫人盧氏墓誌銘并序
夫金紫光祿大夫撿校尚書右僕射兼太常卿上柱國隴西縣開國子食邑五百戶李當撰
夫人諱鈇字子穎其先涿郡人也　皇台州樂安令諱福之曾孫
皇太原晉陽令諱肶之孫　皇鴻臚少卿諱詞之子外族清河崔氏
曾王父諱恭尚書工部員外郎東都留守判官王父諱郾華州下邽尉兩代
皆娶於姑臧李氏
夫人生知孝敬幼挺淑儀年十有七歸于我婉嫕淑慎宗姻推重亦既誕育
初多炙失生子男成人者三女二人中男貽休不幸早世長男曰藻擢進士
上第以秘省校書由書府廾諫垣歷拾遺補闕令從漢南相府辟命除撿校
禮部員外充觀察判官錫朱紱銀印幼曰拯一舉得進士高第令撿校左揆
太子少師李公之鎮甸服請為判官授試秘省校書俄以本官直弘文館轉
京兆藍田尉直館如故拜左拾遺內供奉加集賢殿直學士感鶐慕充窮哀
震行路長女適滎陽鄭彥持彥持非罪自左拾遺貶義州掾其妻不幸終於
謫所彥持北歸尋轉左補闕又歿於江陵旅次有外孫一男二女皆孩稚孤
藐見者傷嗟幼女適清河崔氏之子墀又不幸夭逝既皆有行俱不永年嗚
呼痛哉
夫人德本於儉貴而不渝謙冲自束處躬過約挺撿潔簡濬之規鄙流俗浮
華之飾加以精言詣理雅度韜光聞之者可垂箴誡仰之者孰知涯涘
夫人以子爵品初封范陽縣君俄則進加邑号封范陽郡君既而肇啓山河
之國進封范陽郡夫人所謂夫貴妻尊寶山東之盛美可以輝燠圖諜昭示
来裔宜乎降以永年久享豐祿曾不及於下壽曷云常與善人天乎天乎報
施之道何其謬盭耶歲在乙未
皇上改元乾符二載遘疾弥月仲冬十有八日終於上都永寧里之私第享
年五十有九明年二月長子藻護奉帷裳歸于東都用其年五月二十日窆
于偃師縣北原
先塋之次禮也予終期同穴何晚何蚤以此忍哀遂為銘曰
雙栖玉林琁源之潯凄風欻起一劒先沉大暮同期泉穴偕歸雖如昏旦難
遷忘悲
長子藻書　處士吕玄篆額

三九一　唐故范陽郡夫人盧氏（李當妻）墓誌銘

乾符三年（八七六）五月二十日葬。

誌文二十九行，滿行二十九字。正書。誌長七十三厘米、寬七十厘米。

李當撰，李藻書，呂玄篆額。

誌蓋篆書：唐故范陽郡夫人盧氏墓誌銘

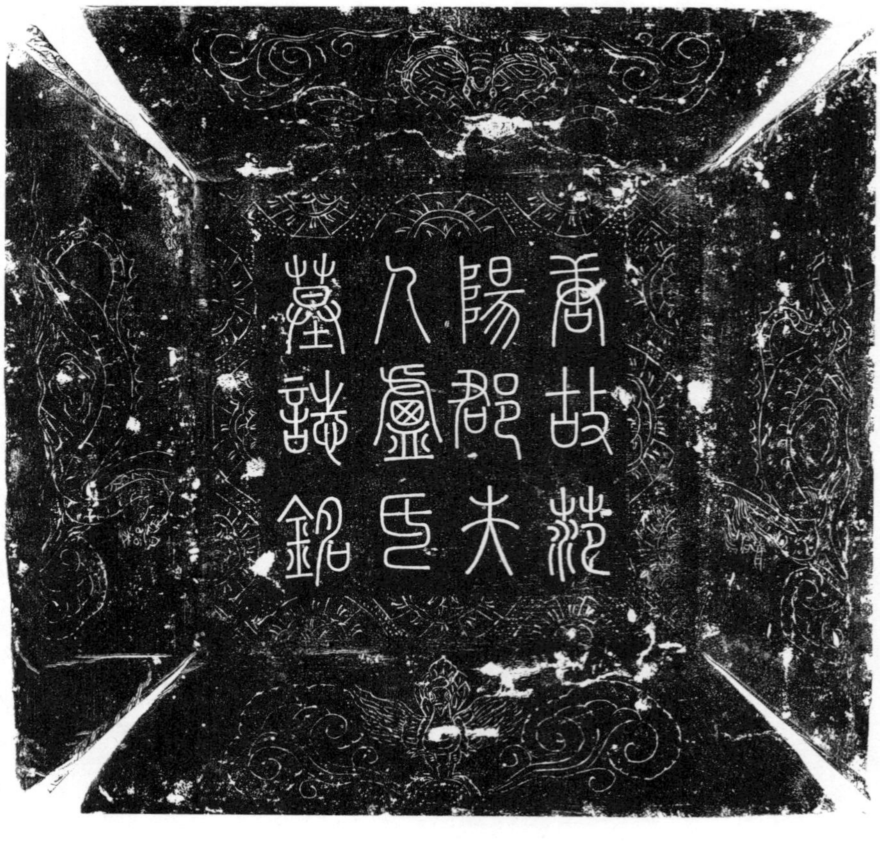

唐故范陽郡夫人盧氏墓誌銘并序

夫金紫光禄大夫檢校尚書右僕射兼太常卿上柱國隴西縣開國子食邑五百户李當撰

夫人諱鉥，字子穎，其先涿郡人也。　皇台州樂安令諱福之曾孫。　皇太原晉陽令諱服之孫。　皇鴻臚少卿諱詞之子。外族清河崔氏，　曾王父諱恭，尚書工部員外郎、東都留守判官。王父諱郾，華州下邽尉。兩代皆娶於姑臧李氏。　夫人生知孝敬，幼挺淑儀。年十有七歸於我。婉嫕淑慎，宗姻推重。亦既誕育，初多夭失，生子男成人者三，女二人。中男貽休，不幸早世。長男曰藻，擢進士上第。以秘省校書，由書府升諫垣，歷拾遺、補闕。今從漢南相府辟命，除檢校禮部員外，充觀察判官，錫朱紱銀印。幼曰拯，一舉得進士高第，今檢校左揆、太子少師李公[一]之鎮甸服，請爲判官，授試秘省校書。俄以本官直弘文館，轉京兆藍田尉，直館如故。拜左拾遺内供奉，加集賢殿直學士。咸孺慕充窮，哀震行路。長女適滎陽鄭彦持。彦持非罪，自左拾遺貶義州掾，其妻不幸終於謫所。彦持北歸，尋轉左補闕，又歿於江陵旅次。有外孫一男二女，皆孩稚孤藐，見者傷嗟。幼女適清河崔氏之子墀，又不幸夭逝。既皆有行，俱不永年。嗚呼痛哉！　夫人德本於儉，貴而不渝。謙冲自束，處躬過約。挺檢潔簡濟之規，鄙流俗浮華之飾。加以精言詣理，雅度韜光。聞之者可垂箴誡，仰之者孰知涯涘。　夫人以予爵品，初封范陽縣君，俄則進加邑號，封范陽郡君。既而肇啓山河之國，進封范陽郡夫人。所謂夫貴妻尊，實山東之盛美。可以輝焕圖諜，昭示來裔。宜乎降以永年，久享豐禄。曾不及於下壽，曷云常與善人。天乎天乎，報施之道，何其謬盭耶。歲在乙未，　皇上改元乾符。二載，遘疾彌月，仲冬十有八日終於上都永寧里之私第，享年五十有九。明年二月，長子藻護奉帷裳歸於東都。用其年五月二十日窆於偃師縣北原　先塋之次，禮也。予終期同穴，何晚何蚤。以此忍哀，遂爲銘曰：

雙棲玉林，璇源之潯。淒風欻起，一劍先沉。大暮同期，泉穴偕歸。雖如昏旦，難遽忘悲。

長子藻書

處士吕玄篆額

[一] 此「李公」應爲李蔚。

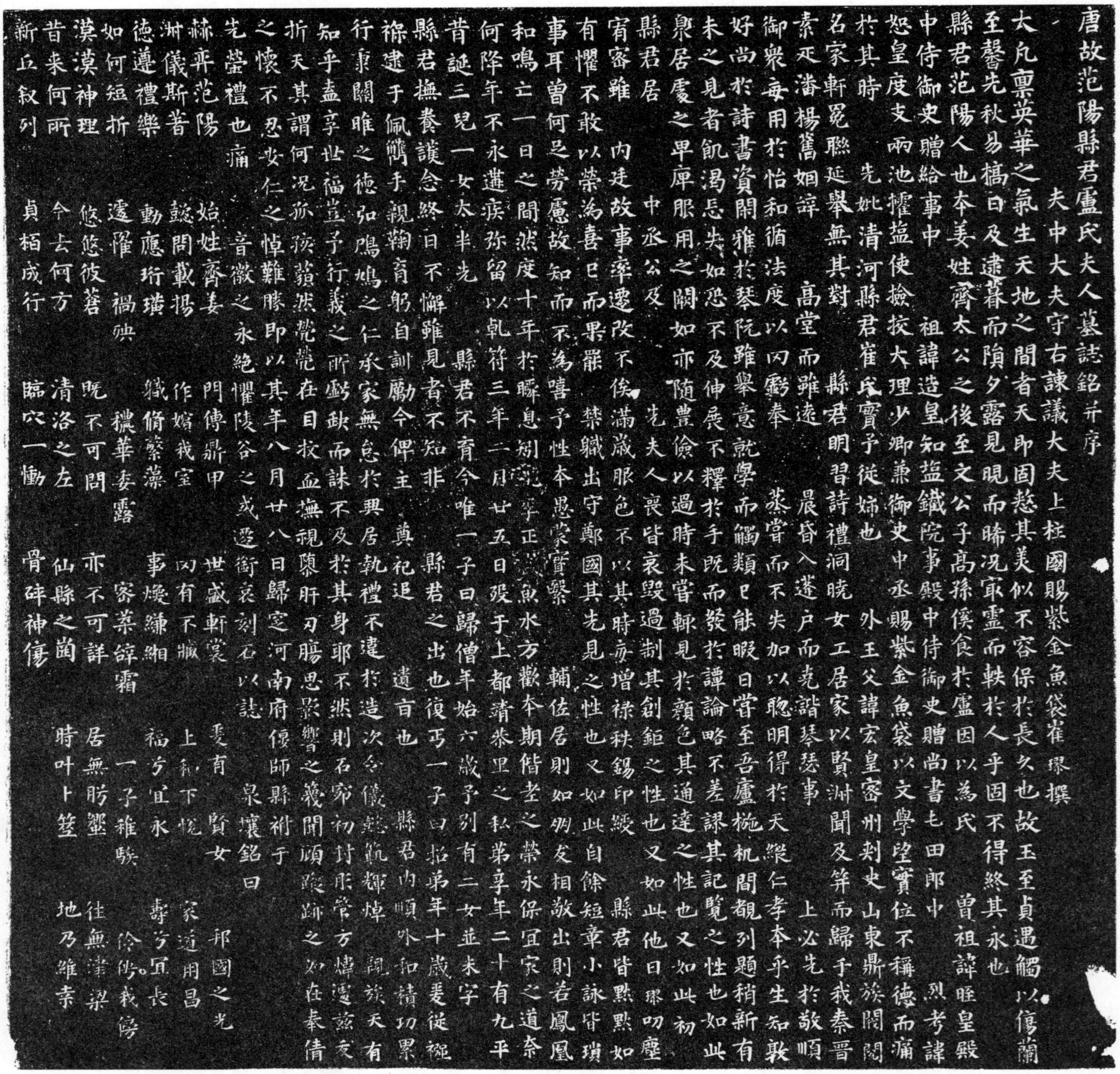
唐故范陽縣君盧氏夫人墓誌銘并序

三九二　唐故范陽縣君盧氏夫人墓誌銘

乾符三年（八七六）八月二十八日葬。

誌文三十五行，滿行三十六字。正書。誌長、寬均六十一厘米。崔璆撰。

誌蓋篆書：唐故范陽縣君盧氏夫人墓誌

唐故范陽縣君盧氏夫人墓誌銘并序

夫中大夫守右諫議大夫上柱國賜紫金魚袋崔璆撰

大凡禀英華之氣，生天地之間者，天即固慭其美，似不容保於長久也。故玉至貞遇觸以傷，蘭至馨先秋易槁。日及逮暮而隕，夕露見晛而晞。況最靈而軼於人乎，固不得終其永也。 縣君范陽人也，本姜姓齊太公之後，至文公子高孫傒食於盧，因以爲氏。 曾祖諱晊，皇殿中侍御史，贈給事中。 祖諱造，皇知鹽鐵院事、殿中侍御史，贈尚書屯田郎中。 烈考諱恕，皇度支兩池榷鹽使、檢校大理少卿、兼御史中丞，賜紫金魚袋。以文學望實，位不稱德，而痛於其時。 先妣清河縣君崔氏，實予從姊也。 外王父諱宏，皇密州刺史。山東鼎族，閥閱名家，軒冕聯延，舉無其對。 縣君明習詩禮，洞曉女工。居家以賢淑聞，及笄而歸於我。秦晉素匹，潘楊舊姻。辭 高堂而雖遠晨昏，入蓬户而克諧琴瑟。事 上必先於敬順，御衆每用於怡和。循法度以罔虧，奉 蒸嘗而不失。加以聰明得於天縱，仁孝本乎生知。敦好尚於詩書，資閑雅於琴阮。雖舉意就學，而觸類已能。暇日嘗至吾廬，棐机間睹列題，稍新有未之見者。饑渴忘失，如恐不及。伸展不釋於手，既而發於譚論。略不差謬，其記覽之性也如此。梟居處之卑痺，服用之闕如，亦隨豐儉以過時。未嘗輒見於顔色，其通達之性也又如此。初， 縣君居 中丞公及 先夫人喪，皆哀毁過制，其創鉅之性也又如此。他日，璆叨塵宥密。雖 内廷故事，率遷改不俟滿歲，服色不以其時。每增禄秩錫印綬， 縣君皆默默如有懼，不敢以榮爲喜。已而果罷 禁職，出守鄭國，其先見之性也又如此。自餘短章小詠，皆瑣事耳。曾何足勞慮，故知而不爲。嘻！予性本愚蒙，實緊 輔佐。居則如朋友相敬，出則若鳳凰和鳴。亡一日之間然，度十年於瞬息。矧□李正盛，魚水方歡。本期偕老之榮，永保宜家之道。奈何降年不永，遘疾彌留，以乾符三年二月廿五日殁於上都靖恭里之私第，享年二十有九。平昔誕三兒一女，太半先 縣君不育。今唯一子曰歸僧，年始六歲。予别有二女，並未字。 縣君撫養護念，終日不懈。雖見者不知非 縣君之出也。復丐一子曰招弟，年十歲，爰從襁褓，逮於佩觿。手親鞠育，躬自訓勵。今俾主 奠祀，追 遺旨也。 縣君内順外和，積功累行。秉《關雎》之德，弘《鳲鳩》之仁。承家無怠於興居，執禮不違於造次。令儀懿範，輝焯 親族。天有知乎，盍享世福。豈予行義之所虧缺，而誅不及於其身耶？不然則石窌初封，彤管方煒，遽茲夭折，天其謂何。況孤孩藐然，煢煢在目。拉血撫視，隳肝刃腸。思影響之箧聞，顧蹤迹之如在。奉倩之懷不忍，安仁之悼難勝。即以其年八月廿八日歸窆河南府偃師縣祔於 先塋，禮也。痛 音徽之永絶，懼陵谷之或遷。銜哀刻石，以誌 泉壤。銘曰：

赫弈范陽，始姓齊姜。門傳鼎甲，世盛軒裳。爰有 賢女，邦國之光。淑儀斯著，懿問載揚。作嬪我室，罔有不臧。上和下悦，家道用昌。德遵禮樂，動應珩璜。職脩蘩藻，事焕縑緗。福兮宜永，壽兮宜長。如何短折，遽罹 禍殃。穠華委露，密葉辭霜。一子稚騃，伶俜我傍。漠漠神理，悠悠彼蒼。既不可問，亦不可詳。居無肸蠁，往無津梁。昔來何所，今去何方。清洛之左，仙縣之崗。時叶卜筮，地乃維桑。新丘敘列，貞柏成行。臨穴一慟，骨碎神傷。

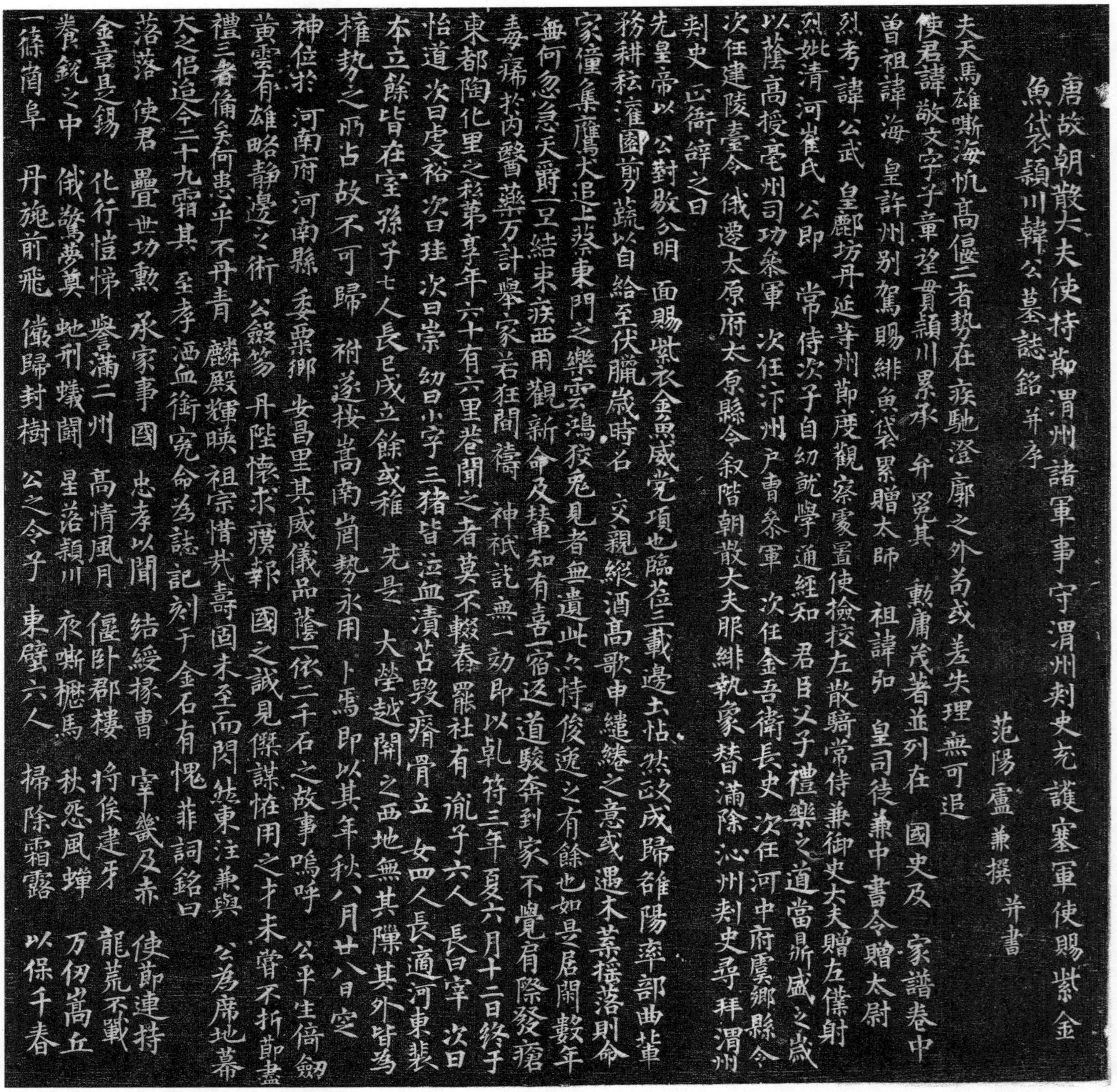

三九三 唐故朝散大夫使持節渭州諸軍事守渭州刺史充護塞軍使賜紫金魚袋潁川韓公（敬文）墓誌銘

乾符三年（八七六）八月二十八日葬。

誌文二十八行，滿行字數不等。正書。誌長、寬均五十五厘米。盧兼撰并書。

唐故朝散大夫使持節渭州諸軍事守渭州刺史充護塞軍使賜紫金魚袋潁川韓公墓誌銘并序

范陽盧兼撰并書

夫天馬雄嘶，海帆高偃。二者勢在疾馳，澄廓之外，苟或差失，理無可追。　使君諱敬文，字子章。望貫潁川，累承　弁冕。其　勳庸茂著，並列在　國史及家譜卷中。曾祖諱海，　皇許州別駕，賜緋魚袋、累贈太師。　祖諱弘，　皇司徒兼中書令、贈太尉。　烈考諱公武，　皇鄜坊丹延等州節度觀察處置使、檢校左散騎常侍兼御史大夫、贈左僕射。　烈妣清河崔氏。公即　常侍次子。自幼就學通經，知　君臣、父子、禮樂之道。當鼎盛之歲，以蔭高授亳州司功參軍，次任汴州户曹參軍，次任金吾衛長史，次任河中府虞鄉縣令，次任建陵臺令。俄遷太原府太原縣令，叙階朝散大夫，服緋執象。替滿，除沁州刺史，尋拜渭州刺史。正衙辭之日，　先皇帝以公對揚分明，　面賜紫衣金魚，威党項也。臨涖三載，邊土怗然。政成歸雒陽，率部曲葺務耕耘灌園剪蔬以自給。至伏臘歲，時召　交親縱酒高歌，申繾綣之意。或遇木葉摇落，則命家僮集鷹犬，追上蔡東門之樂。雲鴻狡兔，見者無遺。此亦恃俊逸之有餘也，如是居閑數年。無何，忽急天爵，一旦結束，疾西用覲新命。及輦知有喜，一宿返道，駿奔到家。不覺肩際發瘡，毒痡於内。醫藥萬計，舉家若狂。間禱　神祇，訖無一效。即以乾符三年夏六月十二日終於東都陶化里之私第，享年六十有六。里巷聞之者，莫不輟舂罷社。有胤子六人：長曰宰，次曰怡道，次曰虔裕，次曰珪，次曰崇，幼曰小字三猪。皆泣血漬苫，毁瘠骨立。女四人，長適河東裴本立，餘皆在室。孫子七人，長已成立，餘或稚。　先是，　大塋越闕之西，地無其隙，其外皆爲權勢之所占，故不可歸祔。遂按嵩南崗勢，永用卜焉。即以其年秋八月廿八日窆　神位於河南府河南縣委粟鄉安昌里。其威儀品蔭，一依二千石之故事。嗚呼！　公平生倚劍黄雲，有雄略静邊之術。　公斂笏丹陛，懷求瘼報國之誠，見傑謀怪用之才，未嘗不折節盡禮，三者備矣。何患乎不丹青麟殿，輝映祖宗。惜哉！壽固未至而閃然東注。兼與　公爲席地幕大之侣，迨今二十九霜。其至孝灑血銜冤，命爲誌記。刻於金石，有愧菲詞。銘曰：

落落使君，疊世功勳。承家事國，忠孝以聞。結綬掾曹，宰畿及赤。使節連持，金章是錫。化行愷悌，譽滿二州。高情風月，偃卧郡樓。將俟建牙，龍荒不戰。養鋭之中，俄驚夢奠。蛇刑蟻鬥，星落潁川。夜嘶櫪馬，秋怨風蟬。萬仞嵩丘，一條崗阜。丹旐前飛，儼歸封樹。公之令子，東壁六人。掃除霜露，以保千春。

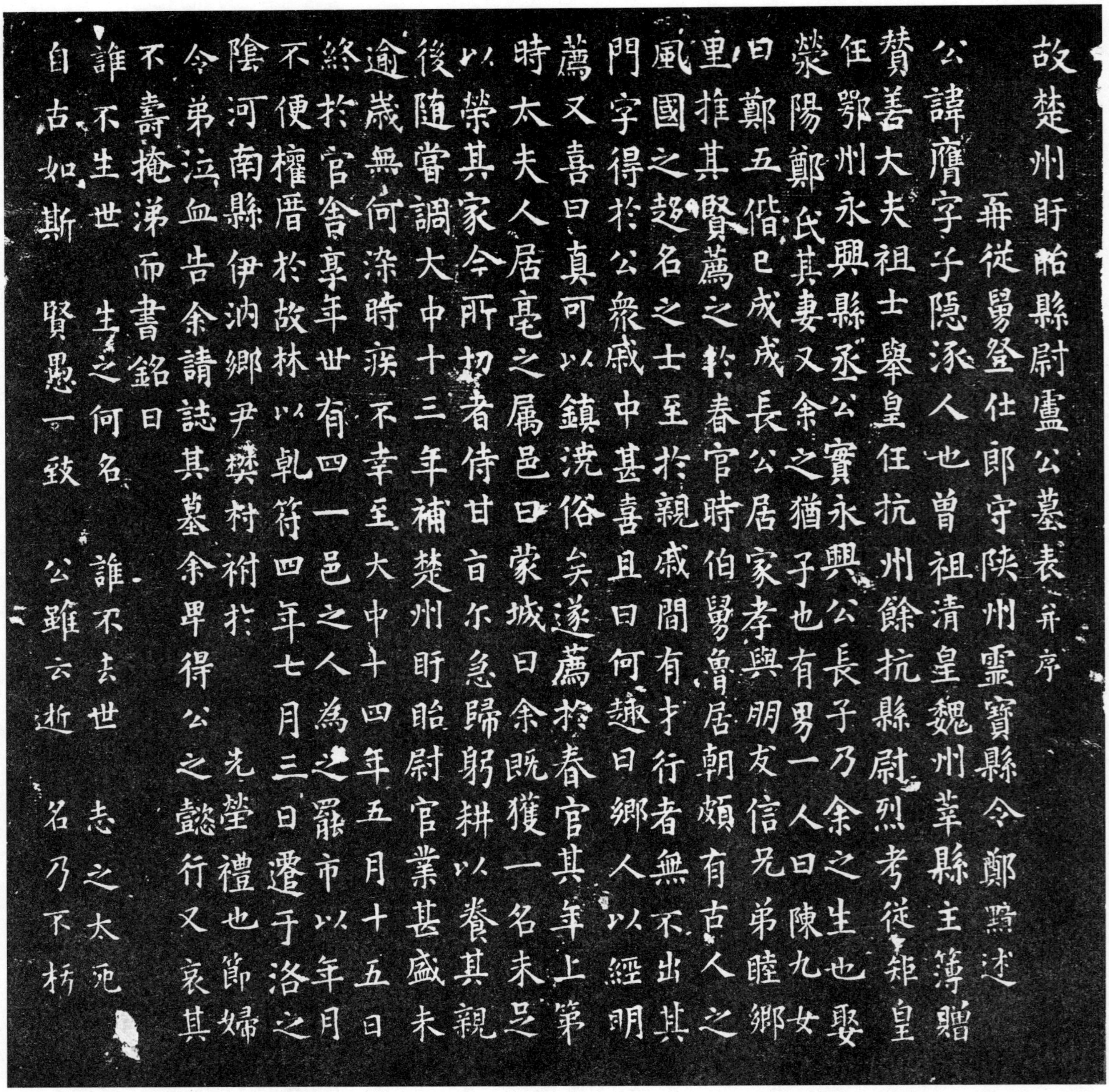

三九四　故楚州盱眙縣尉盧公（膺）墓表

乾符四年（八七七）七月三日葬。

誌文二十二行，滿行二十字。正書。誌長三十七・五厘米、寬三十七厘米。

鄭黯撰。

誌蓋正書：唐故范陽盧公墓誌銘

故楚州盱眙縣尉盧公墓表并序

再從舅登仕郎守陝州靈寶縣令鄭黯述

公諱膺，字子隱，涿人也。曾祖清，皇魏州莘縣主簿，贈贊善大夫。祖士舉，皇任杭州餘杭縣尉。烈考從矩，皇任鄂州永興縣丞。公實永興公長子，乃余之生也。娶滎陽鄭氏，其妻又余之猶子也。有男一人，曰陳九，女曰鄭五，偕已成長。公居家孝，與朋友信，兄弟睦，鄉里推其賢，薦之於春官。時伯舅魯居朝，頗有古人之風，國之趨名之士，至於親戚間有才行者，無不出其門。字得於公，衆戚中甚喜，且曰：「何趣？」曰：「鄉人以經明薦。」又喜曰：「真可以鎮澆俗矣。」遂薦於春官，其年上第。時太夫人居亳之屬邑曰蒙城，曰：「余既獲一名，未足以榮其家，今所切者侍甘旨爾。」急歸躬耕以養其親。後隨嘗調，大中十三年補楚州盱眙尉，官業甚盛。未逾歲，無何染時疾，不幸至大中十四年五月十五日終於官舍，享年卅有四。一邑之人，爲之罷市。以年月不便，權厝於故林。以乾符四年七月三日遷於洛之陰，河南縣伊汭鄉尹樊村，祔於　先塋，禮也。節婦令弟泣血告余，請誌其墓。余卑得公之懿行，又哀其不壽，掩涕而書。銘曰：

誰不生世，生之何名。誰不去世，志之太死。自古如斯，賢愚一致。公雖云逝，名乃不朽。

三九五　唐故金紫光禄大夫刑部尚書上柱國隴西縣開國子食邑五百户贈尚書左僕射姑臧李公(當)墓誌銘

乾符四年(八七七)十月十八日葬。

誌文五十一行，滿行五十一字。正書。誌長九十一厘米、寬九十二厘米。

李昭撰，李藻書，李誨題諱，崔循篆蓋。

誌蓋篆書：唐故刑部尚書姑臧李公墓銘

唐故金紫光禄大夫刑部尚書上柱國隴西縣開國子食邑五百户贈尚書左僕射姑臧李公墓誌銘并序

從姪中大夫權知尚書禮部侍郎上柱國賜紫金魚袋昭撰

公諱當，字子仁，世爲隴西狄道人。十三代祖諱暠，西晉末以雄才英略割據河右，國號西凉，謚武昭王，晉史有傳。昭王再世失國，曾孫諱承，仕元魏爲龍驤將軍、滎陽郡太守。因徙家貫鄭州原武縣。六代祖諱玄道，武德中爲奏府學士，與杜如晦等同號十八學士，位至給事中。開元中，詔隸屬籍，今爲宗正寺姑臧公房。高祖亶，皇朝給事中，贈兵部尚書。曾祖成績，皇尚書虞部郎中。王父存，皇大理司直，累贈太子少師。自武昭而下，世有賢哲，以文儒禮樂爲海内冠冕，其婚閥衣纓之盛，舉時無倫。故搢紳間語：族望者，我爲稱首。烈考益，大曆中四登文科。貞元、元和間以詞詩擅名，爲一時獨步。其所賦詠流在人口，播爲樂章。德宗、憲宗嘗命中使取去，仍詔以副本寘於集賢閣。元和中參掌綸誥，焕發書命，位至禮部尚書，致政贈太子少師，謚文公。以公之貴，累贈太傅。皇妣范陽盧氏，追封魏國太夫人。

公鍾間氣之美，稟挺生之秀。望之儼然若鍾磬瑚璉之陳於清廟，天球河圖之列於東序。其清德茂範爲一代儀表。生三歲而丁魏國夫人憂，六歲見夫人箱笥故物，哀感孺慕，有如成人，姻族異之。八歲能屬文，弱冠嗜學，博極群書。大和二年擢進士第。明年丁文公憂，哀毁過禮，幾至於不勝。喪既除，釋褐授試秘省校書郎、浙西團練巡官。俄又丁繼太夫人〔一〕艱，免喪除京兆府興平尉、直弘文館。旋拜右拾遺，轉右補闕。武宗皇帝富於春秋，屢以宴幸不坐朝，百執事無敢進諫者。時李朱崖〔二〕持政柄，因席寵固位亦憚言之。嘗一日詔開延英，宰臣序立於外屏，而天子病酲，有詔中輟。中外相顧以朝廷爲憂。公於是上章極諫，信宿不報。又抗疏，其言多激切，止諫省以俟命。時日已逾午，忽有急宣。翌日，啓便殿，李朱崖遽命召公，深加獎嘆。且握公手曰：「斯乃簡册盛事，豈獨欽詠而已哉」。滿歲，轉尚書主客員外郎，從班列也。時議以爲非公雅望所宜處，俄改起居郎。會丞相崔公鄲自西蜀入拜左揆，以都坐綱領群司，宜重曹郎之選。因請命公爲左司員外郎，尋轉考功外郎，兼集賢殿直學士。大中四年，遷禮部郎中，旋以本官知制誥。周歲，轉庫部郎中充職。時有内官劉行深以恩例宜進階秩，上以其已至儀同，遂命移寵於其子。且語宰臣曰：「綸綍之中，宜道吾旨。」公因爲之詞云：「崇高已極於信臣，慶賞宜延於愛子。」上顧謂宰臣曰：「李當爲行深子詞説，盡吾意。」金口朗詠者數四。七年，拜中書舍人。有王端章者嘗刺安州，其政大不理，執事者私其人，復命以郡。公袖制目以詢執政，極言端章不可再理郡狀。執政大怒，且曰：「司言者但宜書詞，何預於此。」公正色抗辭以折之，由是中輟。及公去西掖而授端章，以亞卿俾使邊境，果以敗累坐貶。時政尚因循，舍人久無納詞者。及公首舉故事，時論翕然稱之。會長沙議易帥，公雅樂分寄於外，遂拜湖南觀察使兼御史中丞。潭之境介荆蠻、零桂之間，其俗獷悍，至有親戚昆弟相訟者。公既至，爲之興嘆，親加勗諭。然後漸以德化，漬以仁義。未幾，其俗革而人知敬讓焉。入拜右侍極，遷户部侍郎。出爲三川守，尹政稱理。周歲改宣歙觀察使。時屬哀牢入寇，詔徵天下兵聚交廣間，不啻數萬人。饋饟之用，國力爲屈。公至鎮，首貢十五萬緡以助經費，人不加賦而公用以饒。優詔嘉獎。咸通六年徵還，道拜山南西道節度使、檢校工部尚書。用宣潭之政，撫巴梁之俗。一部之人，如蒙膏雨焉。時復屬蠻寇陷越巂，詔徵山東兵爲之援。自梁抵蜀門，傳舍皆崎嶇山阻間，其居民聞東師之至，皆將弃其室而遁。公使縣吏諭之，且先爲之立規，制設儲峙，俾無苛擾。居六年，凡過戍卒者五萬，而山劍之民無一逃去者。十一年，入拜吏部侍郎。銓藻之下輪轅畢適，清通之稱形於謳詠。十三年春，遷尚書左丞，蓋南宫萬務之本，執事者藉公威望以鎮重之。無何，倖臣〔三〕專權，惡直醜正。凡朝之碩德偉望，必罹譴逐。由是出爲道州刺史。公怡然即路，曾不以得喪形於色。既至，問人所疾苦，其求理之意，若臨大邦。先是郡境山谷之民群聚爲盜，假都府及鄰州兵二千爲之防，盜未息而客兵且爲鄉閭之患，人爲之不聊生。公既至，嚴設禁令，且曰：「有犯者死。」由是戍卒不敢動，而賊之魁率其徒以甲楯三千來降。公即慰勉之，各俾復其業，一郡之人歌舞之。明年，今上御極，詔殛倖臣於荒裔，其被譴逐者悉命還之。公初移申州，旋拜右常侍。未及闕，復爲尚書左丞。會天子有事郊廟，凡贊導之禮皆屬於奉常，以公朝之宿望，宜居是任。遂命以檢校兵部尚書兼太常卿。旋屬朝廷用禮卿命相，因受代。不數月，復檢校右僕射兼太常卿。既而謂諸子曰：「吾儒家子，以文墨自致，出爲侯伯，入踐公卿，所得不爲不多矣。况迫鍾漏，宜其知止足，絶意乎寵榮之事矣」，因長告杜門。四年二月復拜刑部尚書，又固辭不拜。以其年五月廿六日遘疾薨於上都永寧里第，享年七十九。上聞軫悼，廢朝一日，贈尚書左僕射，優舊德也。惟公星辰毓粹，山嶽降祥。負經天緯地之才，蘊匡國致君之業。宜乎執魁柄，司化權。代天之工，爲國之紀。豈徒備公卿之位，羽儀一時而已哉。竟以道屈於時，位不稱德，此生人之不幸也，吾何慊然。公接士盡盛德之容，其在藩府多所鑒拔。故登二府、洎三館之選者多出公門下。府幕之盛，爲一時美譚。異時必有樹功名、極尊顯者矣。先是藩鎮成例，咸以制下日受俸。公以爲未視公牘，不宜坐户厚禄。由是所至皆命以涖事日爲始。而深以蓄積爲戒，其所得奉賜多所振施，家無餘資，士君子欽慕焉。前後賦詩七百篇，并制、誥、表、疏、碑誌勒成四十卷行於世。夫人范陽盧氏，皇鴻臚少卿諱詞之長女，累封范陽郡夫人，前公二歲即世。生男子三人，曰藻，曰拯。咸以清行遠識爲德門令器，以文章昇上第，由書府登諫垣。君子謂公之門世不乏賢矣。中子貽休，既冠而夭。女子二人，長適滎陽鄭彦持，亦以見憎權倖，自左拾遺謫義州掾，既偕行而俱殁於謫所。次適清河崔墀，有行，再歲而逝，別一女始笄。以其年八月四日藻等號護輀翣歸於東都，以十月十八日合祔於河南府偃師縣亳邑鄉北原，從先太傅於九原，禮也。諸孤以昭忝游公之門，嘗叨一顧之重，猥以刊述，重事屬於蕪鄙。永惟見託之旨，誠不在於斯文，庸可辭乎。銘曰：

猗歟盛德，邈爾貞規。鶴性松操，龍章鳳姿。文儒匠石，禮樂宗師。羽儀所寄，衡石攸資。雅裁孤標，琦行瑰意。璞玉不雕，大羹忘味。含章秉哲，孕和毓粹。端若蓍龜，直如絃矢。四朝頡頏，三紀雍容。時瞻師表，朝仰宗公。佇操政柄，克致時雍。人望未諧，天禄遽終。餘慶所鍾，鍾於令嗣。謝氏芝蘭，王庭杞梓。克昌厥後，能濟其美。素業清風，傳之無已。

嗣子藻書

親姪朝議郎前使持節復州諸軍事守復州刺史柱國誨題諱

處士崔循篆蓋

〔一〕據洛陽二〇〇八年出土《李益墓誌》，其繼室亦盧氏，太子校書盧舒女。

〔二〕「李朱崖」即李德裕。

〔三〕「倖臣」即韋保衡。

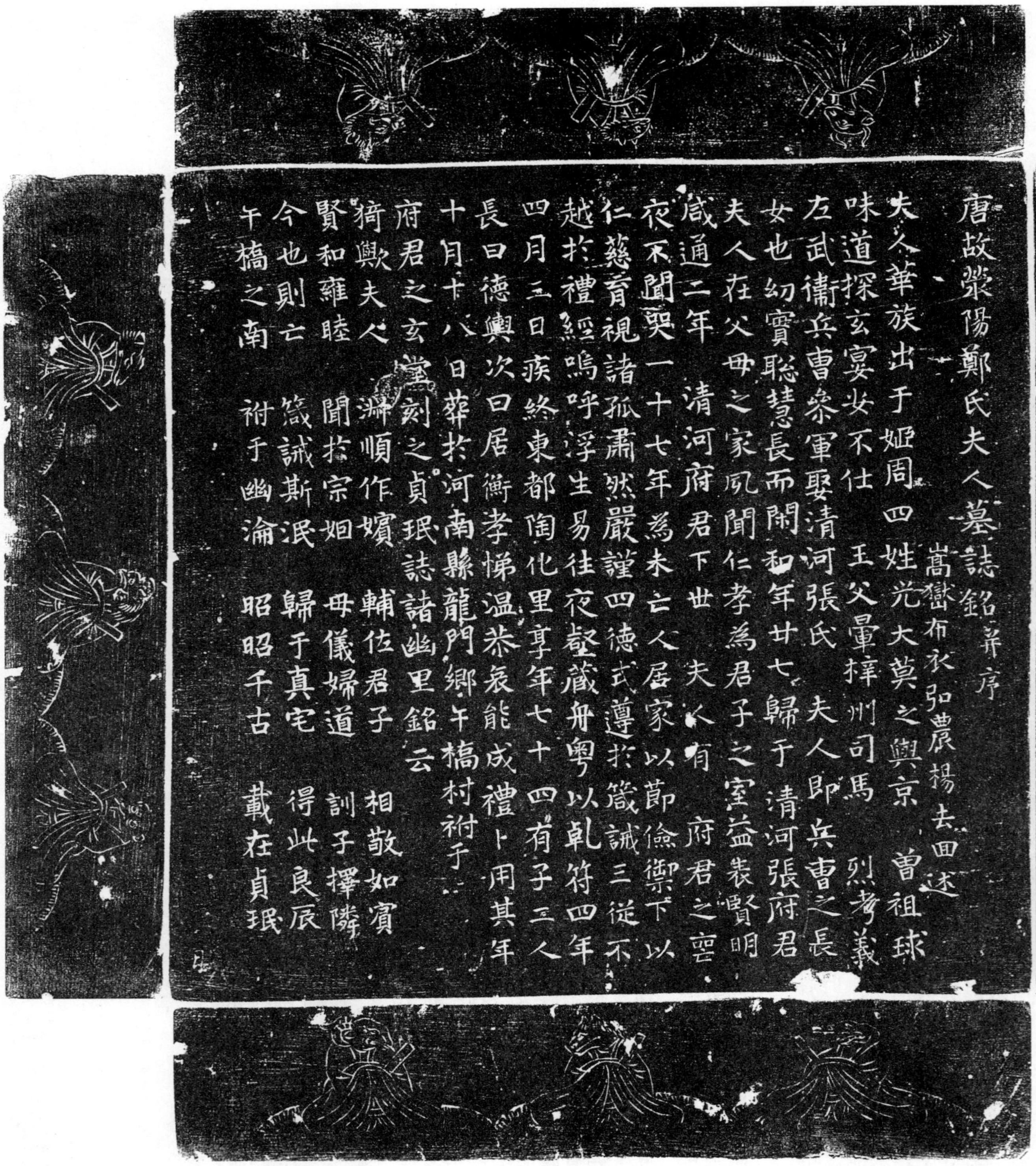

三九六　唐故滎陽鄭氏夫人墓誌銘

乾符四年（八七七）十月十八日葬。

誌文十九行，滿行二十字。正書。誌長、寬均四十厘米。楊去回撰。

原石藏洛陽龍門博物館。

唐故滎陽鄭氏夫人墓誌銘并序

嵩嶽布衣弘農楊去回述

夫人華族出於姬周，四姓光大，莫之與京。　曾祖球，味道探玄，宴安不仕。　王父暈，梓州司馬。烈考義，左武衛兵曹參軍，娶清河張氏。　夫人即兵曹之長女也。幼實聰慧，長而閑和。年廿七，歸于清河張府君。夫人在父母之家，夙聞仁孝；爲君子之室，益表賢明。咸通二年，　清河府君下世。　夫人有府君之喪，夜不聞哭，一十七年，爲未亡人。居家以節儉，禦下以仁慈。育視諸孤，肅然嚴謹。四德式遵於箴誡，三從不越於禮經。嗚呼！浮生易往，夜壑藏舟。粵以乾符四年四月三日疾終東都陶化里，享年七十四。有子二人，長曰德輿，次曰居衡。孝悌温恭，哀能成禮。卜用其年十月十八日葬於河南縣龍門鄉午橋村祔於　府君之玄堂，刻之貞珉，誌諸幽里。銘云：

猗歟夫人，淑順作嬪。輔佐君子，相敬如賓。賢和雍睦，聞於宗姻。母儀婦道，訓子擇鄰。今也則亡，箴誡斯泯。歸於真宅，得此良辰。午橋之南，祔於幽淪。昭昭千古，載在貞珉。

三九七　唐故通議大夫檢校工部尚書守太子賓客上柱國賜紫金魚袋贈兵部尚書清河崔公（彥沖）墓誌銘

乾符六年（八七九）二月二十四日葬。

誌文四十六行，滿行四十六字。正書。誌長、寬均六十三厘米。

崔安潛撰。

誌蓋篆書：大唐故崔府君墓誌銘

唐故通議大夫檢校工部尚書守太子賓客上柱國賜紫金魚袋贈兵部尚書清河崔公墓誌銘

季弟劍南西川節度使銀青光禄大夫檢校尚書右僕射兼成都尹御史大夫安潛撰

公諱彦冲，字友勝，清河東武城人。 高王父諱融，爲 唐中書舍人、國子司業，謚曰文公， 天后時以德行文章甲天下。 大王父諱翹，皇禮部尚書、東都留守、贈太子太保，謚曰成公。 王父諱異，皇水部員外郎、渠州刺史、贈太子太傅。 皇考諱從，淮南節度使、檢校尚書右僕射，贈太師，謚曰貞公。 公實太師第三子。性重厚，姿狀嚴肅，其孝友殆於天授。少好學，能屬文。早爲外兄柳元公〔一〕器識，應薦舉進士，嘗一試有司。公推不樂時態，因嘆曰：大丈夫自達耳，何必昇是第。方顯即弃，去就一子。調參常州軍事，復調參左金吾軍庾曹事。久之，壽州團練使奏試大理評事兼監察御史，爲判官。 公推誠用直道贊刺史理，取當期使人而行之，絶私頗不以順悦屑意。嘗有小將爲仇誣下獄，得死罪。刺史請 公詳决。 公視其牘曰：獄辭疑，必有冤。即召問，果爲吏所迫屈。固争之，小將因得論不死。已而，倉吏供禄廪。主婢馳白云：筐米中覆金器。乃小將賂吏陰獻 公，且曰：無人能知者。 公大怒，驟告刺史，請歸其器而黜其職。闔郡畏愛，美聲四馳。俄轉試大理司直，兼殿中侍御史。徵拜大理正。華陰縣繫殺人者，尉馬戴訊鞫，獄已具。罪人恃豪富詣 闕陳冤。 詔下其事，獄遂變，累歲不能决。 公與今興元節度使牛公蔚、故唐枝郎中爲三司， 奉詔雜理御史府。未幾，盡得其情，前鞫獄者位驟顯，又與丞相善。屬誘脅萬計， 公恬然獨不撓。謂二公曰：獄惟理是視，安可以勢動心耶。即禍作，吾自當之。及 上奏，卒獲明白。馬尉遽謝 公，公不内。是時，崔魏公〔二〕爲相，大重之，將以清秩擢 公。公以所 奉在蜀，不擇禄，願就蜀官，即拜成都少尹。中書令白公〔三〕鎮西蜀，深慕 公器業，每嘆謂人曰：崔君非常才，恨我持衡使不得遇。凡屬部缺守，必請 公監郡事。率用旬月，除積年弊。其在府，無巨細欲更易必决於 公，作歌詩必使 公和。遷嘉州刺史。先是，州有水漕將，歲費漕直甚廣，而檝棹士常苦寒饑。前後刺史與郡吏繼爲剋减，而分取其直，刺史歲不下五十萬。 公熟其事，立廢之。又罷經略州縣冗吏七百餘人，豪勢不敢占。時相國魏公謩爲節度使，聞 公理大喜，因令屬郡通行之。徵拜國子司業，復爲金州刺史。故事，太守有服雖緦，制一月三聞，而一聞得卌金，謂之服錢。 公曰：「噫，安有是事？」郡不産鹿，而歲常貢鹿腊，每求市於他部。 宣皇帝前已罷其貢，而刺史尚籍故事，月得腊直。 公曰：「上以金無鹿，絶其貢。奈何刺史踵故受腊直。」因戒吏：自今無令復致。他如是類，歲拒數十萬。城北壓漢水，其洪流每先觸南岸而後東注。歲久岸寖壞，居者不堪其憂。 公默運機智，斬石爲岸。厥功纔就，若有神助。迴其波勢，一夕比去，民不勞而患永息。義谷接京兆，界多劇賊，前後莫能遏絶。 公至，擢任末將王權授策，使襲捕。未及一月，果悉搜獲。金爲郡未嘗識王人，至是 上特降使勞問。其後吏民乞留， 優敕許駐一歲。遷京兆少尹，以 恭僖園副理道橋功，加中大夫。俄錫金紫，兼中憲。出爲汝州防禦使。值仍歲灾沴，帑庾大窘，官屬軍士乏廪給。 公憫之，乃曰：「予前守金，幸有餘禄。 天子命我分憂，胡可坐視不恤。」因悉出以贍之，竟委不問。一歲間，或弛或張，立變殷阜。再歲以 心喪去郡。 公時年已逾耳順，尚動無違禮，有過哀毁，君子以爲難能。終制，還太子賓客、分司東都。公當壯歲，時已薄名宦。及是，愈不希榮達，嘆曰：「我娱翫林泉，訓磨子弟足矣。安用復役筋力、苦思慮，汲汲以官爲。」尋乞告退休，暨年及懸車，但謙不欲明言，致政志滋决矣。乾符五年春，朝議惜 公才，進通議大夫，再授賓護，檢校工部尚書。 公堅臥不起，其年八月廿四日以疾薨於長安城南方橋别墅，享齡七十二。 上聞震悼，詔罷朝一日，贈兵部尚書。 公少勤剋自立，勇退而怯進取。性儉素，其奉身纔示無闕。不務華飫，篤於赴仁義。凡親戚知識，以旨養營奉。嫁娶、支離來告者，未嘗不若饑渴，而立救拯之。雖俸寡自苦乏，而值其急，尚搜竭以行。士大夫嬰是患，賴 公獲濟者蓋十餘氏。 公爲人不伐善，不求聞達。其行己也，孜孜自勵，唯畏人知。常誨教諸子曰：「凡士君子履善道，與餒飯寒裘何以别，而一爲小行則汲汲自伐，吾誓不爲。」繇是親交益以此嘆重，嗚呼。如 公才行節操，既以志尚高邈，恥隨流俗。遂不踐歷清華，出入權重。莫展盛業，負我蒼生。是宜永康福履，克享上壽。今而反，是皇天竟有知耶，真無知耶。嗚呼冤哀哉，即以明年二月廿四日歸窆於河南府壽安縣甘泉縣連理村。 公娶河東柳氏，檢校右僕射、兵部尚書謚元公公綽之女。懿範令德，光於六姻。早歲先 公殁，權窆鳳翔府寶雞縣。至是遷啓與 公合葬，同祔於 先君貞公兆，禮也。 公凡九子：長曰光裕，京兆府美原尉。次曰勍，太常博士充弘文館直學士，得錫緋魚。次曰就，監察御史。次曰光嗣，國子監律學助教。次曰光乘，無禄早世。次曰端本，右監門率府兵曹。次曰鷗兒，次曰鶻兒，次曰鸞兒。女六人：長適祠部郎中李羽。次適進士鄭柔，先亡。四女未出適。勍、就、李氏、鄭氏、第四女，柳氏之甥也。皆端謹柔淑，克奉 訓誡。嗚呼，予昆弟五人， 三人先弃我去。垂白髮若形影相吊者，唯 公與予。且期尚得十數年共被交慰暖。今一旦 公又捨去，其哀冤何可勝。痛乎！光裕等號哭，懇懇請誌，銜涕而銘，銘曰：

士之生世，畏不自飾。惟 公稟誠，克茂其德。履伏義矩，有守不慝。爲 天子臣，謹謹抑抑。鞫於大理，惟正是式。孰憚强倖，罔懾誘逼。歷三郡守，困民舒息。亦不苟於進，亦不畏於閿。樂我所安，奚往不適。在窘斯恤，在乏斯力。 不伐爲美，自得誰識。宜光於 朝，宜極其職。遽委 明代，神途奚測。弃我何速，哀冤内激。吉卜告期，攀號是隔。抆涕作銘，以誌厚穸。

〔一〕「柳元公」即柳公綽。
〔二〕「崔魏公」即崔鉉。
〔三〕「白公」即白敏中。

三九八　唐故河陽軍節度押衙左廂馬步都虞候銀青光禄大夫檢校國子祭酒兼御史中丞上柱國隴西郡李公（臯）墓銘

乾符六年（八七九）五月二十五日葬。

誌文四十二行，滿行四十字。正書。誌長六十一厘米、寬六十四厘米。

徐沼撰。

誌蓋篆書：唐河陽左廂馬步都虞候隴西李公墓銘

唐故河陽軍節度押衙左厢馬步都虞候銀青光禄大夫檢校國子祭酒兼御史中丞上柱國隴西郡李公墓銘

東海徐沼述

公諱皐，字之疇，隴西狄道人也。其先歷周秦漢魏，迄於　聖代。文武功勳，台晡茅土，冠劍繼統，爲世所聞。茂實縈繁，標於史册，録在譜牒，故此不書。祖諱皓，字知白，　皇洺州刺史，兼御史大夫。　考諱昌，字唐臣，　皇河陽軍節度押衙、馬軍都知兵馬使兼侍御史。　公即　先府君之次子。妣張掖郡烏氏，　先太尉重胤之愛女。　公河陽軍節度押衙、左厢馬步都虞候兼御史中丞。　前夫人河内郡向氏，　皇河陽軍節度押衙、左厢馬步都虞候兼監察御史文己之長女。子二人，長曰定、次曰寓。　夫人構疾於東都，以大和九年夏五月廿七日奄忽。以二嗣幼孤，續娶　夫人之妹。未逾二周歲，又縈疾，殁於懷州。　次天水趙氏夫人，　皇河陽軍節度押衙、右厢馬步都虞候兼監察御史莒之季女。子一人曰亞兒，方及齠齔。女三人，曰柳哥、曰趙七、曰趙八。

公之婚宦皆勳蔭穹崇，爲時貴盛，莫能儔也。稟氣特異，貌峻神清。動容有威，語默嚴毅。勁直果決，流輩難合。行不詭隨，疾惡便佞。蹂躪韜略，精練弓毬。敦義重交，深仁厚信。　公之於藩閫，進取儀表，蹇諤佇任座之操，秉直有史魚之風，可謂轅門珪璋，功勳問望。凡所臨涖軍鎮，總轄兩厢，莫不有葺綏改創之績，非所謂苟且悦心而已。蓋所以宏壯藩轅，聿脩厥職。　公或之於畋獵者，非所謂貪其味而暢於野，蓋所以搜狐兔，將同静妖兇而壯其心，習於機也。　公之於毬酒者，非所謂侈靡酣樂爲心，蓋所以展筵讌，厚交結而待其賓，竭於分也。　公之勳勩，略舉一端可明諸矣。咸通九年，領二千師破龐勛，　元帥康公〔一〕詳悉　公之雄略，署　公爲先鋒都，舉戈一掃，收復宋宿、穀熟、柳子諸鎮賊寨，率先爲第一功。　寵錫金帛，授侍御史，罷歸。本爲如鶻之一擊，骨折毛飛，翻翼青霄，翔風下視而已。　公之二子克繼　先蹤，雄勇忠貞，壯有大志。定以少俊轅門，自節度衙前虞候，累遷至厢虞候、瓦窯作坊軍使，授監察。乾符二年，浙西兇將王郢作逆，屯集台、明，草聚萬衆。於是　朝庭特拜尚書裴公〔二〕節制潤州，將除棼祲。　裴公先鎮河橋，知定機敏，未出　帝畿，奏定充將，爲萬全之用。由是倍程奔騎，便道金陵，補押衙。准　詔，充温、台、明等州招諭使。單騎下海，當鋒鏑之前，飛辯騁辭，宣達　王命。敷陳昇降，運曲逆之奇；引諭榮枯，吐擒縱之辯。致群兇歸順，王郢滅身，表薦　丹墀，恩獎特異。授殿中侍御史、徐州司馬。以招諭殊勳，官不稱功，　朝庭再昇授御史中丞、泗州長史，　渥澤益厚。因奏狀請迴本官，賜及臣父，　奬以忠孝，貫達明誠。　恩命雙霑，父可兼御史中丞，定官階如故。於時大震嘉聲，稱傳　帝里。寓幼入轅門，自節度衙前虞候，累遷副兵馬使。皆親密要，管領驍雄，大爲　元戎見知。勤效彰顯，當龐勛肆逆，侍從　先人，匡佐偏師，殲定禍亂。凡遇戰陣，在　父旂前，掩映衝突，萬謀克勝。可謂忠孝盡命，臣子兩全。後以當道灾蝗，邊疆草寇，　元戎鄭公〔三〕選寓領甲士，鎮濟源。兇醜弭蹤，罷歸舊列。旋以草帥王仙芝大領徒黨，逼近武牢，又選充武牢鎮使。益以師旅，倚爲巨防。曜舉戈矛，巡警封首。致武關雄固，仙芝遁逃。又以乾符五年冬，戎羯沙陁背　恩侵掠。　詔發河陽全軍，　元帥羅公〔四〕選寓爲先鋒都亞將，抵汾晉，歷忻代，守玄崗之險柵，控土隥之隘津，夜入賊境九十里，收復沙陁新澤城。立功，遷副兵馬使，　奏侍御史。於乎！　公門傳果勇，憂　國亡家，盡忠不顧私，去己不貪禄。宜乎内匡　禁衛，外撫藩維。顯揚　寵恩，足當其　德。天何不惠，遽折棟梁，倏忽之間，去留永隔。以乾符五年六月廿七日終於孟州懷信里之私第，享年七十一。以乾符六年五月廿五日葬於孟州河陽縣安樂鄉殷村龍子崗舊塋之禮也。去窆之一月，定、寓等具　父之職次、官秩、勳勣告沼云：「日月有期，非得　父之知者誌其實，無以彰明德業，顯揚令猷，將慰泉下。」東海徐沼曰：「素乏文藻，内闕於學，不足以編録英實，褒稱　盛德。」退讓堅執。孤等激請彌深，懼赧不文，多慚狂斐。是乃抑懷搜罄，捃摭忠貞，不盡　芳華，徒爲竭思。勒於貞石，致之無窮，將示後昆，永安幽隧。銘曰：

天伐雄才，奄鍾令哲。梁木其摧，轅門遽缺。貞比松竹，清同冰雪。箭直難迴，砥平莫越。世蘊韜鈐，輸忠盡節。爵禄聯蟬，芳聲匪歇。内外倜儻，勳蔭隆凸。敦義重交，信深仁切。辯若訥，巧如拙。性不苟於一時，言不勞於再説。驅甲士，蕩妖孽。不顧生以盡忠，指頑兇而就滅。壽兮禄兮，其何不長。金兮玉兮，遽掩泉堂。風兮□□，有去無返。日兮月兮，松柏蒼蒼。李公之墓云爾。

〔一〕「康公」即康承訓。
〔二〕「裴公」即裴璩。
〔三〕「鄭公」即鄭延休。
〔四〕「羅公」即羅元杲。

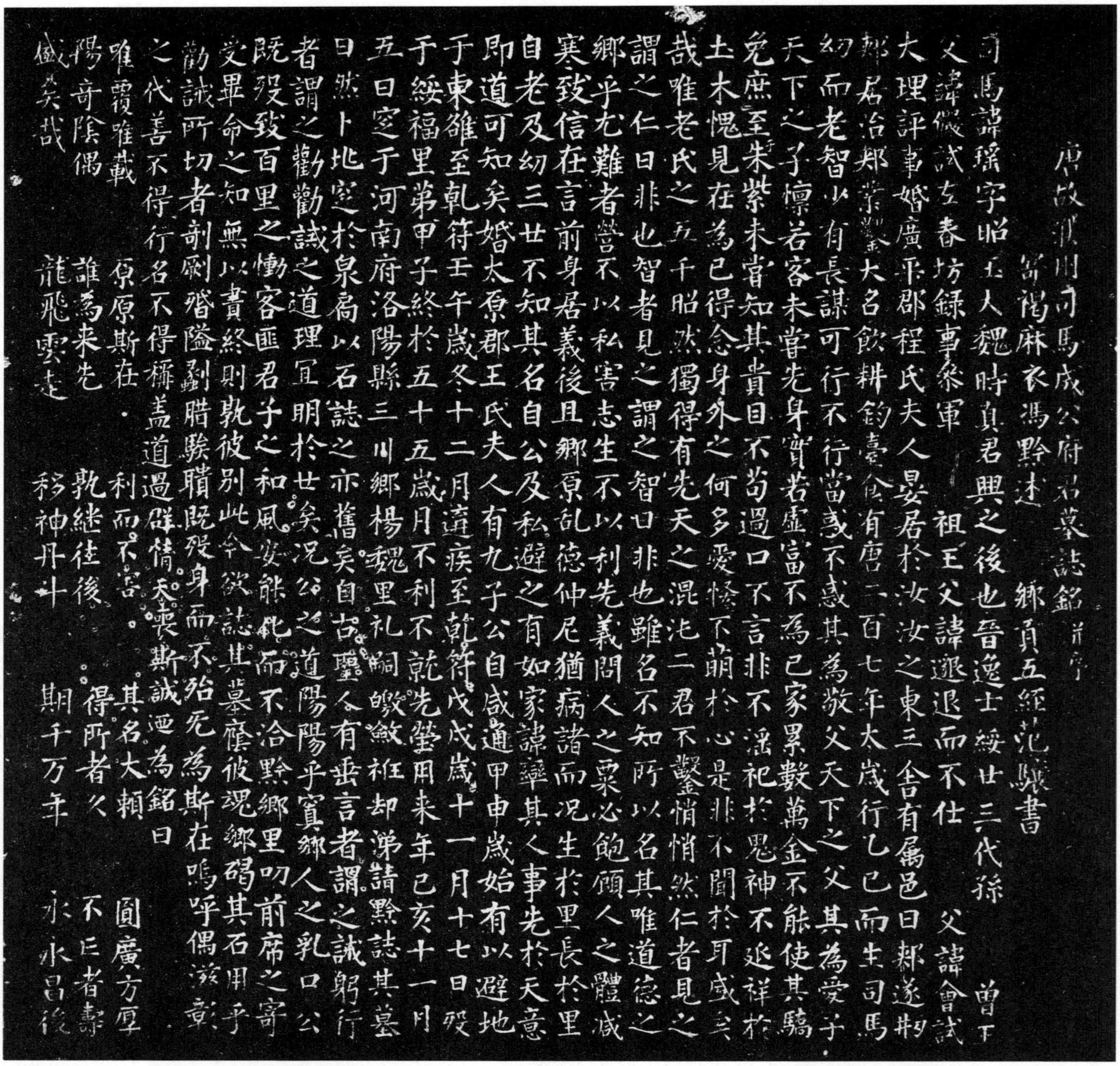

三九九　唐故濮州司馬成公（瑤）府君墓誌銘

乾符六年（八七九）十一月五日葬。

誌文二十八行，滿行二十九字。正書。誌長五十四・五厘米、寬五十四厘米。

馮黔撰，范驤書。

誌蓋篆書：唐故成公府君墓誌銘

唐故濮州司馬成公府君墓誌銘并序

寄褐麻衣馮黔述

鄉貢五經范驤書

司馬諱瑤，字昭玉。大魏時，真君興之後也。晉逸士綏廿三代孫。　曾王父諱儼，試左春坊録事參軍。　祖王父諱邈，退而不仕。　父諱會，試大理評事。婚廣平郡程氏。夫人晏居於汝。汝之東三舍，有屬邑曰郟。遂創郟居，治郟業，鑿大名飲，耕鈞臺食。有唐二百七年太歲行乙巳而生司馬，幼而老智，少有長謀。可行不行，當惑不惑。其爲敬，父天下之父，其爲愛，子天下之子。懔若客，未嘗先身；實若虛，富不爲己。家累數萬金，不能使其驕；免庶至於〔一〕朱紫，未嘗知其貴。目不苟過，口不言非。不淫祀於鬼神，不延祥於土木。愧見在爲己得，念身外之何多。愛吝不萌於心，是非不聞於耳，盛矣哉。唯老氏之五千，昭然獨得。有先天之混沌，二君不鑿。悄悄然，仁者見之謂之仁，曰：「非也。」智者見之謂之智，曰：「非也。」雖名不知所以名，其唯道德之鄉乎。尤難者，營不以私害志，生不以利先義。問人之粟必飽，顧人之體減寒。致信在言前，身居義後。且鄉原亂德，仲尼猶病諸。而况生於里，長於里，自老及幼，三世不知其名。自公及私，避之有如家諱。率其人事，先於天意，即道可知矣。婚太原郡王氏夫人，有九子。公自咸通甲申歲始有以避地於東雒，至乾符壬午歲冬十二月遘疾，至乾符戊戌歲十一月十七日殁於綏福里第，甲子終於五十五。歲月不利，不就先塋，用來年己亥十一月五日窆於河南府洛陽縣三川鄉楊魏里，禮。嗣嗷斂衽却涕，請黔誌其墓，曰：「然。」卜兆窆於泉扃，以石誌之，亦舊矣。自古聖人有垂言者謂之誡，躬行者謂之勸。勸誡之道理，宜明於世矣。况公之道陽陽乎填鄉人之乳口，公既殁致百里之慟客。匪君子之和風，安能化而不洽。黔鄉里叨前席之寄，受畢命之知。無以賁終，則孰彼別此。今欲誌其墓，瘞彼魂鄉；碣其石，用乎勸誡。所切者，剞劂殙隘，劖臘騃瞶。既殁身而不殆，無爲斯在。嗚呼！偶滋彰之代，善不得行，名不得稱。蓋道過群情，天喪斯誠。乃爲銘曰：

唯覆唯載，原原斯在。利而不害，其名大賴。圓廣方厚，陽奇陰偶。誰爲來先，孰繼往後。得所者久，不亡者壽。盛矣哉。龍飛雲走，移神丹斗。期千萬年，永永昌後。

〔一〕「於」爲小字，刻於「至」側。

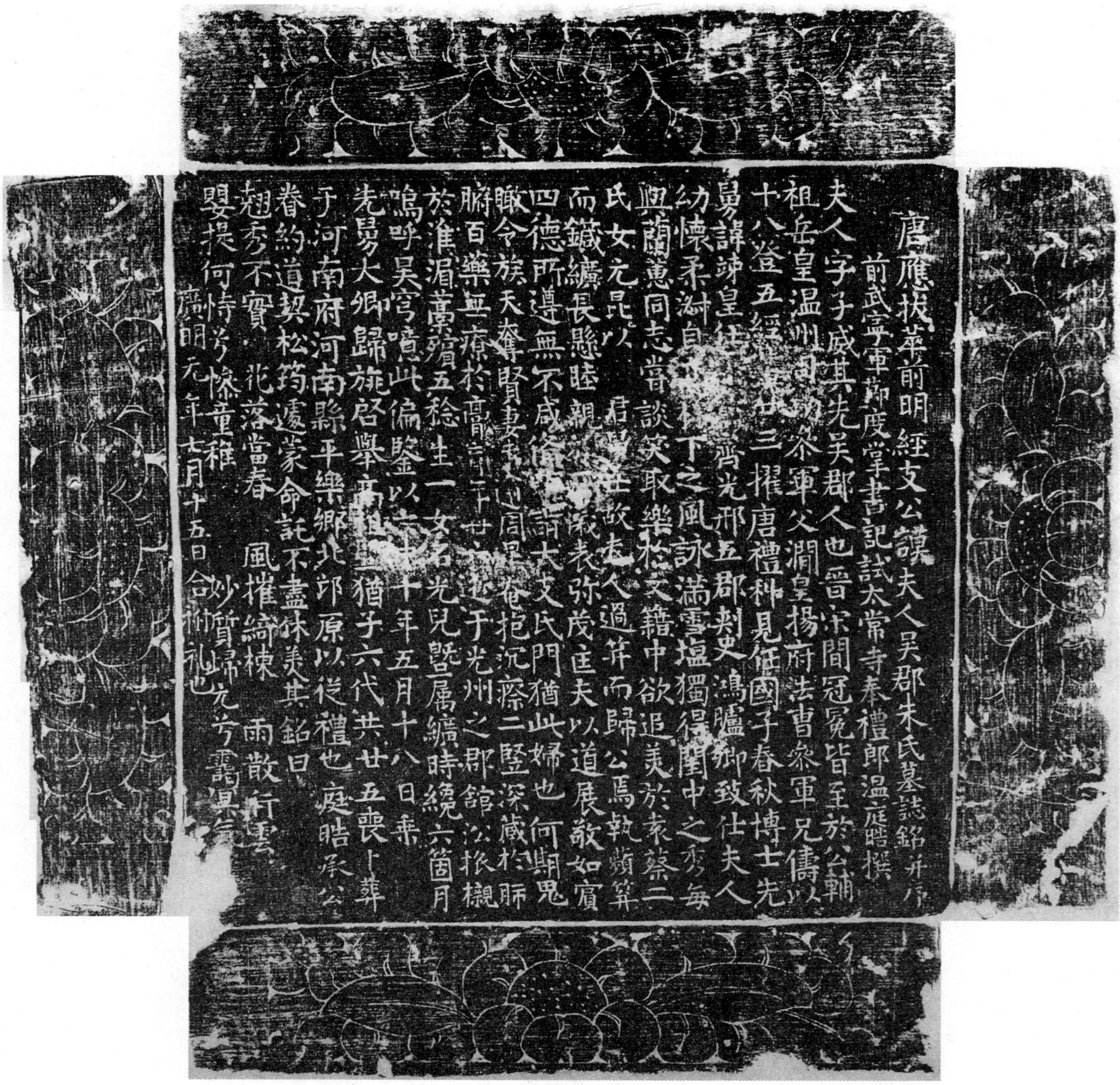
唐應拔萃前明經支公諱夫人吳郡朱氏墓誌銘并序
前武寧軍節度掌書記試太常寺奉禮郎溫庭皓撰
夫人字子威其先吳郡人也晉宋間冠冕皆至於公輔
祖岳皇溫州司功參軍父澗皇揚府法曹參軍兄儔以
十八登五經[illegible]三擢唐禮科見任國子春秋博士先
舅諱竦皇任[illegible]晉光邢五郡刺史鴻臚卿致仕夫人
幼懷柔淑自[illegible]下之風詠滿雪塩獨得閨中之秀每
與蘭蕙同志嘗談笑取樂於文籍中欲追美於袁蔡二
氏女元昆以 君[illegible]在故未人過笄而歸公焉執蘋筭
而織纊長懸睦親[illegible]儀表弥茂匪夫以道展敬如賓
四德所遵無不咸[illegible]大支氏門猶此婦也何期鬼
瞰令族天奪賢妻[illegible]周星奄抱沉痾二豎深藏於肺
腑百藥無療於膏肓[illegible]逝于光州之郡館[illegible]搌櫬
於淮湄藁殯五稔生一女名光兒暨屬纊時纔六箇月
嗚呼吳宮噫此偏鑒以[illegible]十年五月十八日乘
先舅大卿歸旐啓舉[illegible]猶子六代共廿五喪卜葬
于河南府河南縣平樂鄉北邙原以從禮也庭皓承公
眷約道契松筠遽蒙命託不盡休美其銘曰
翹秀不實花落當春 風摧綺棟 雨散行雲
嬰提何恃兮慘童稚 妙質歸冗兮[illegible]
廣明元年七月十五日合祔禮也

四〇〇 唐應拔萃前明經支公諱夫人吳郡朱氏（子威）墓誌銘

廣明元年（八八〇）七月十五日葬。

誌文二十一行，滿行二十一字。正書。誌長三十·五厘米、寬二十九·五厘米。

溫庭皓撰。

唐應拔萃前明經支公諱夫人吳郡朱氏墓誌銘并序

前武寧軍節度掌書記試太常寺奉禮郎温庭皓撰

夫人字子威，其先吳郡人也。晉宋間冠冕，皆至於公輔。祖岳，皇温州司功參軍。父潤，皇揚府法曹參軍。兄儔，以十八登五經□，廿三擢唐禮科，見任國子春秋博士。先舅諱竦，皇任□、□、齊、光、邢五郡刺史，鴻臚卿致仕。夫人幼懷柔淑，自□梱下之風；詠滿雪鹽，獨得閨中之秀。每與蘭蕙同志，嘗談笑取樂於文籍中，欲追美於袁、蔡二氏女。元昆以　君舅在，故夫人過笄而歸公焉。執蘋笄而鍼纊長懸，睦親族而儀表彌茂。匡夫以道，展敬如賓。四德所遵，無不咸備。□詣大支氏門，猶此婦也。何期鬼瞰令族，天奪賢妻。未逾周星，奄抱沉瘵。二豎深藏於肺腑，百藥無療於膏肓。年廿六逝於光州之郡館，沿旅櫬於淮湄，藁殯五稔。生一女，名光兒，暨屬纊時，纔六箇月。嗚呼昊穹，噫此偏鑒。以大中十年五月十八日乘　先舅大卿歸旐，啓舉高祖暨猶子六代共廿五喪，卜葬於河南府河南縣平樂鄉北邙原，以從禮也。庭皓承公眷約，道契松筠。遽蒙命託，不盡休美。其銘曰：

翹秀不實，花落當春。風摧綺棟，雨散行雲。嬰提何恃兮慘童稚，妙質歸元兮靄冥□。

廣明元年七月十五日合祔，禮也。

四〇一　唐故朝議郎行洛州臨洛縣令柱國嚴府君（逢）墓誌銘

光化元年（八九八）十月葬。

誌文三十行，滿行三十字。正書。誌長、寬均五十六厘米。

張保乂撰。

誌蓋正書：唐故馮翊嚴府君墓誌

唐故朝議郎行洛州臨洛縣令柱國嚴府君墓誌銘并序

文林郎前守宿州參軍張保乂撰

君姓嚴氏，諱逢，字播業。其先因楚莊王嚴辛爲令尹，至恭王封於陽陵，以謚爲氏。又翰仕魏爲馮翊太守，乃家關中，遂居華陰，是爲馮翊人焉。洎漢晉宋之後，皆以搢紳當時。而蟬聯不絶者，又鈞臺子陵與　光武友，及　光武中興，子陵共御寢而天星謫見，司史奏之，傳於帝紀，今宜其族也。曾祖諱武，皇西川節度使，贈左僕射、鄭國公。　祖諱武，皇殿中侍御史，賜緋魚袋。　考諱弘亮，皇桂府觀察判官，兼侍御史。先夫人河東裴氏。　父曰勝，　君即桂府公長子也。幼而敏晤，長有大志。堂構厥紹，門襲攸貞。敦詩書，閱禮樂。負曾閔之行，藴游夏之才。而冠也，以門資調選，初任襄州穀城尉，再授太原府廣陽縣主簿。　君在庠塾之間，達莅治之事，當仇公之職也。以恪居官次，而邑長補闕之賈公禮而器遇，乃達於　相國滎陽公〔一〕。由是委用縻署，皆著能名。爾後銓授南華令，次臨洛宰，僉持正道。每下車之地，得物稔俗阜，而訟庭不撓，猾胥寮心。割雞之聞倐焉，象雷之威綽焉。旋屬元兇干紀，天子出狩。而壺關奪帥之後，山東三郡日尋征討。自臨洛解龜寓於邢臺，則邢臺并兵之闈，亦不乏家給。以長子官守齊邑，因攜居焉。　君或謂曰：「國綱馳紊，吾道缺矣。」噫！州縣之職，殆不知機歟。遂掛冠隱几，蔑於人事。

君生而孝敬，棲心釋苑。思欲冥契真理，僶俛浮生，所以梵典空經，未嘗廢手，三乘得妙，萬法指迷。既平昔之歸依，是將來之果報。豈意早登上壽，忽嬰時疴。　君曰：「死生之道，輪矣。斯六氣所臻，何介醫之。」夫不浹辰間而昏昏然。以乾寧三年三月廿四日殁於齊州之私舍，享年七十有五。　夫人劉氏，　君有子三人：長曰昌業，濮州濮陽縣主簿，　新婦河東柳氏。次曰昌辭，試太子正字，　新婦彭城劉氏。次曰昌裔，鄉貢進士，　新婦隴西李氏。女三人：長適隴西李漢卿，　次適彭城劉延嗣，　皆當代之仕，亦良婿也。　次幼慕空門，從師學法。自鍾大禍，益毁真情，思答劬勞，朝昏禮誦。　君之兒女也，一則温恭幹略，克嗣家聲。一則端莊婉柔，不違閨訓。即以光化元年十月　自齊州啓護於河南府河南縣龍門鄉　先塋之次平原，禮也。悲夫！日月云邁，陵谷是遷，敢以不才，寘之銘曰：

卓哉我公，能循祖風。才唯經濟，道乃清通。平生所善，外書内典。守節五常，歷官四縣。不衒不媒，以鐏其罍。入醉鄉也，吟歸去來。何忽大數，從之物外。空流清芬，莫窺雅度。日來月往，地久天長。古今如此，蕭蕭白楊。

〔一〕「相國滎陽公」即鄭從讜。

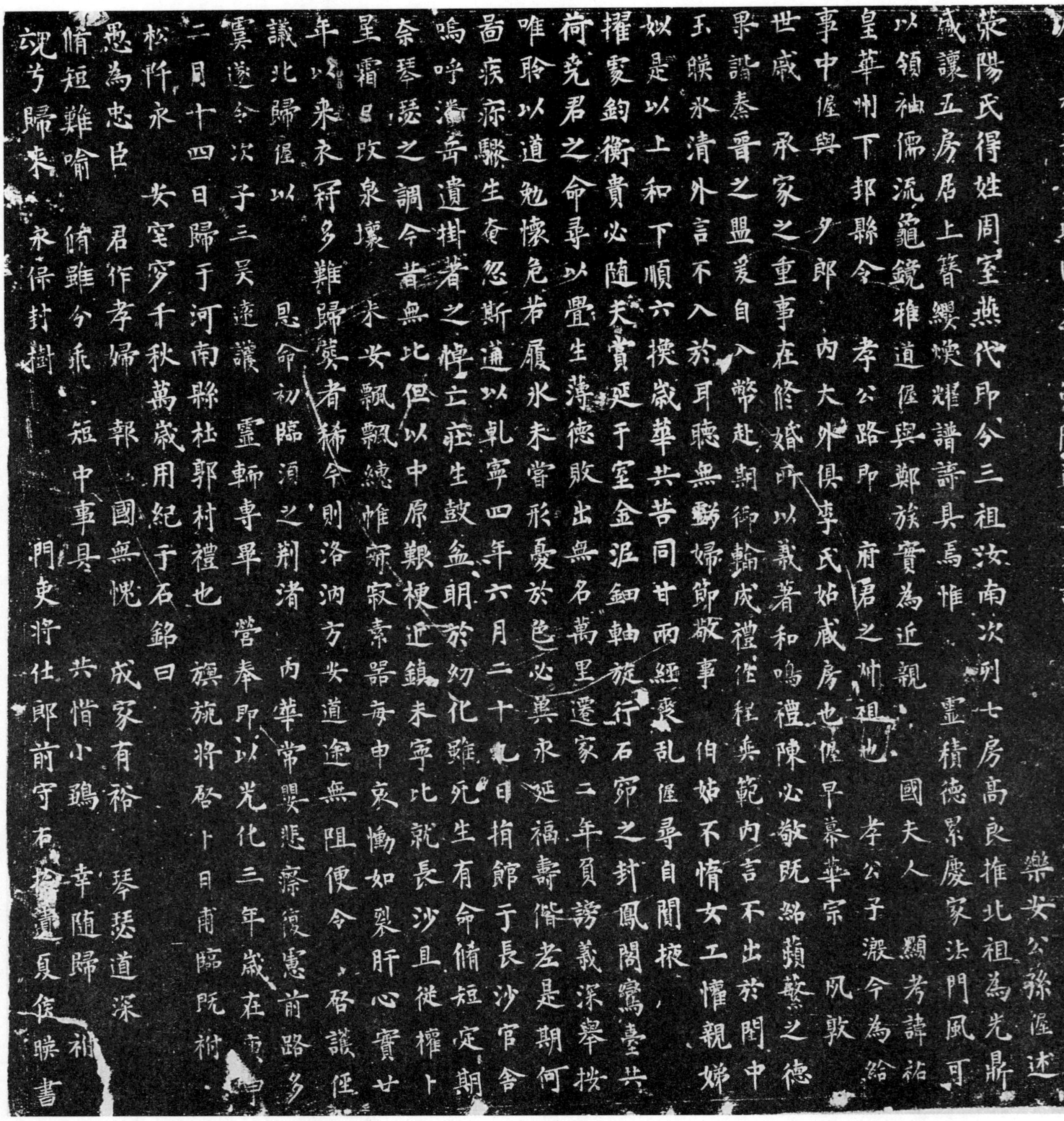
唐丞相孫公燕國夫人滎陽鄭氏墓誌并序
樂安公孫偓述
滎陽氏得姓周室燕代即分三祖汝南次列七房高良推北祖為先鼎
盛讓五房居上簪纓煥耀譜諜具焉惟　靈積德累慶家法門風可
以領袖儒流龜鏡雅道偓與鄭族實為近親　國夫人　顯考諱祐
皇華州下邽縣令　孝公路即　府君之卅祖也　孝公子澂今為給
事中偓與　夕郎　內大外俱李氏姑咸房也偓早慕華宗夙敦
世戚承家之重事在於婚所以義著和鳴禮陳必敬既緇蘋蘩之德
果諧秦晉之盟爰自入帑赴期御輪成禮偓秉範內言不出於閨中
玉映冰清外言不入於耳聽無斁婦節敬事　伯姑不惰女工憚親娣
姒是以上和下順六換歲華共苦同甘兩經喪亂偓尋自閩掖，
擢秉鈞衡貴必隨夫貴延于室金泥鈿軸旋行石窌之封鳳閣鸞臺共
荷充君之命尋以疊生薄德敗出無名萬里還家二年負謗義深舉按
唯聆以道勉懷危若履冰未嘗形憂於色必冀永延福壽偕老是期何
圖疾疢驟生奄忽斯逝以乾寧四年六月二十九日捐館于長沙官舍
嗚呼潘岳遺掛著之悼亡莊生鼓盆明於幼化雖死生有命脩短定期
奈琴瑟之調今昔無比但以中原艱梗近鎮未寧比就長沙且徙權卜
星霜足改泉壤未安飄飄繐帷寂寂素器每申哀慟如裂肝心實廿
年以來夭殂多難歸葬者稀今則洛汭方安道途無阻便令啓護偓
識北歸偓以　恩命初臨滑之判渚內華常嬰悲瘵復憲前路多
虞遂令次子三吳遠護　靈輀專畢營奉即以光化三年歲在庚申
二月十四日歸于河南縣杜郭村禮也　旗旐將啓卜日甫臨既封
松阡永　安窆穸千秋萬歲用紀于石銘曰
愚為忠臣　君作孝婦　郭國無愧　成家有裕　琴瑟道深
脩短難喻　脩雖分乖　短中事具　共惜小鵄　幸隨歸祔
魂兮歸來　永保封樹　門吏將仕郎前守右拾遺夏侯映書

四〇二　唐丞相孫公（偓）燕國夫人滎陽鄭氏墓誌

光化三年（九〇〇）二月十四日葬。

誌文二十六行，滿行二十七字。正書。誌長四十九厘米，寬四十八・五厘米。

孫偓述，夏侯映書。

唐丞相孫公燕國夫人滎陽鄭氏墓誌并序

樂安公孫偓述

滎陽氏得姓周室，燕代即分三祖，汝南次列七房。高良推北祖爲先，鼎盛讓五房居上。簪纓焕耀，譜諜具焉。惟
靈積德，累慶家法，門風可以領袖，儒流龜鏡雅道。偓與鄭族實爲近親。　國夫人　顯考諱祐，皇華州下邽縣令。
孝公路即　府君之叔祖也。　孝公子溵，今爲給事中。偓與　夕郎　内大外俱李氏姑臧房也。偓早慕華宗，夙敦
世戚。　承家之重，事在脩婚。所以義著和鳴，禮陳必敬。既紹蘋蘩之德，果諧秦晉之盟。爰自入幣赴期，御翰成禮。
作程垂範，内言不出於閫中；玉映冰清，外言不入於耳聽。無虧婦節，敬事　伯姑。不惰女工，懽親娣姒。是以上和下順，
六換歲華；共苦同甘，兩經喪亂。偓尋自閬掖　　擢處鈞衡，貴必隨夫，賞延於室。金泥鈿軸，旋行石窌之封；鳳閣鸞臺，
共荷堯君之命。尋以釁生薄德，敗出無名。萬里遷家，二年負謗。義深舉案，唯聆以道勉懷；危若履冰，未嘗形憂於色。
必冀永延，福壽偕老。是期何圖，疾疹驟生。奄忽斯遘，以乾寧四年六月二十九日捐館於長沙官舍。嗚呼！潘岳遺掛，
著之悼亡；莊生鼓盆，明於幻化。雖死生有命，脩短定期。奈琴瑟之調，今昔無比。但以中原艱梗，近鎮未寧。比就長
沙，且從權卜。星霜已改，泉壤　未安。飄飄繐帷，寂寂素器。每申哀慟，如裂肝心。實廿年以來，衣冠多難，歸葬者稀。
今則洛汭方安，道途無阻。便令　啓護，徑議北歸。偓以　　恩命初臨，須之荆渚。　　内華常嬰悲瘵，復慮前路多虞。
遂令次子三吴遠護　靈輀，專畢　營奉。即以光化三年，歲在庚申二月十四日歸於河南縣杜郭村，禮也。　旟旐将啓，
卜日甫臨。既祔　松阡，　永　安窀穸。千秋萬歲，用紀於石。銘曰：
　愚爲忠臣，君作孝婦。報　國無愧，成家有裕。琴瑟道深，脩短難喻。脩雖分乖，短中事具。共惜小雛，幸隨歸　祔。
魂兮歸來，永保封樹。
　門吏將仕郎前守右拾遺夏侯映書

四〇三　唐殿中侍御史王公（晢）故夫人河東薛氏（廷淑）墓誌銘

七月二十二日葬。

誌文二十七行，滿行三十字。正書。誌長、寬均五十九厘米。

薛廷範撰，李都書。

誌蓋篆書：唐王氏故薛夫人墓銘

唐殿中侍御史王公故夫人河東薛氏墓誌銘并序

季兄尚書職方郎中賜緋魚袋廷範撰

夫人諱廷淑，字子柔，其先河東人。高祖懷讓，亳州城父縣令，贈秘書丞。曾祖謇謇，咸寧郡長史。王父諱勝，大理評事，贈户部郎中。皇考諱存誠，御史中丞，贈左僕射。外王父起居舍人蘭陵蕭公諱巽。　中外茂盛，簪纓不絶。　因囚即僕射第五女也。柔明温和，孝敬修睦。性惟神受，道實生知。守禮訓於閨門，習儀範於壼則。賢德高步，峻節昭宣。玉潔無瑕，芳蘭自遠。既服詩書之訓，彌勤纂組之工。婦道卓然，清規特立。迺歸於　殿中侍御史王公哲。選配得士，宗族相賀。是時，　德門方慶，高堂拜　姑。肅恭晨昏，祇嚴　左右。齊潔孝養，盡心殫力。故内外仰則，　姻黨賢之。洎作配君子，主饋　承家。以謙和廣愛，承　上接下，以端明懿則，順教合禮。其婦道也備如是，其理家也又如是。宜乎陰有豐報，以享壽禄。彼蒼不仁，遽罹　凶釁。以四月廿三日終於東都敦行里之私第，享年四十一。嗚呼，　王公霜臺徵還，方榮選拜。取貴富於雲路，乘騫翥於要津，期有日矣。而　夫人壽不稱德。不逮　夫之榮顯，以耀其身。親族相吊，以是爲恨。況手足之痛乎。有子四人：長曰岸兒，次曰小果，曰慧慧，曰信相。　王公前娶博陵崔氏夫人，岸迺　崔夫人之出。　夫人訓育念愛之道，不獨子其子。有女二人：長曰阿凝，次曰敢當。兒與女，皆年尚童丱，而奪其所恃。呱呱號泣，孝自因心。嗚呼哀哉！　夫人遘疾之辰，骨肉在遠。緬懷傷别怨離之恨，其可痛乎。以其年七月廿二日歸祔於伊闕縣神蔭鄉黄池里，從　先姑塋，禮也。〔一〕　王公且欲備紀　夫人之德行，託余爲誌。故余不愧菲詞，銜哀茹痛，以述其　懿德。銘曰：

清族令儀，壼風女師。淑德懿行，不學而知。蘭芳郁芬，玉韻參差。性高道閑，雅範相資。奉　上以孝，撫下以慈。綽綽婦道，禮容周施。宜壽宜福，以享百禄。與善無憑，遘　禍何速。夫痛子號，弟哀兄哭。蒼旻難問，一慟豈續。歸窆九原，宅穸是卜。痛倍傷懷，哀誌泉谷。

李都書

〔一〕墓誌未記載其葬年。

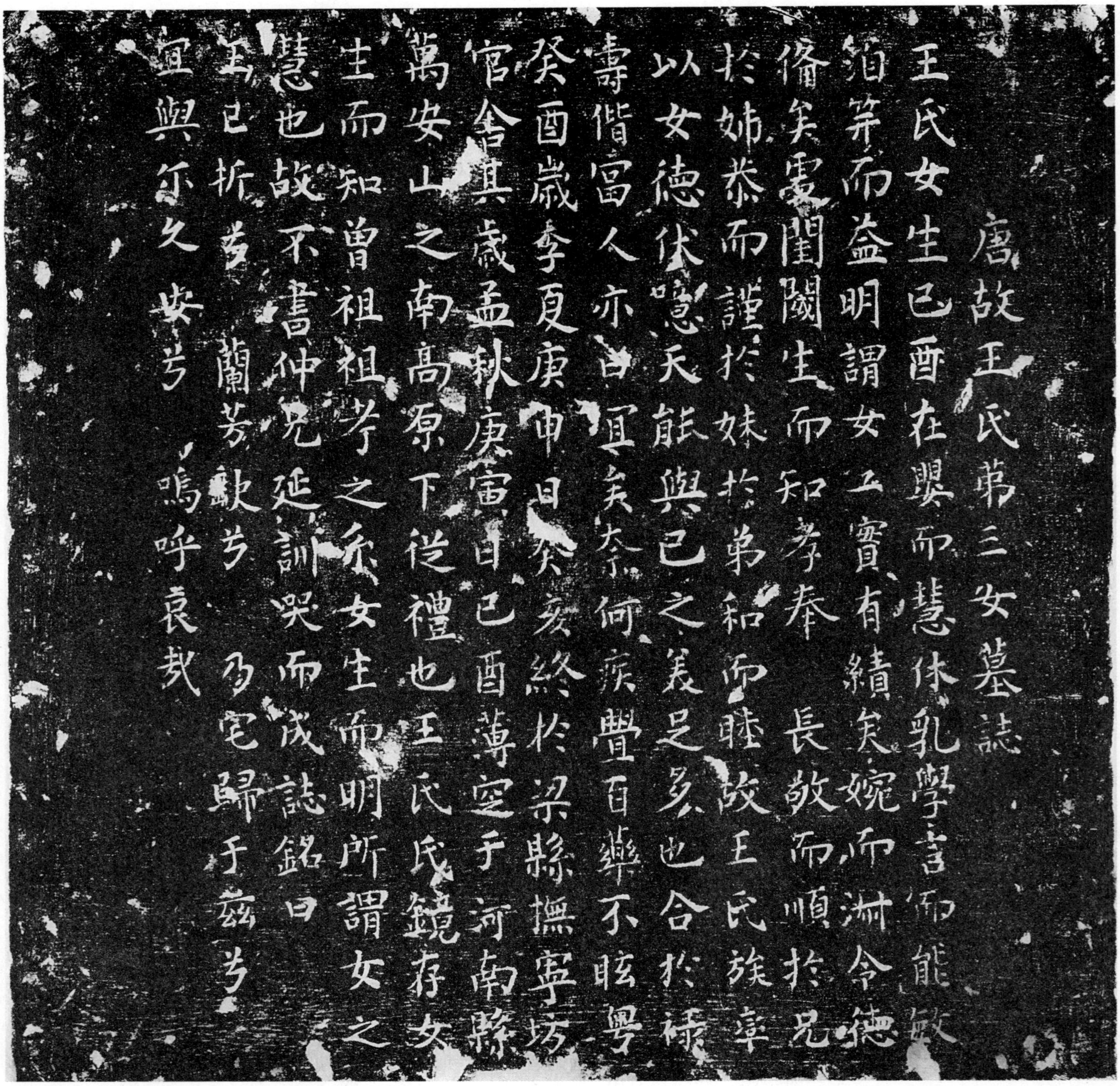

四〇四　唐故王氏第三女墓誌

癸酉歲七月十四日葬。

誌文十四行，滿行十七字。正書。誌長、寬均三十四・五厘米。

王延訓撰。

誌蓋隸書：唐故王氏第三女墓誌

唐故王氏第三女墓誌

王氏女生己酉。在嬰而慧，休乳學言而能敏，洎笄而益明。謂女工，實有績矣。婉而淑，令德備矣。處閨閫，生而知孝。奉　長敬而順。於兄於姊恭而謹，於妹於弟和而睦。故王氏族，率以女德伏。噫！天能與己之美，足多也。合於禄壽偕富人，亦曰宜矣。奈何疾釁，百藥不眩。粤癸酉歲季夏庚申日癸亥終於梁縣撫寧坊官舍，其歲孟秋庚寅日己酉薄窆於河南縣萬安山之南高原下，從禮也。〔一〕王氏氏鏡存，女生而知。曾祖、祖、考之系，女生而明，所謂女之慧也，故不書。仲兄延訓，哭而成誌，銘曰：

玉已折兮，蘭芳缺兮。乃宅歸於玆兮，宜與爾久安兮。嗚呼哀哉！

〔一〕墓誌於安葬時間僅記載癸酉歲孟秋庚寅日。從墓誌行文、刊刻風格來看當屬中晚唐時期，此期間癸酉歲分別有貞元九年、大中七年。兩個年份六月、七月均有庚申、庚寅日。故貞元九年七月十四日及大中七年七月一日均有可能。

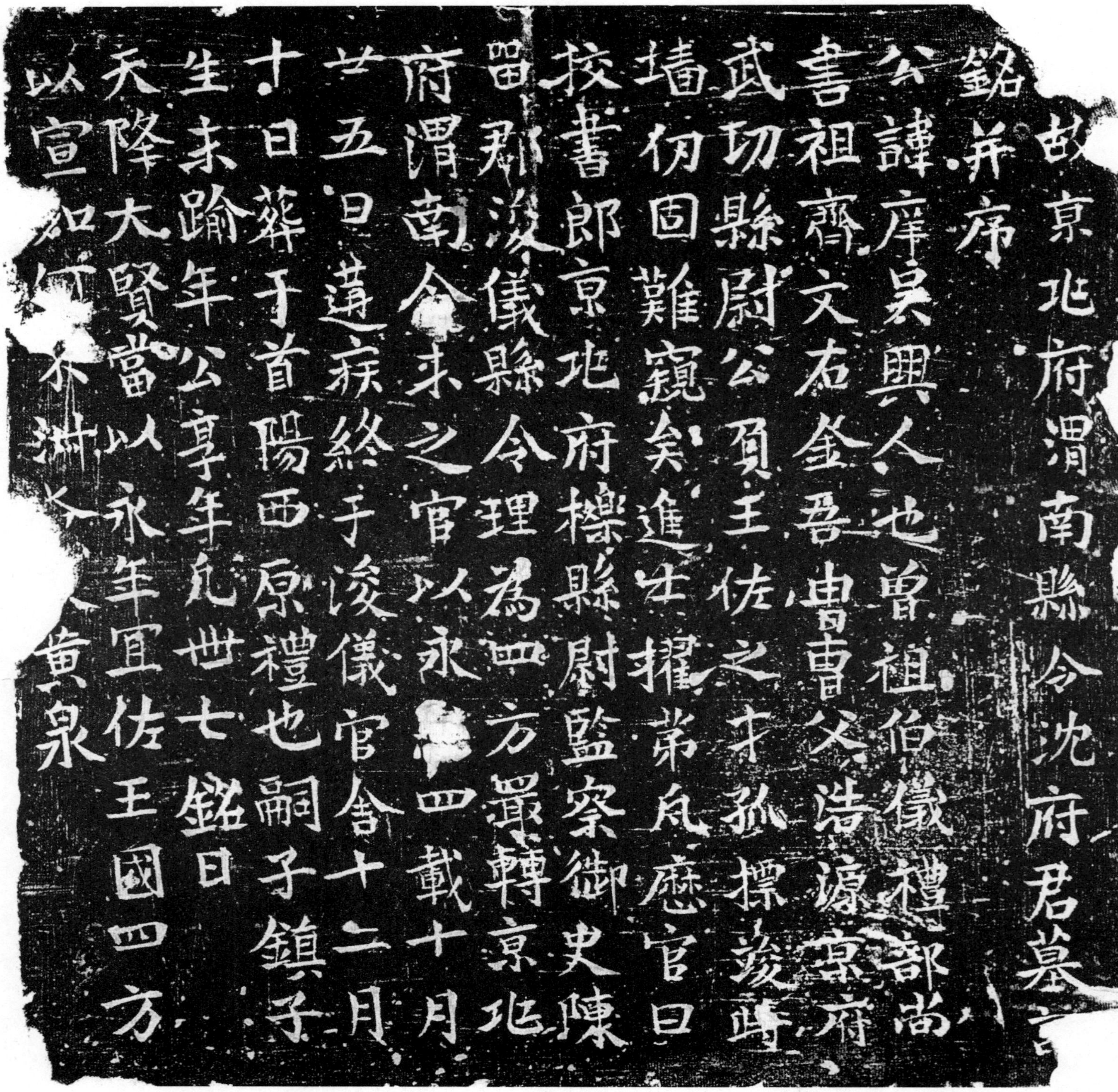

四〇五　□故京兆府渭南縣令沈府君（庠）墓誌銘

永□四載十二月十日葬。

誌文十四行，滿行十四字。正書。誌長、寬均三十六·五厘米。

□故京兆府渭南縣令沈府君墓誌銘并序

公諱庠，吳興人也。曾祖伯儀，禮部尚書。祖齊文，右金吾胄曹。父浩源，京府武功縣尉。公負王佐之才，孤標竣峙，墻仞固難窺矣。進士擢第，凡歷官曰：校書郎、京兆府櫟縣尉、監察御史、陳留郡浚儀縣令。理爲四方最，轉京兆府渭南令。未之官，以永□四載十月廿五日遘疾終於浚儀官舍〔一〕，十二月十日葬於首陽西原，禮也！嗣子鎮子，生未踰年。公享年凡卌七。銘曰：

天降大賢，當以永年。宜佐王國，四方以宣。如何不淑，奄□黃泉。

〔一〕墓誌首行第一字及「永」之後一字遭人爲鑿損，無法識讀。據洛陽出土的《唐右金吾衛胄曹參軍沈君（齊文）墓誌》，齊文卒於垂拱四年，享年五十五歲。以此推斷，誌主生活年代應在中唐時期。此時永字年號只有「永泰」「永貞」，然均未超過四年，抑或是撰文者不了解改元情況。比較而言，永泰的可能性大些。漏洞明顯的翻刻誌見《秦晉豫新出墓誌蒐佚續編》九六一《沈庠墓誌》。

附录：〇〇一　唐丞相梁司空致仕贈司徒樂安孫公（偓）墓誌銘

貞明五年（九一九）四月二十四日葬。誌文五十行，滿行三十四字。正書。誌長九十九厘米、寬七十一・五厘米。孫璨書。

唐丞相梁司空致仕贈司徒樂安孫公墓誌銘并序

鳳翔四面行營都統、金紫光祿大夫、門下侍郎兼禮部尚書、同中書門下平章事、監修國史、判度支鹽鐵諸道轉運等使、上柱國、樂安郡開國侯，食邑一千户，諱偓，字龍光，魏郡武水人也。故蜀樂安，蓋齊大夫書之後。至晉長秋卿道恭有子曰顗，避地河朔，後世居焉。顗五世孫、魏光祿大夫惠蔚，爲本朝大儒。自時厥後，不隕其業。光祿玄孫之孫嘉之，開元年宋州司馬致仕。有子四人，逖、遹、遘、造。 府君即遘之曾孫也。 皇任左補闕，贈工部侍郎。祖起，皇任滑州白馬縣令，贈右僕射。 父景商，皇任天平軍節度使，謚曰康。 府君乃第五之嫡子也。統冠擢第，釋褐丞相府。 僖宗幸□，孔公〔一〕辟户部巡官。首狀監察、太常博士，朱紱。自工部員外出牧集郡，歷比、勳二員外，刑、户、司封三正郎。太師崔公〔二〕節鎮許滑，兼領租庸，署爲判官，奏御史中丞。時博野、奉天，久積嫌釁，密圝 行在，動繫安危。 僖宗召以諫議大夫，將命和解。振儒服而冒白刃，同列皆相爲戰慄。曾未浹旬，竟排其難。又以初平襄邸，將還舊都。兩蜀交鋒，貢輸不入。始命大臣張讀自左綿告疾而迴，中外僉論，非府君不可。 皇帝臨軒慰勉，面錫金紫。奔一車之命，踐不測之地。夙駕載燧，復安二境。濟 大行山陵之用、 昭宗郊天之費，皆 府君之力也。後爲同人所譖，左遷黔巫。居二年，拜秘少、太常少卿，再授大諫，宣撫南方數鎮。時劉建鋒宛陵敗衄之後，因陷長沙。 府君自衡永奔程，躬往慰勞。建鋒遵命，遂絶他圖。通五嶺之貢輸，安一軍之危駭。厥後以群情所屬，付之於列校楚王馬殷。尊獎之道， 朝廷至今賴焉。復命拜給事中。每一上疏，□引 國朝故事。及黄寇犯闕，蔡人跋扈。十五年亂之根本。繇是 宸衷注意，竟用爲相。明年自户部侍郎轉中書侍郎兼判户部。 府君大拜之後，自□□春，京畿微旱，每對揚便殿，多軫 聖慮。

府君引周文掩枯骨之義，請雪故宰臣李磎。及歸葬之日，其夕大雪，是歲豐稔。當右輔拒命， 大駕東巡。一夕初幸渭橋，蒼卒莫知所詣。及決駐蹕之地，乃自 府君首謀。旋即三貢封章，陳乞請罪。 批答不允，曰：「街亭之敗，罪由馬謖。丞相引過，朕乃愧焉。」尋又獨諫 親征，請爲統帥。乃署夏州節使李思諫爲副，領蕃漢步騎十數萬衆。已壓敵境，幾成大功。時有朱朴者，自毛詩博士狀委重任，近年以李丞相〔三〕之大用，劉紫微〔四〕之抱麻，貶黜屢行，雷霆未息。三署雖極測目，逾歲不敢措詞。得以結構宦闈，密連磐石。既侵正道，將固深根。 府君率首座徐公〔五〕同署論奏，議不比肩。

〔一〕「孔公」即孔緯。

〔二〕「太師崔公」即崔安潛。

〔三〕「李丞相」即前文李磎。

〔四〕「劉紫微」即劉崇魯。

〔五〕「首座徐公」即徐彦若。

上旨未迴，徐公一狀而退，　府君堅執三表，終罷劇權。凡所力定中外，再安兆人。不顧一時危亡，以全社稷大計。復爲邪佞所嫉，竟竄遐荒。皇帝明年　謁廟霈澤，移歸州刺史。　東遷之歲，復資大儀，其秋轉太常卿。　梁朝禪位，七詔急徵。初以御史大夫遷刑部尚書，轉右僕射。堅卧不行，卒全素志。　府君忠孝之道，兩不虧焉。咸通以　都尉叔舅[一]秉權，　府君首率諸弟兄，　扶侍板輿，東避洛汭。及　于公南遷，瓜葛無有免者。獨　府君昆仲不掛纖毫，時論喧然，莫不稱譽。親兄儲，咸通十五年及第，七任丞郎尚書，三移重鎮。是以季仲同時將相，朱紫相映。登朝籍者七人，鮮矣。自國初盛詞科之後，手足迭昇五牓者又鮮矣。繇是棣萼之盛，友愛之分，首出士族。　府君爰立之日，仲兄方任禮部尚書。三表推讓，　恩詔不許。　府君初丁　先夫人之憂，居喪刺血寫佛經，苫廬前乃産芝草，悉秘其事。　府君自丁巳之後，二十年間，棲心雲水。約錢朗少卿爲詩酒之友，約王屋僧遁㵪爲琴松之友。或衣短褐，或泛扁舟，自匡廬遠抵羅浮，出桂嶺再之衡岳五老峰下，創無礙之居；仙洞禪庵，無不游歷，皆有題紀。丞相登絶頂者，自元和中李泌先生，　府君繼焉。　府君亦稱方廣居士。方廣寺者，羅漢舊居、車轍原至今存焉。

府君頃受道籙於杜先生[二]，尤精釋氏，少探玄理。有詩集一千餘首，故丞相僕射崔公[三]爲序。每一言一詠，未嘗不歌頌　唐德。超悟了達，多與南方善知識語話，或形於問答，深盡性宗。丁丑歲，自南岳拜司空致仕。明年，沿漢北歸，遇蒲華之難，退於鄧州西界。寢疾逾月，貞明五年歲在己卯三月七日薨於淅川院避地，春秋七十有六。家人出其遺書，乃去年六月十二日真迹曰：「久住勞人，吾欲他去。」　府君自筮仕至懸車，揚歷三十九任。而乃褒光用晦，體道安貞。直以全誠，未嘗忤物，勇於爲善，不好立名。天祐之後，大臣全名節壽終者，一人而已。前娶姑臧李氏。再鄭氏，薨於長沙，漢衡護喪先歸。長子溥，進士及第。次漢衡，娶鄭氏。長孫璨，次孫珝，娶老舅女。漢衡其月十六日與璨扶護東歸，四月廿四日　合祔燕國夫人，禮也。　文公撰　五代祖墓誌云：「北據崗阜，南瞻城闕。」今卜真宅，永從　先塋。小子號奉遺命，泣血而書：

臨難致君，慷慨忠烈。避貴養親，昭彰孝節。辭榮樂道，冲□英哲。銷磨奸邪，見事明澈。遠害全身，始終無缺。谷變陵遷，令問不滅。

璨書

〔一〕「都尉叔舅」即于琮，亦即後文所言于公。

〔二〕「杜先生」即杜光庭。

〔三〕「僕射崔公」似爲崔遠。

人名筆畫索引

一、本索引據本書收入墓誌編製。
二、本索引收入本書墓誌中的南北朝及隋唐時代人物姓名。
三、索引收録的人名，以姓名爲主條，其後括注字號。
四、對墓誌中表述不够清楚，僅有姓氏、職官、謚號的人物，儘量通過史料加以考證還原，以其姓名作爲主條。
五、婦女以姓氏爲主目，從屬關係見參見條目。
六、姓名後所列數碼，爲本書墓誌序號，誌主或首題中所見人名後標注*號。對於墓誌中多次出現的人名，序號後標注*號者爲誌主墓誌。

人名筆畫索引

二畫

三畫

四畫

五畫

六畫

七畫

八畫

九畫

十一畫

崔氏（李元皐妻）　三一一
崔氏（李公妻）＊　二六一
崔氏（李成毅妻）　一七一
崔氏（李羽妻）　三九七
崔氏（李序妻）　二九六
崔氏（李珣妻）　一三五
崔氏（李晅妻）　二四五
崔氏（李循妻）　三五七
崔氏（李戡繼室）　三二八
崔氏（李儋妻）　三二八，三三三
崔氏（李璣妻）　三五九
崔氏（李澣妻）　二五五
崔氏（李懽妻）　三二八，三三三，三五〇，三四六
崔氏（長孫浣妻）　二一二
崔氏（韋殷裕妻）　三九〇
崔氏（皇甫堙妻）　二八九
崔氏（袁建康妻）＊　二三〇
崔氏（夏侯敏妻）　二九八
崔氏（夏侯敏繼室）＊　二九八
崔氏（崔鄖幼女）　三三三
崔氏（崔鄖次女）　三三三
崔氏（崔羣女）　三一一
崔氏（崔鄭女）　三五〇
崔氏（張某妻）＊　二五三
崔氏（張騏妻）　三九〇
崔氏（源通妻）　二一七
崔氏（裴會真妻）　五
崔氏（鄭及未婚妻）　三七九
崔氏（鄭助妻）　三一一
崔氏（鄭彥湊繼室）　一七七
崔氏（鄭柔妻）　三九七
崔氏（鄭涓妻）　三一一
崔氏（鄭孺融妻）　三二八，三三三
崔氏（劉恂妻）　一七五
崔氏（盧永妻）　三一一
崔氏（盧思順妻）　九〇
崔氏（盧恕妻）　三九二
崔氏（盧景南妻）　三二八，三三三
崔氏（盧勤妻）　三二八
崔氏（盧勤禮冥妻）　三〇
崔氏（盧靖妻）　一七一
崔氏（盧繸妻）　三七四
崔氏（韓公武妻）　三九三
崔氏（蘇莊妻）　二九七
崔氏（嚴善政妻）＊　八
崔氏（顧旭妻）　二七五＊，二八八
崔世立　五七
崔世經　四四
崔石堡　三六二
崔丘山　六〇，六一
崔玄伯　三三三
崔玄亮　二六二
崔玄亮妻　見盧氏　二六二
崔玄泰（玄泰）　四八＊，一七一
崔玄泰妻　見李氏　四八
崔玄真　三〇
崔玄暐（博陵王）　三六二
崔尼（崔器女）　二三六
崔吏部　見崔器　二三六，二五一
崔光　三三三
崔光迪　二三一
崔光乘　三九七
崔光裕　三九七
崔光遠　二三一
崔光嗣　三九七
崔同暉　一四七
崔休　三三三
崔延伯　六〇
崔仲謩　二六二
崔仲謩妻　見盧氏　二六二
崔仲讓　一四三
崔行堅　四八
崔行集　四八
崔行溫　四八，一七一
崔行模（仁則）＊　一〇七

崔湜　三三三
崔晏　九〇
崔峴　二一一，三二六
崔倫　二九八
崔師本　三二九
崔逢　三五七
崔衷　二一二
崔勍　三九七
崔郭七　三六七
崔悦　二三一
崔悌　一〇七
崔浩　三三三
崔涂　三五九
崔渙　三六二
崔陲　三六七
崔純亮　二三一
崔頂（敬元）＊　八七
崔巽　三九七
崔敏童＊　六一
崔偆　二一一
崔偉　二一一
崔從　三九七
崔從令＊　一四三
崔從令妻　見薛氏　一四三
崔觖　五七
崔深　二一一
崔寅亮　二三一，二三七
崔啓之　九五
崔紹　二五〇，三三三，三六五，三四六
崔紹睿　八七
崔琨　三六七
崔敬　三三三
崔敬嗣　二三一
崔旣　二九七
崔暎　三六七
崔鼎　二一一
崔鄖妻　見李審柔　三一八，三三三
崔鄖（鄖）＊　三一八，三三三
崔無固　一七五
崔無誕　一四三
崔無諍　一四三
崔無譴　一四三
崔復本　三〇五
崔循　三九五
崔欽讓　四四
崔詠　二一一
崔就　三九七
崔愔　一〇七
崔善操　六〇，六一
崔道猷　二六一
崔道猷妻　見李氏　二六一
崔道融　三六七
崔渝　二一一
崔媛（張公妻）＊　一四七
崔絢　三六五
崔絳妻　見盧氏　一七一
崔絳（絳）＊　一七一
崔絳繼室　見鄭氏　一七一
崔遠（僕射崔公）　附録：一
崔戡　三六七
崔勤　三一一
崔暐　三六五
崔與　三八二
崔修　二一一
崔鉉（崔魏公）　三九七
崔鈹　三九〇
崔詵　二一一，二九七
崔詮　三七七
崔詮妻　見鄭氏　三七七
崔亶　一〇七
崔慎　一〇七
崔愷　一〇七
崔義　三四六
崔義玄　一三五
崔義妻　見盧夫人　三四六

崔義起　五
崔巽妻　見盧氏　二六一
崔漣　三八二
崔漣妻　見盧氏　三八二
崔滔　二一一
崔寘　三一九
崔羣妻　見李徐　三一一
崔羣（相國、清河公）　三〇五，三一一
崔瑨　三七九
崔静妻　見鄭氏　六〇
崔静（務道）　六〇*，六一
崔瑶　九〇
崔嘉（奉孝）*　四四
崔嘉裕*　二一一
崔嘉裕妻　見郭氏　二一一
崔裴九　一〇七
崔鄲（崔璹季父）　三六七，三九五
崔儆（文明）*　二三六
崔儆妻　見鄭氏　二三六
崔儆繼室　見王氏　二三六
崔鉷　三九〇
崔鳳林　一四三
崔端本　三九七
崔榮　二一〇
崔實智　二三〇
崔鄮妻　見鄭氏　三四六，三五〇
崔鄮（魯卿）*　三四六，三五〇
崔綬　三六五
崔璆　三九二
崔璆妻　見盧氏　三九二
崔壞　三二八
崔赭兒　三四六
崔墀　三一八，三三三，三九一，三九五
崔墀妻　見李氏　三九一，三九五
崔稹（太尉府君）　三一一
崔範融　三六七
崔德融　三六七
崔諒　二九七
崔誼　二一一
崔潘　三五九
崔潼　三五九
崔審文妻　見李氏　三六五
崔審文（校之）*　三六五
崔嬌娘　三四六
崔緩　三六五
崔環　三四六
崔璠　三七一
崔融　四七，三九七
崔冀　二六一
崔曇首　八七
崔器（崔吏部）　二三六，二五一
崔穎　三一九
崔譓　三八二
崔諫（直臣）*　二九七
崔凝*　三七五
崔凝妻　見李氏　三七五
崔嬛（韓肅妻）*　三一九
崔璵　三五七
崔藏之　三九〇
崔臨卿　二一〇
崔魏公　見崔鉉　三九七
崔龜從　三四六
崔謙　三三三
崔鴻　三三三
崔濬　三六二
崔濟　三七七
崔濟妻　見盧氏　三七七
崔縱　二二六，三六二
崔璹（元輝）　三五九，三六七*
崔璹妻　見李氏　三五九，三六七
崔璹季父　見崔鄲　三六七
崔瓊　三六七
崔翹　三九七
崔礎妻　見盧氏　三六二
崔礎（承之）*　三六二

十三畫

十四畫

十五畫

盧晏　一八一
盧造　三九二
盧倫（子温）　二二四*，二七九
盧倫妻　見李氏　二二四
盧眺　二五一，二六二，三一〇
盧眺妻　見盧太夫人　二五一
盧兼　三九三
盧陳九　三九四
盧恕　三九二
盧恕妻　見崔氏　三九二
盧著　二六二，三五六
盧雪　二六二
盧推　二七一
盧捴*　二七一
盧彪　三〇
盧堂（李公妻）*　一四六
盧崐　三八二
盧崇恪*　九四
盧崇恪妻　見張夫人　九四
盧偃　一六八
盧進妻　見鄭氏　一八一
盧進（進）*　一八一
盧皎　八九
盧從史（潞帥范陽公）　三四三
盧從矩　三九四
盧從矩妻　見鄭氏　三九四
盧從信妻　見韓公武女　三二一
盧從度（小名崔七）　三一〇
盧從愿　二五〇
盧翊　三五一
盧商（相國范陽公）　三六二
盧望回　三五四
盧望回妻　見李球（球）　三五四
盧清（清）　二五一*，二五二，二六二，三一〇，三九四
盧清妻　見鄭十三（大光照）　二五一，二六二
盧深　一九二
盧寂　三四二
盧將　三一〇
盧陽烏　二六二，三一〇
盧習善（子樂）*　九，三四
盧習善妻　見李静儀（五兒）　三四
盧超　三四六
盧萬石　二五八
盧敬一　二五〇
盧敬回　三五一
盧敬回妻　見王氏　三五一
盧斐　三四四
盧熉　三三九
盧景南　三二八，三三三
盧景南妻　見崔氏　三二八，三三三
盧景裕　一六八
盧欽顔　三〇三，三二三
盧鈞　三二五，三三二，三四四
盧詞　三九一，三九五
盧竦　二〇四，三五一，三五四
盧愔　一九二
盧普德　三〇
盧道將　二二
盧淵　二二
盧頊　三一七
盧載　三一七
盧勤　三二八
盧勤妻　見崔氏　三二八
盧勤禮冥妻　見崔氏　三〇
盧勤禮（崇敬）*　三〇
盧損　二二四，二七九
盧暕　八九
盧暄　二五八
盧暉　八九，二五一
盧微明　五四
盧鉥（子穎，李當妻）*　三九一，三九五
盧遥集　二七九
盧詢　一八一
盧靖　一七一，二五八

十八畫

十九畫

二十畫

二十一畫

二十二畫

二十四畫

其他

後記

自從《洛陽流散唐代墓誌彙編》二〇一三年出版以來，一些長期關注唐代石刻文獻整理的專家學者在不同場合都對本書的編纂給予了一定程度的肯定，也提出了一些中肯的建議。這進一步增强了編者深入進行洛陽流散墓誌搜集與整理工作的信心。同時，面對相當數量的洛陽唐墓誌流散民間，待價而沽者有之，深藏不露者有之，或流散异鄉，或不知所終，更使編者感到時不我待。儘管這些唐代墓誌是以一種非常規的方式重現人間，與它相伴的大量信息已經永遠逝去，然而我們不能熟視無睹，讓這些埋藏在另一個世界一千餘年前的珍貴文獻再次埋没。清朝末年，著名學者羅振玉就對古都洛陽地區碑誌的豐富神往不已，以不能親爲訪碑之遊爲憾事。同時對洛陽碑誌的流散也非常痛心，指出：「念洛陽之在往昔，屢爲都會，古刻如林，《中州金石記》所載乃不及什一。而异邦人之訪古於我河朔，購古刻以去者趾相接，有朝出重泉，夕登市舶，未傳拓一紙者。士夫所獲，或亦展轉歸於海外，其幸存者亦不謀流傳。及一入肆賈之手，則列石以市，不許施墨，謂傷古澤。一旦得善價，及亟氈包席裹以去。如是者比比，故集録之事，其在今日，誠不宜或後。」爲此，他先後編纂了《芒洛冢墓遺文》四編、《东都冢墓遺文》、《唐代海東藩閥誌存》等，爲洛陽流散碑誌的編纂做出了重要的貢獻。前賢尚能如此，時至今日，我們的物質條件遠遠優於清末民國，又有身處古都的地緣優勢，保存地方珍貴文獻更是我們義不容辭的責任與擔當。這既是對前人的致敬，亦是河洛文脉的賡續。於是，又有了這部《洛陽流散唐代墓誌彙編續集》的編纂，時至今日，長達五年的工作即將畫上句號，看着這部沉甸甸的書稿，回想起這些年來資料搜集的艱辛與不易、文獻釋讀與整理的日日夜夜，真令人百感交集。這裏，要特别感謝爲本書的資料搜集作出重要貢獻的張存才、韓旭鶱、孟雙虎、李凱、胡延民、馬洪興、劉剛、郭士勇、侯予、齊留全、李鑫毅、朱曉輝諸位先生。此外，洛陽龍門博物館王迪、王凌紅館長伉儷慷慨提供了館藏墓誌精品拓本。鄭州大學文學院的何新所教授，神交已久，素未謀面，也熱心惠贈洛陽唐墓誌拓本數種。他們熱心提供的資料都爲本書增色不少。

而本書的編輯工作也是團隊共同努力的結晶。全書的編纂工作由我統籌，拓本的釋讀工作由我以及趙水静、鄧盼盼、牛紅廣、王學文完成。人名索引的編製由我和趙水静完成。爲了保證本書的質量，二〇一七年的夏秋季節，我又邀請趙振華先生與我通審了本書所有圖版與文字。國家圖書館出版社景晶、黄鑫女史也精心審閱、校對了全稿，糾正了不少疏誤。此外，洛陽誠信書畫社、天天文印社承擔拓本的托襯及掃描，洛陽師範學院黨委宣傳部陳才忠承擔了部分拓本的拍攝工作。同時，作爲國家社科基金項目成果，我在此向長期以來關注該項目的專家以及他們提出的寶貴意見表示衷心的感謝。今天，《續集》的工作終於完畢付梓了，撫今追昔，很高興與大家共同分享這份辛勞之後的喜悦。

毛陽光

二〇一八年九月